凤凰文库
PHOENIX LIBRARY

凤凰出版传媒集团
PHOENIX PUBLISHING & MEDIA GROUP

凤凰文库·智库系列

项目总监　徐　海

项目执行　卞清波

刑法最新立法
争议问题研究

赵秉志　袁彬　著

江苏人民出版社

图书在版编目(CIP)数据

刑法最新立法争议问题研究/赵秉志,袁彬著.--
南京:江苏人民出版社,2016.11
ISBN 978-7-214-19733-7

Ⅰ.①刑… Ⅱ.①赵… ②袁… Ⅲ.①刑法-研究-
中国 Ⅳ.①D924.04

中国版本图书馆 CIP 数据核字(2016)第 262918 号

书　　　名	刑法最新立法争议问题研究	
著　　　者	赵秉志　袁　彬	
责 任 编 辑	徐　海　卞清波	
责 任 校 对	史雪莲	
装 帧 设 计	刘莘莘	
出 版 发 行	凤凰出版传媒股份有限公司	
	江苏人民出版社	
出版社地址	南京市湖南路 1 号 A 楼,邮编:210009	
出版社网址	http://www.jspph.com	
经　　　销	凤凰出版传媒股份有限公司	
照　　　排	江苏凤凰制版有限公司	
印　　　刷	江苏凤凰通达印刷有限公司	
开　　　本	718 毫米×1000 毫米　1/16	
印　　　张	17　插页 4	
字　　　数	251 千字	
版　　　次	2016 年 11 月第 1 版　2016 年 11 月第 1 次印刷	
标 准 书 号	ISBN 978-7-214-19733-7	
定　　　价	42.00 元	

(江苏人民出版社图书凡印装错误可向承印厂调换)

出版说明

　　要支撑起一个强大的现代化国家,除了经济、政治、社会、制度等力量之外,还需要先进的、强有力的文化力量。凤凰文库的出版宗旨是:忠实记载当代国内外尤其是中国改革开放以来的学术、思想和理论成果,促进中外文化的交流,为推动我国先进文化建设和中国特色社会主义建设,提供丰富的实践总结、珍贵的价值理念、有益的学术参考和创新的思想理论资源。

　　凤凰文库将致力于人类文化的高端和前沿,放眼世界,具有全球胸怀和国际视野。经济全球化的背后是不同文化的冲撞与交融,是不同思想的激荡与扬弃,是不同文明的竞争和共存。从历史进化的角度来看,交融、扬弃、共存是大趋势,一个民族、一个国家总是在坚持自我特质的同时,向其他民族、其他国家吸取异质文化的养分,从而与时俱进,发展壮大。文库将积极采撷当今世界优秀文化成果,成为中外文化交流的桥梁。

　　凤凰文库将致力于中国特色社会主义和现代化的建设,面向全国,具有时代精神和中国气派。中国工业化、城市化、市场化、国际化的背后是国民素质的现代化,是现代文明的培育,是先进文化的发展。在建设中国特色社会主义的伟大进程中,中华民族必将展示新的实践,产生新的经验,形成新的学术、思想和理论成果。文库将展现中国现代化的新实践和新总结,成为中国学术界、思想界和理论界创新平台。

凤凰文库的基本特征是:围绕建设中国特色社会主义,实现社会主义现代化这个中心,立足传播新知识,介绍新思潮,树立新观念,建设新学科,着力出版当代国内外社会科学、人文学科的最新成果,同时也注重推出以新的形式、新的观念呈现我国传统思想文化和历史的优秀作品,从而把引进吸收和自主创新结合起来,并促进传统优秀文化的现代转型。

凤凰文库努力实现知识学术传播和思想理论创新的融合,以若干主题系列的形式呈现,并且是一个开放式的结构。它将围绕马克思主义研究及其中国化、政治学、哲学、宗教、人文与社会、海外中国研究、当代思想前沿、教育理论、艺术理论等领域设计规划主题系列,并不断在内容上加以充实;同时,文库还将围绕社会科学、人文学科、科学文化领域的新问题、新动向,分批设计规划出新的主题系列,增强文库思想的活力和学术的丰富性。

从中国由农业文明向工业文明转型、由传统社会走向现代社会这样一个大视角出发,从中国现代化在世界现代化浪潮中的独特性出发,中国已经并将更加鲜明地表现自己特有的实践、经验和路径,形成独特的学术和创新的思想、理论,这是我们出版凤凰文库的信心之所在。因此,我们相信,在全国学术界、思想界、理论界的支持和参与下,在广大读者的帮助和关心下,凤凰文库一定会成为深为社会各界欢迎的大型丛书,在中国经济建设、政治建设、文化建设、社会建设中,实现凤凰出版人的历史责任和使命。

前　言

2015 年 8 月 29 日全国人大常委会通过并于 2015 年 11 月 1 日起施行的《刑法修正案(九)》,是我国适应当前社会形势变化进行的最新刑法修正。与之前的刑法修正相比,我国此次刑法修正的目标明确,立足于贯彻总体国家安全观,统筹完善刑法的相关规定;加强反腐败刑事法治建设,完善反腐败的相关规定;落实党的十八届三中全会关于逐步减少适用死刑罪名的要求,做好劳动教养制度废除后的法律衔接。① 此次刑法修正呈现出更加鲜明的民主性、科学性、创新性和审慎性。

有论者言:现代意义上的立法都与民主的理念及制度息息相关,否则将有可能蜕变为服务于少数利益集团的"私人产品"。② 诚如斯言。此次《刑法修正案(九)》的立法过程十分民主和公开。除了坚持之前刑法立法的一些传统经验,如向社会公众征求意见、向有关单位和部门征求意见、向全国人大代表征求意见、向专家学者征求意见等,《刑法修正案(九)》在立法民主和立法公开方面还有两点值得特别关注。一是国家立法机关(包括国家立法工作机关)十分重视促进社会各界对刑法立法的参与。国家立法机关不仅在立法草案研拟前广泛调研,积极听取各方意见和建议,并在研拟过程中召开各种座谈会、专家论证会听取各相关单位、部门和专家的意见(据了解,这些会议不下数十个,仅在北京举行的专家论证会就达十多个),而且还首次组织召开了刑法修正案通过前的立法评估会。2015 年 8 月 10 日,全国人大

---

① 参见李适时:《关于〈中华人民共和国刑法修正案(九)(草案)〉的说明》[第十二届全国人大常委会第十一次会议文件(四),2014 年 10 月 26 日]。

② 参见刘武俊:《立法程序的民主性与公开性》,载《人民法院报》2001 年 5 月 2 日。

常委会法工委召开了《刑法修正案(九)》通过前的立法评估会,邀请部分全国人大代表、专家学者、律师和公检法部门基层执法人员参加,对《刑法修正案(九)(草案)》中主要制度规范的可行性、修正案出台时机、实施的社会效果和可能出现的问题进行评估,将刑法立法的民主、公开提升到了一个新的水平。二是社会各界参与刑法立法的积极性非常高。此次刑法修改因其涉及的内容广泛和重要,受到社会各界的高度重视和积极参与。据统计,《刑法修正案(九)(草案)》第一次向社会公开征求意见后,共有社会公众 15096 人提出了 51362 条意见;①第二次向社会公开征求意见后,共有 76239 位网民通过网络提出了 110737 条意见。② 相比之下,民众对全国人大常委会同期审议的其他立法的参与程度明显低于刑法。除了社会公众、网民的意见,在此次修法过程中,许多单位、部门和法律院校、科研机构也都针对《刑法修正案(九)(草案)》提出了大量意见。这些意见经由我国立法工作机关收集、整理,成为了《刑法修正案(九)》的重要立法参考资料,也是十分珍贵的立法研究资料。

本书第一作者赵秉志教授自始至终参与了《刑法修正案(九)》相关的重要立法研拟、研讨工作,有幸广泛接触和全面了解了《刑法修正案(九)》修法的相关资料和各方面对《刑法修正案(九)》草案的意见、建议。本书第二作者袁彬教授作为赵秉志教授的学术助手,在协助赵秉志教授研讨刑法修正问题时也在一定程度上接触与了解了刑法修正的这些资料与意见。梳理与研究这些意见和建议,无疑有助于我们深入了解《刑法修正案(九)》的立法过程、立法抉择、法条涵义和立法精神,对于我们全面把握、正确理解《刑法修正案(九)》的立法内容具有重要作用,同时对于我们深化相关问题的法理研究也至关重要。为此目的,在江苏人民出版社的支持下,我们撰写了本书。

本书以《刑法修正案(九)》修法过程中及修法前后各方的意见、建议为主要研究对象,梳理、分析、研究了《刑法修正案(九)》修法涉及的主要争议

---

① 参见第十二届全国人大常委会第十五次会议参阅资料(二):《中华人民共和国刑法修正案(九)(草案二次审议稿)参阅资料》,全国人大常委会办公厅秘书局 2015 年 6 月 23 日编印,第 26—89 页。

② 参见第十二届全国人大常委会第十六次会议参阅资料(一):《中华人民共和国刑法修正案(九)(草案三次审议稿)参阅资料》,第 23—33 页。

问题。本书在内容和体例上具有以下特点：(1)内容全面。《刑法修正案(九)》共52个条文,修法内容涉及刑法典总则和分则多个方面,争议问题众多。本书对相关立法参考资料和理论观点进行了归纳整理,除了对计算机犯罪增加单位主体、贿赂犯罪增加财产刑等个别争议不大的问题外,共选取37个争议较大的问题分专题进行了分析研究,内容涵盖全面。(2)资料翔实。为了展示《刑法修正案(九)》修法过程中的各种争议,本书在写作过程中对《刑法修正案(九)》过程中的立法参考资料进行了详细的分类、整理,同时对一些学者发表在媒体、论文中有关观点也进行了收集、整理,力图使本书成为当前我国关于《刑法修正案(九)》争议问题研究资料最为翔实、全面的著作。(3)体例简明。本书在体例上采取章下分专题的形式,共分10章37个专题。每个专题大体分"修法背景"、"修法内容"、"修法争议"和"修法研讨"四个层次进行论述,条理清晰,一目了然,以便于读者朋友更好地了解相关争议。

"现代立法,说到底是以民主的方式分配正义。倘若缺失立法的公开性,立法的民主性便如沙漠之塔。"[1]本书的完成有赖于我国刑法最新立法的公开和民主,让我们有机会全面了解立法的争议和相关立法资料。我们期待本书有助于读者朋友们更好地了解我国刑法的最新立法状况和相关争议,当然更期待我国刑法立法的这种公开化、民主化做法能够成为我国立法的新常态,并不断完善、日臻成熟,成为推动我国刑法立法科学化和刑事法治前行的积极力量。

最后衷心感谢江苏人民出版社有关领导和责任编辑,正是他们对本书的厚爱和辛劳使得本书能够及时和精美地问世。

本书作者
2016年6月于北师大刑科院

---

[1] 阿计:《"立法新政"力推立法民主》,载《政府法制》2000年第14期。

目 录
contents

第一章　刑法最新修正的宏观争议问题

　　2015 年 8 月 29 日第十二届全国人大常委会第十九次会议通过的《刑法修正案（九）》，是我国 2011 年 2 月 25 日通过《刑法修正案（八）》之后的又一次重大刑法修正，也是我国进行的最新刑法立法。《刑法修正案（九）》全文共计 52 条，包括对刑法典诸多内容尤其是分则规范的修改补充，可谓内容丰富、问题重要、亮点纷呈、进展显著，具有鲜明的时代特征，受到社会各界广泛关注和热情期待，也标志着我国刑事法治的发展进步又迈上了一个新台阶，并且在一定程度上为我国刑法立法的继续完善进步开辟了道路、创造了条件。在立法研拟和审议过程中，《刑法修正案（九）》的许多重要问题也引发了一些争议。其中，在宏观方面，人们重点关注的是刑法立法的犯罪化、刑法立法回应重大社会关切和刑法修法程序完善等问题。

一、刑法立法的犯罪化问题

（一）修法背景

　　马克思主义法学认为，"无论是政治的立法或市民的立法，都只是表明和记载经济关系的要求而已"①。经过 30 多年的改革开放，我国社会取得了巨大进步。但由于我国现阶段仍处于变动而复杂的社会转型期，由经济发展、科技进步及其所带来的政治、社会、文化、治安等方面变化所决定所影响的犯罪领域，也出现了一系列新情况、新问题、新特点，这在暴恐犯罪、

---

① 参见《马克思恩格斯全集》第 4 卷，第 121—122 页。

网络犯罪、腐败犯罪、妨害社会管理犯罪等方面都有其突出的表现。"犯罪和现行统治都产生于相同的社会条件。"①刑法是现代国家遏制犯罪的基本手段,犯罪发展变化了,以遏制犯罪为使命的刑法当然也要有针对性地予以调整。此次《刑法修正案(九)》出台的内在动因,就是社会发展和时代变迁所影响的犯罪发展变化情况及对之惩治防范的法治需要。中共十八届三中全会 2013 年 11 月 12 日通过的《中共中央关于全面深化改革若干重大问题的决定》勾勒了"推进法治中国建设"的宏伟蓝图,并在继续减少死刑罪名、废除劳动教养制度后的法律衔接以及反腐败等方面阐明了方向性的涉及刑法修改的改革精神,中央司法体制改革的任务有进一步相关的要求;中共十八届四中全会 2014 年 10 月 23 日通过的《中共中央关于全面推进依法治国若干重大问题的决定》则在"加强重点领域立法"中明确提出了完善反腐败刑法和加强互联网领域立法(其中涉及到刑法问题)等任务。

在此背景下,《刑法修正案(九)》自 2012 年秋天开始调研和酝酿准备,至 2015 年 8 月 29 日在第十二届全国人大常委会第十九次会议上获得通过,修法前后历时 3 年,修法历程大体上经历了修法调研准备、研拟初步方案、第一次立法审议、第二次立法审议、第三次立法审议暨通过等五个阶段。② 总体上看,《刑法修正案(九)》主要着力解决以下三个方面的问题:一是针对我国一些地方近年来多次发生的严重暴力恐怖案件和网络犯罪呈现出的新特点,从总体国家安全观出发,统筹考虑刑法与反恐怖主义法、反间谍法等维护国家安全方面法律的衔接配套,修改、补充刑法的有关规定;二是随着当前我国反腐败斗争的深入,需要进一步完善刑法的相关规定,为惩腐肃贪提供法律支持;三是需要落实中共十八届三中全会关于逐步减少适用死刑罪名的要求,并做好劳动教养制度废除后法律上的衔接。③ 在此基础上,《刑法修正案(九)》通过新增罪名和调整相关犯罪的构成要件、法定刑,加强和改善了对相关犯罪的惩治。

---

① 参见《马克思恩格斯全集》第 3 卷,第 379 页。
② 参见赵秉志主编:《〈中华人民共和国刑法修正案(九)〉理解与适用》,中国法制出版社 2015 年版,第 5 页。
③ 参见李适时:《关于〈中华人民共和国刑法修正案(九)(草案)〉的说明》,载"中国人大网",2014 年 11 月 9 日。

（二）修法内容

此次《刑法修正案（九）》中，国家立法机关更加注重把坚持宽严相济的刑事政策、维护社会公平正义作为修法的一个重要的指导思想，强调"对社会危害严重的犯罪惩处力度不减，保持高压态势；同时，对一些社会危害较轻，或者有从轻情节的犯罪，留下从宽处置的余地和空间"①。从总体上看，犯罪化是此次刑法修正的重要方面和内容，并突出体现在以下三个方面：

第一，增设了大量新的犯罪。《刑法修正案（九）》根据犯罪治理的需要，增设了 21 种新的犯罪，即准备实施恐怖活动罪，宣扬恐怖主义、极端主义、煽动实施恐怖活动罪，利用极端主义破坏法律实施罪，强制穿戴宣扬恐怖主义、极端主义服饰、标志罪，非法持有宣扬恐怖主义、极端主义物品罪，虐待被监护、看护人罪等。② 正如有学者所言，这些"新的规定主要是为了解决目前定罪中的困惑和分歧，统一各地司法机关对这种行为的定性，彻底贯彻罪刑法定原则"③。

第二，扩充犯罪构成条件。《刑法修正案（九）》根据司法实践的需要，修改了原有犯罪的构成要件，包括扩大行为的类型（如在"危险驾驶罪"中增加了两类危险驾驶行为）、扩大主体的范围（如将出售、非法提供公民个人信息犯罪的主体由特殊主体改为一般主体，针对网络犯罪增设了单位主体）、降低入罪门槛（如将扰乱无线电通讯管理秩序罪的入罪门槛修改为"情节严重"）等。这些问题也是过去长期困扰我国刑事司法、影响我国刑法功能发挥的重要方面。例如，扰乱无线电通讯管理秩序罪在修法之前的入罪门槛过高，该罪自 1997 年刑法典确立以来未有一例判决，成为名副其实的"僵尸条款"，但以伪基站为代表的扰乱无线电通讯管理秩序的行为又层出不穷，

① 参见李适时：《关于〈中华人民共和国刑法修正案（九）（草案）〉的说明》（2014 年 10 月 27 日在第十二届全国人民代表大会常务委员会第十一次会议上）。
② 新增的全部罪名是准备实施恐怖活动罪，宣扬恐怖主义、极端主义、煽动实施恐怖活动罪，利用极端主义破坏法律实施罪，强制穿戴宣扬恐怖主义、极端主义服饰、标志罪，非法持有宣扬恐怖主义、极端主义物品罪，虐待被监护、看护人罪，使用虚假身份证件、盗用身份证件罪，组织考试作弊罪，非法出售、提供试题、答案罪，代替考试罪，拒不履行信息网络安全管理义务罪，非法利用信息网络罪，帮助信息网络犯罪活动罪，扰乱国家机关工作秩序罪，组织、资助非法聚集罪，编造、故意传播虚假信息罪，虚假诉讼罪，泄露不应公开的案件信息罪，披露、报道不应公开的案件信息罪，对有影响力的人行贿罪。其中，特别是加强了对恐怖主义、极端主义犯罪、网络犯罪的治理，同时增设了身份证件犯罪、考试作弊犯罪、妨害司法犯罪。
③ 参见周光权：《〈刑法修正案（九）〉（草案）的若干争议问题》，载《法学杂志》2015 年第 5 期。

需要刑法立法做出有针对性的调整。在此背景下,《刑法修正案(九)》调整了扰乱无线电通讯管理秩序罪的构成要件和入罪门槛。

第三,取消对多个犯罪的免除处罚规定,实际地扩大了相关犯罪的入刑范围。《刑法修正案(九)》根据社会治理效果的需要,调整了部分犯罪的法定刑种类和法定刑幅度,包括针对贿赂犯罪增加了财产刑、增加了部分犯罪的量刑档次(如扰乱无线电通讯管理秩序罪增加了一个"三年以上七年以下有期徒刑"量刑幅度)。其中,严格收买被拐卖的妇女、儿童罪和行贿罪的从宽幅度和条件,也在一定程度上扩大了收买被拐卖的妇女、儿童罪和行贿罪的入罪范围。其立法背景是刑法立法的原有规定针对性不强,且明显影响了刑法对相关犯罪的治理。例如,收买被拐卖的妇女、儿童行为和行贿行为分别是拐卖妇女、儿童行为和受贿行为的对向行为,但长期以来,因为刑法立法上包含有一定条件下的"免除处罚"和"不追究刑事责任"的立法规定,司法实践中实际上是基本不追究收买被拐卖妇女、儿童行为和行贿行为的刑事责任,这客观上严重影响了刑法对拐卖妇女、儿童行为和受贿行为的有效治理。在此背景下,《刑法修正案(九)》取消或严格了对收买被拐卖的妇女罪和行贿罪的"免除处罚"、"不追究刑事责任"规定。鉴于被免除处罚的行为在实践中不会进入诉讼程序,这相当于扩大了收买被拐卖的妇女、行贿行为的入刑范围。

(三)修法争议

犯罪化是当前我国刑法立法的主要趋势。在《刑法修正案(九)》修法过程中,对于《刑法修正案(九)》的犯罪化立法,各方面主要有三种不同的立场:

第一种是支持的立场,认为《刑法修正案(九)》的犯罪化立场是现实情况下我国刑法立法的必然选择,也是适当的。例如,绝大多数学者对《刑法修正案(九)》"前置法益保护、织密刑事法网"的做法表示赞赏。有观点认为,在当前恐怖主义、极端主义、网络犯罪态势不断恶化、手段不断翻新的形势下,我国加强对恐怖主义、极端主义犯罪、网络犯罪等具有明显的必要性。[①]

---

① 参见赵秉志、袁彬、郭晶:《反恐刑事法治的理性建构:"我国惩治恐怖犯罪的立法完善学术座谈会"研讨综述》,载《法制日报》2015年3月25日。

第二种是反对的立场,认为《刑法修正案(九)》以犯罪化为主,其犯罪化立场与我国加强人权保障的理念和要求相悖。有观点认为,《刑法修正案(九)》宽严失衡、以严为主,《刑法修正案(九)》尽管在废除死刑与提高对死缓犯执行死刑的门槛方面体现出了从宽的一面,但主要还是增设新的罪名、扩大处罚范围与提高法定刑。[①] 其中,仅新增罪名就多达 20 多个,不少条款还采取扩张犯罪的行为类型和行为对象、降低入罪门槛等方式,扩大了刑法打击的范围,与党的十八届三中全会提出的人权保障理念不甚符合。特别是,针对弱势群体上访等现象,《刑法修正案(九)》将"多次扰乱国家机关工作秩序"行为入罪,同时《刑法修正案(九)》新增的"泄露不公开审理案件信息罪"和扩充的"扰乱法庭秩序罪",都可能对律师等群体的权益保护造成不当影响。[②]

第三种是折中的立场,认为《刑法修正案(九)》加强对新型违法犯罪行为的犯罪化具有必要性,但部分违法行为的犯罪化不适当。有观点认为,适度犯罪化在现阶段是必要的。对于原给予劳动教养的行为,在劳动教养制度废除后,多数应纳入治安处罚范围,而不应规定为犯罪。也有观点认为,《刑法修正案(九)》的犯罪化立法中存在刑法介入早期化、行政违法行为犯罪化问题。无论是否赞同风险刑法理论,都应该肯定刑法介入早期化的必要性和正当性,但应当将刑法介入早期化控制在造成大规模人身伤亡后果、具有危害公共安全性质的犯罪类型之内,不应普遍降低乃至取消入罪标准而对行政违法行为实行大规模犯罪化;也可对那些侵犯公民人身与财产权利、危害公民切身利益的行政违法行为中危害比较严重情形进行犯罪化。不过,对于那些扰乱秩序、危害公共利益的行政违法行为,尽管不能完全否定进行犯罪化的必要性,但应当慎之又慎。[③] 例如,有观点认为,"恐怖主义、极端主义有着极其复杂的历史根源与现实背景,甚至与国际局势的发展密切相关。刑法以犯罪和刑罚为主要内容,它无力解决社会的各种深层次冲突和矛盾,甚至很难说是一种'治本'的法律。这就要求我们对于恐怖主义、

---

① 参见周振杰:《宽严失衡、以严为主:〈刑法修正案(九)〉(草案)总体评价》,载"新浪网",登陆时间:2015 年 9 月 5 日。

② 参见赵秉志、袁彬、郭晶:《反恐刑事法治的理性建构:"我国惩治恐怖犯罪的立法完善学术座谈会"研讨综述》,载《法制日报》2015 年 3 月 25 日。

③ 参见刘志伟:《〈刑法修正案(九)〉的犯罪化立法问题》,载《华东政法大学学报》2016 年第 2 期。

极端主义行为持有一种理性、谨慎的态度，'非犯罪化'和'过度犯罪化'都不可取，应当采取'适度犯罪化'的策略"①。

（四）修法研讨

针对《刑法修正案（九）》犯罪化的上述争议，笔者认为，在当前的犯罪形势和刑法立法状况下，《刑法修正案（九）》的犯罪化具备基本的合理性，而且也将是今后相当长一段时期内我国刑法立法的必然趋势。但我国刑法修正的犯罪化仍要坚持其适度性。这具体体现在以下两个方面：

第一，适度犯罪化是我国刑法立法的必然之选。在我国，受重刑观念、刑法立法相对粗疏等因素的影响，我国过去更常采取犯罪化的手段，并因此出现了一定程度的"过度犯罪化"倾向。与我国的做法相反，西方许多国家因为界定犯罪只看危害性质而不看危害程度，致使犯罪圈很大，因而他们近年来转向主张采取"非犯罪化"手段，即将一些轻微的、危害不大的犯罪作去犯罪化处理。与此相联系，当前我国出现的一些人民群众反响强烈、严重危害民生的行为也多是由行政管理手段或者民事手段调整的违法行为。对这些行为是一概地对其作入罪化处理，还是继续将其作为非犯罪行为对待？人们有不同的认识，并在《刑法修正案（九）》修法过程中得到了较多的体现。

针对《刑法修正案（九）》修法过程中的这一争议，笔者认为，在当前的社会情势下，"过度犯罪化"和"非犯罪化"策略均不可取。一方面，刑法作为调整社会关系的最后手段，只有在行政、民事等手段不足以惩治的情况下才能采用。正所谓"刑为盛世所不能废，而亦盛世所不尚"②。过度犯罪化只会导致刑罚的滥用，影响刑罚功能的发挥，出现进一步的重刑化倾向。另一方面，我国和许多西方国家在"犯罪"的内涵和外延上存在重大差异：我国向来严格区分犯罪与一般违法行为的界限，只将严重危害社会的行为规定为犯罪；而许多西方国家则往往在非常宽泛的意义上使用犯罪概念，将许多在我国只视为一般违法的行为也规定为犯罪。因为原有的基础不同以及犯罪观有别，所以不能将西方国家的"非犯罪化"做法简单地搬到中国。

---

① 参见赵秉志、袁彬、郭晶：《反恐刑事法治的理性建构："我国惩治恐怖犯罪的立法完善学术座谈会"研讨综述》，载《法制日报》2015 年 3 月 25 日。
② 《四库全书·政法类·法令之属按语》。

因此,综合我国刑法制度、民众观念、犯罪状况等诸多因素,我们认为当前我国应当主要采取适度犯罪化的策略。而所谓适度犯罪化,是指对于一些严重危害民生的行为,应当根据行为的现实危害、影响范围、发展趋势等状况和我国法律制度的配套情况,有选择地予以犯罪化。① 而对于那些只具有暂时性、偶然性并且有较为完善的其他法律制度加以调整的行为,则没有犯罪化的必要。当然,在具体做法上,适度犯罪化的实现途径多种多样,除了增设新罪名外,还可以通过改变已有犯罪构成要件的途径来实现犯罪化,从而能够较为便利地实现对严重危害社会行为的刑法惩治。

第二,《刑法修正案(九)》的犯罪化总体上是合理的。刑法立法的审慎性要求国家保持刑法法益保护机能与人权保障机能的合理平衡,即既不能过度犯罪化,也不能过度非犯罪化,而应保持适度犯罪化的态势。这也是当前我国犯罪形势不断发展和刑法法网不够严密背景下的合理选择。总体上看,《刑法修正案(九)》在犯罪化问题上的态度是审慎的。除了对恐怖主义、极端主义犯罪保持高压态势并增设了多种新罪名外,《刑法修正案(九)》对其他许多行为的入刑都较为谨慎。这主要体现在:(1) 保持了适当的高入罪门槛。例如,《刑法修正案(九)》第31条在原有聚众扰乱社会秩序罪的基础上,将"多次扰乱国家机关工作秩序,经处罚后仍不改正,造成严重后果的"行为和"多次组织、资助他人非法聚集,扰乱社会秩序,情节严重的"行为规定为犯罪。在修法过程中,各方面主要有两种意见:一种意见认为,该条涉及民众申诉、批评建议权的行使,必须慎重,否则极易引发新的矛盾和问题,应当对入罪条件进行必要的限制。对于有正当理由、符合国家规定的申诉、上访行为不应按照犯罪处理。另一种意见则主张将扰乱学校、医院等事业单位的工作秩序的行为纳入本条规定中。② 最终《刑法修正案(九)》在提高这两种行为入罪门槛的基础上(分别要求"经行政处罚后仍不改正,造成严重后果"和"情节严重"),保留了这两种犯罪。(2) 规定了较严格的犯罪构成

---

① 参见赵秉志:《中国刑法改革新思考——以〈刑法修正案(八)(草案)〉为主要视角》,载《北京师范大学学报(社会科学版)》2011年第1期。

② 参见全国人大常委会法工委刑法室编:《地方人大和中央有关部门、单位对刑法修正案(九)草案的意见》(法工刑字[2015]1号),2015年1月4日;全国人大常委会法工委刑法室编:《刑法修正案(九)草案向社会公众征求意见的情况》(法工刑字[2015]2号),2015年1月4日。

条件。例如,《刑法修正案(九)》第25条增设了多种考试作弊犯罪行为,但立法机关同时对考试作弊的范围采取了严格限制的态度,如在修法过程中将之前草案规定的"国家考试"改为"法律规定的国家考试"。类似的还体现在《刑法修正案(九)》第32条规定的编造、故意传播虚假信息罪。在修法过程中,国家立法机关曾拟将所有的虚假信息均纳入该罪的范围,后来听取了一些单位的意见,最终将虚假信息的范围限定为虚假的险情、疫情、灾情、警情,入罪范围限缩明显。

事实上,《刑法修正案(九)》在新增多种具体罪名并调整多种犯罪入罪门槛、提升相关犯罪法定刑的同时,也十分关照其从宽的一面。这除了体现在《刑法修正案(九)》一次性取消了9种犯罪的死刑外,还体现在以下三个方面:一是将绑架罪、贪污罪、受贿罪的死刑立法由绝对确定的死刑改为相对确定的死刑,增加了司法人员对这些犯罪适用刑罚的选择;二是提高了死缓犯执行死刑的门槛,将死缓犯执行死刑的条件由"故意犯罪"提升为"故意犯罪,情节恶劣的",有助于减少死刑的实际执行;三是部分地降低了贪污罪受贿罪的处罚力度,不仅将原来绝对确定的数额改为概括的数额,而且对犯贪污罪受贿罪,如实供述自己罪行、真诚悔罪、积极退赃,避免、减少损害结果发生的,还规定可以从宽处理。从这些方面看,《刑法修正案(九)》无疑很重视贯彻宽严相济刑事政策的从宽一面,体现了宽严相济的基本刑事政策。

二、刑法立法回应重大社会关切问题

(一)修法背景

刑法是调整社会关系的法律规范。社会的发展变迁对刑法立法具有重要影响。近年来,我国社会生活和司法实践中出现了许多新的情况和问题,这主要体现在两个方面。一是不断涌现的、广受社会关注的新型违法犯罪现象。这其中,既有受到国际社会共同关注的恐怖主义、极端主义犯罪,也有随着技术改革而不断翻新的网络犯罪。这些新出现的违法犯罪行为给传统刑法立法提出了新的命题和挑战,也引发社会各方面的广泛关注。二是热点事件引发的犯罪治理问题。例如,2008年发生在贵州习水的嫖宿幼女事件引发了人们对嫖宿幼女罪的极大关注,实践中要求废除嫖宿幼女罪的呼声很高;同时一些地方相继出现的性侵未成年人男子事件引发了人们对强奸罪、强制猥亵犯罪立法的关注,实践中要求加强对男性性权利保护的呼声也很高。如何合理地、及时地回应这些新型犯罪现象和热点社会事件,是刑法立法所需要考虑的问题。在《刑法修正案(九)》修法过程中,国家立法机关也适时地对诸多重大社会关切问题进行了回应,但也引发有关方面的争议。

(二) 修法内容

总体上看,《刑法修正案(九)》的诸多立法都反映了当前社会生活领域的重大热点问题。在《刑法修正案(九)》草案一审稿中,这主要体现在三大方面:一是针对我国一些地方近年来多次发生严重暴力恐怖案件、网络犯罪,从总体国家安全观出发,统筹考虑刑法与反恐怖主义法、反间谍法等维护国家安全方面法律草案的衔接配套,修改、补充刑法的有关规定;二是随着当今中国反腐败斗争的深入,需要进一步完善刑法的相关规定,为惩腐肃贪提供法律支持;三是需要落实中共十八届三中全会关于逐步减少适用死刑罪名的要求,并做好劳动教养制度废除后法律上的衔接。① 这又具体体现为七个方面:(1) 逐步减少适用死刑罪名;(2) 维护公共安全,加大对恐怖主义、极端主义犯罪的惩治力度;(3) 维护信息网络安全、完善惩处网络犯罪的法律规定;(4) 进一步强化人权保障,加强对公民人身权利的保护;(5) 进一步完善反腐败的制度规定,加大对腐败犯罪的惩处力度;(6) 维护社会诚信,惩治失信、背信行为;(7) 加强社会治理,维护社会秩序。②

在《刑法修正案(九)》草案公布之后,国家立法机关根据社会各方面的呼声,从回应重大社会关切的角度,又增加多个相关的立法条款。其中比较受社会关注的主要有:(1) 暴力袭警行为的立法化。《刑法修正案(九)》第21 条在妨害公务罪中增加了一款,规定:"暴力袭击正在依法执行职务的人民警察的,依照第一款的规定从重处罚。"(2) 增设了针对严重贪污受贿罪犯的终身监禁制度。《刑法修正案(九)》第 44 条第 4 款规定:"犯第一款罪,有第三项规定情形被判处死刑缓期执行的,人民法院根据犯罪情节等情况可

---

① 参见李适时:《关于〈中华人民共和国刑法修正案(九)(草案)〉的说明》,载"中国人大网",2014 年 11 月 9 日。
② 参见李适时:《关于〈中华人民共和国刑法修正案(九)(草案)〉的说明》,载"中国人大网",2014 年 11 月 9 日。

以同时决定在其死刑缓期执行二年期满依法减为无期徒刑后,终身监禁,不得减刑、假释。"(3) 明确将"医闹"入刑。《刑法修正案(九)》第 31 条 1 款规定:"将刑法第二百九十条第一款修改为:'聚众扰乱社会秩序,情节严重,致使工作、生产、营业和教学、科研、医疗无法进行,造成严重损失的,对首要分子,处三年以上七年以下有期徒刑;对其他积极参加的,处三年以下有期徒刑、拘役、管制或者剥夺政治权利。'"(4) 取消嫖宿幼女罪。《刑法修正案(九)》第 43 条规定:"删去刑法第三百六十条第二款。"(即取消了嫖宿幼女罪)(4) 修改扰乱法庭秩序罪。《刑法修正案(九)》第 37 条规定:将刑法第三百零九条修改为:"有下列扰乱法庭秩序情形之一的,处三年以下有期徒刑、拘役、管制或者罚金:(一)聚众哄闹、冲击法庭的;(二)殴打司法工作人员或者诉讼参与人的;(三)侮辱、诽谤、威胁司法工作人员或者诉讼参与人,不听法庭制止,严重扰乱法庭秩序的;(四)有毁坏法庭设施,抢夺、损毁诉讼文书、证据等扰乱法庭秩序行为,情节严重的。"可以说,《刑法修正案(九)》对重大社会关切的问题作了较为全面的回应。

(三) 修法争议

针对《刑法修正案(九)》对诸多重大社会关注问题的回应,在《刑法修正案(九)》修法过程中,各方面主要有两种不同的观点:

一种观点认为,刑法立法积极回应重大社会密切关注是必要的。在《刑法修正案(九)》修法过程中,多数意见认为,《刑法修正案(九)》草案坚持了科学立法、民主立法,对刑法作了重要修改补充,对社会关切的问题作了及时回应,有利于更好地发挥刑法在惩治犯罪、保护人民、维护社会秩序、保障国家安全等方面的重要作用,以及在维护社会主义核心价值观、规范社会生活方面的引领推动作用,预期会起到较好的社会效果。有观点甚至认为,在整个修法过程中要加强说理工作,要回应外界和全国人大常委会委员们的关切,对于社会关注的热点问题要有回应,不改的要说明理由,不要引起社会不必要的猜忌或质疑。①

---

① 参见全国人大常委会法工委刑法室编:《地方人大和中央有关部门、单位对刑法修正案(九)草案的意见》(法工刑字[2015]1 号),2015 年 1 月 4 日;全国人大常委会法工委刑法室编:《刑法修正案(九)草案向社会公众征求意见的情况》(法工刑字[2015]2 号),2015 年 1 月 4 日。

另一种观点认为,刑法立法不应过度回应社会关切。有观点认为,民意的随意性、从众性和易被操纵性确实容易导致情绪性立法。民意来源的复杂性决定了其具有较大的随意性。特别是进入网络时代以来,几乎每一起重大刑事案件的背后,都可以听到来自社会各个阶层的汹涌的"民意"表达,但在现实中,每个社会个体的情感都不尽相同。《刑法修正案(九)》中的情绪性立法现象表现较为突出和严重。废除嫖宿幼女罪,增设编造、故意传播虚假信息罪,增设拒不履行网络安全管理义务罪,加重对袭警行为的处罚,对收买被拐卖的妇女、儿童行为一律追究刑事责任,以及对重大贪污贿赂犯罪不得减刑、假释等规定均是《刑法修正案(九)》中情绪性立法的典型立法例。科学的刑事立法必须力戒情绪,既要遵循刑法发展的内在规律,又要对舆论或民意的反应有所为且有所不为,如此才能将我国刑事立法水平推向一个新的高度,充分实现良法善治。①

(四) 修法研讨

关于刑法立法是否应当回应重大社会关切问题,笔者认为,刑法作为调整社会生活的一种方式,当然应当回应重大社会关切,因应社会生活领域内发生的重大事件作出必要的立法调整。但刑法立法对重大社会关切的回应也应该有一定的限制,要尊重刑法立法的自身规律。这可从以下两个方面进行理解:

第一,刑法立法应当适度回应重大社会关切。这具体体现在两个方面:

(1) 刑法立法应当回应重大社会关切。刑法理论上一般认为,法益保护是刑法的首要机能,即刑法应当具备保护法益不受侵害或者威胁的机能。而当前我国社会关注的热点事件,大都是法益没有得到有效保护或者完全没有得到保护的情形。例如,在贵州习水嫖宿幼女案中,民众之所以关注嫖宿幼女罪,主要是因为民众认为,以嫖宿幼女罪对相关官员进行处罚,不能实现对幼女权利的有效保护。从这个角度看,社会关切反映了民众加强对某种法益保护的强烈愿望。刑法立法回应重大社会关切,实际上是刑法立法顺应社会民意,加强对某种法益的特别保护。这对刑法立法而言,也具有

---

① 参见刘宪权:《刑事立法应力戒情绪——以〈刑法修正案(九)〉为视角》,载《法学评论》2016年第1期。

必要性。实际上,当某一时期特定法益保护的必要性发生明显变化时,刑法立法作出一定的调整是必要和必需的。

(2) 刑法立法对重大社会关切的回应应当适度。刑法是一个要素齐备、结构合理、体系完备的法律制裁体系,特定的要素、结构和功能决定了刑法立法要有自己的规律。正如有学者所言,"立法者的任务不是建立某种特定的秩序,而只是创造一些条件,在这些条件下,一个有序的安排得以自生自发地建构起来,并得以不断地重构"①。科学的刑法立法应追求刑法能够自给自足地运行并合理建构有序的社会生活。而社会关切只是民众基于自身朴素的道德情感而表现出的意愿和愿望。该意愿或者愿望反映在刑法立法上会不会导致刑法内部发生体系性冲突,不在社会关切的范围。例如,在强大的取消嫖宿幼女罪的社会关切之中,取消嫖宿幼女罪会不会导致强奸罪与组织卖淫罪、引诱幼女卖淫罪之间的冲突,社会民众并不关注。社会民众主要关注的是是否取消嫖宿幼女罪,对嫖宿幼女行为能否以强奸罪论处,刑法能否判处犯罪人更严厉的刑罚(如无期徒刑或者死刑)。但刑法立法除了要考虑取消嫖宿幼女罪,还必须关注刑法与此相关的不同规范之间的协调与和谐关系,必须保证刑法立法的体系性和功能完备性得到维护。从这个角度看,刑法立法应当回应重大社会关切,但必须适度。

第二,《刑法修正案(九)》对重大社会关切的回应总体上是合理的,但仍可进一步完善。这具体体现在两方面:

(1)《刑法修正案(九)》对重大社会关切的回应总体上是合理的。法律是凝固的智慧,而社会大潮瞬息万变,因此在发展变化的社会情势面前,刑法总是呈现出一定的滞后性特点。基于此,根据变化了的社会情势,对刑法规范进行修改、补充、完善,便既是刑事立法科学化的必然选择,也是实现人权保障机能的重要路径。鉴此,《刑法修正案(九)》以人权保障为基点,积极回应社会关切,根据犯罪化需求对实践中不断出现的新情况、新问题及时予以犯罪化处理。② 例如,在《刑法修正案(九)》修法过程中,社会一些方面对

---

① 参见[德]弗里德利希·冯·哈耶克:《自由秩序原理》,邓正来译,生活·读书·新知三联书店1997年版,第201页。
② 参见谢望原、张宝:《〈刑法修正案(九)〉的亮点与不足》,载《苏州大学学报(哲学社会科学版)》2015年第6期。

"毒驾入刑"表达出了强烈的愿望,一些媒体对"毒驾入刑"问题进行了较长时间的报道并呼吁将"毒驾"行为入刑,我国国家立法机关也曾拟在刑法典中增设有关"毒驾"的内容。但国家立法机关在进一步调研的基础上,认为目前的毒品检测技术无法为"毒驾入刑"提供相应的技术支持,如只能对少数毒品实行快速检测且因毒品在身体内残留时间长而无法证明是驾驶过程中或者驾驶前吸食。最终,毒驾行为并没有入刑。这表明,《刑法修正案(九)》对重大社会关切的回应是审慎的,值得肯定。

(2)《刑法修正案(九)》对个别重大社会关切的回应还可进一步商榷。其中,比较典型的例子是取消嫖宿幼女罪。在《刑法修正案(九)》的修法过程中,社会上对取消嫖宿幼女罪的呼声极高,并得到了有关部门的赞同。但刑法学界对该罪的取消大多持反对态度,其理由主要有两点:一是嫖宿幼女罪的取消并不能解决嫖宿幼女罪所可能给幼女带来的污名化效果,因为刑法典中还存在其他与幼女卖淫有关的罪名;二是嫖宿幼女罪的取消并不能加大对幼女性权利的保护,因为除了最高刑外,嫖宿幼女罪法定刑明显要高于强奸罪。同时,取消嫖宿幼女罪后,对于组织、强迫幼女卖淫的行为究竟是以组织卖淫罪、强迫卖淫罪进行处理,还是按照强奸罪的组织犯、实行犯进行处理,就是一个难题。特别是在《刑法修正案(九)》已经明确取消了组织卖淫罪、强迫卖淫罪死刑的情况下,对组织者、强迫者以组织卖淫罪、强迫卖淫罪进行处理,也面临着对其不能适用死刑而导致的处罚不力的局面(与强奸罪保留有死刑的立法相比)。但国家立法机关最终顺应重大社会关切,取消了嫖宿幼女罪。从这个角度看,《刑法修正案(九)》取消嫖宿幼女罪侧重回应重大社会关切,但可能出现与刑法基本法理不完全符合的缺陷。

■ 三、刑法修正案的立法程序问题

(一)修法过程

自1997年全面修订刑法典迄今,我国已颁布了9个刑法修正案和1部单行刑法。在立法程序上,刑法修正案和单行刑法都是采取由全国人民代表大会常务委员会三次审议后再表决通过的程序。《刑法修正案(九)》前后历时 3 年,如前所述,其修法历程大体上经历了修法调研准备、研拟初步方案、第一次立法审议、第二次立法审议、第三次立法审议暨通过等五个阶段。其中,《刑法修正案(九)》的修法调研准备阶段大体从 2012 年秋天开始到 2013 年 3 月由第十二届全国人大常委会确立;自 2013 年 3 月第十二届全国人大常委会确定修法到 2014 年 10 月《刑法修正案(九)(草案)》进行第一次立法审议前是研拟初步方案阶段。2014 年 10 月 27 日,全国人大常委会委员长会议向全国人大常委会提交了《关于提请审议〈中华人民共和国刑法修正案(九)(草案)〉的议案》,并由全国人大常委会对《刑法修正案(九)(草案)》进行了第一次立法审议。2015 年 6 月 24 日至 7 月 1 日,十二届全国人大常委会第十五次会议召开,对《刑法修正案(九)(草案)》进行了第二次审议。2015 年 8 月 24 日至 29 日,第十二届全国人大常委会第十六次会议在北京召开,《刑法修正案(九)(草案)》被安排在此次会议上进行第三次立法审议并被表决通过。值得指出的是,在《刑法修正案(九)》草案三次审议稿中,国家立法机关增加了多个之前草案中没有但比较重大的条文,如针对特别重大的贪污受贿犯罪增设了终身监禁制度。这些临时新增的内容受到了社会的广泛关注。

(二) 修法争议

关于《刑法修正案(九)》的修法程序,在修法过程中,人们对《刑法修正案(九)》的修法程序主要存在以下两点争论:

第一,刑法修正案应否由全国人民代表大会表决通过问题。在修法过程中,有全国人大常委会委员和列席人员提出,《刑法修正案(九)》草案涉及面很广、条文多,是一次重大修改,建议由全国人大常委会审议后,提请全国人民代表大会审议通过。在《刑法修正案(八)》修改过程中刑法理论界也有不少人认为对于修法内容多、幅度大的刑法修正案应由全国人民代表大会而不是由全国人民代表大会常务委员会审议通过。[①] 在《刑法修正案(九)》修法过程中,刑法理论上也有观点认为,《刑法修正案(九)》条文多达 52 条,

---

① 参见全国人大常委会法工委刑法室编:《地方人大和中央有关部门、单位对刑法修正案(九)草案的意见》(法工刑字[2015]1 号),2015 年 1 月 4 日;全国人大常委会法工委刑法室编:《刑法修正案(九)草案向社会公众征求意见的情况》(法工刑字[2015]2 号),2015 年 1 月 4 日。

修法内容既涉及刑法典分则也涉及刑法典总则。其中,刑法总则都是具有奠基性的功能作用、统领全局作用以及能够制约刑法分则的原则性规定。因此对刑法总则内容的补充修改,最好由全国人民代表大会来进行比较妥当。[1]

第二,重大刑法制度的增设是否应当经"三审"后才交付表决问题。目前我国刑法立法在程序上都是采取"三审"后交付表决的方式,即由全国人大常委会对草案进行三次审议后再交付表决通过。《刑法修正案(九)》草案也是在全国人大常委会三次审议后才交付表决的。但在此次修法中,针对特重大贪污受贿犯罪增设的终身监禁制度、取消嫖宿幼女罪、暴力袭警从重处罚条款的增设等多个备受社会关注的刑法修法内容都是在《刑法修正案(九)》草案三审稿上才增加的,至其最终表决通过,这些条款实际上只由全国人大常委会进行了一次审议。对此,有观点认为,《刑法修正案(九)》草案三次审议稿增加的这些内容属于刑法的重大修改,应当由全国人大常委会进行三次审议后才能交付表决。《刑法修正案(九)》修改过程中,草案三次审议稿增加的这些重要内容没有经过全国人大常委会三次审议,立法程序存在瑕疵。但也有观点认为,立法草案三次审议后交付表决,所指的是整个法律草案,而不是指具体的法律条文草案。《刑法修正案(九)》草案经过了全国人大常委会的三次审议,其立法程序完全合法。[2]

(三) 修法研讨

针对《刑法修正案(九)》修法过程中存在的上述立法程序争议,笔者认为,《刑法修正案(九)》的修法程序在上述两个方面确实存在值得进一步完善之处,并具体体现在以下两个方面:

第一,刑法的重大修改应当由全国人民代表大会表决。这涉及到全国人民代表大会和全国人民代表大会常务委员会的职权划分问题。我国《宪法》第 62 条规定了全国人民代表大会行使的 15 个方面职权,其中与立法相关的职权是该条的前三项,分别是:"(一)修改宪法;(二)监督宪法的实施;(三)制定和修改刑事、民事、国家机构的和其他的基本法律。"《宪法》第 67 条

---

① 参见杨兴培:《刑法修正案(九)的得与失》,载《检察风云》2015 年第 10 期。
② 参见赵秉志、袁彬:《中国刑法立法改革的新思维——以〈刑法修正案(九)〉为中心》,载《法学》2015 年第 10 期。

规定了全国人大常委会的 21 个方面的职权,其中与立法相关的职权是:"(一)解释宪法,监督宪法的实施;(二)制定和修改除应当由全国人民代表大会制定的法律以外的其他法律;(三)在全国人民代表大会闭会期间,对全国人民代表大会制定的法律进行部分补充和修改,但是不得同该法律的基本原则相抵触;(四)解释法律。"同时,我国《立法法》第 7 条也规定:"全国人民代表大会和全国人民代表大会常务委员会行使国家立法权。全国人民代表大会制定和修改刑事、民事、国家机构的和其他的基本法律。全国人民代表大会常务委员会制定和修改除应当由全国人民代表大会制定的法律以外的其他法律;在全国人民代表大会闭会期间,对全国人民代表大会制定的法律进行部分补充和修改,但是不得同该法律的基本原则相抵触。"

根据上述规定,全国人大常委会只有权对刑法"进行部分补充和修改,但是不得同该法律的基本原则相抵触"。从内涵上看,这其中的两个概念内涵不太明确:一是"部分"的概念不明确,即是否只要不是"全部"就是属于"部分"?"部分"是否既包括小部分也包括大部分,如果是"小部分",可以小到什么程度?二是"基本原则"的概念不明确,即基本原则是否仅指刑法典第3—5 条规定的三项基本原则,还是也包括刑法典总则规定的其他原则和基本原理? 对这两个问题,当然可以只作形式上的理解,即"部分"只限于小部分,只要刑法修正案的修改条文没有超过刑法典总条数的一半,就可以认为是小部分;"基本原则"只限于刑法典第3—5 条规定的罪刑法定原则、适用刑法人人平等原则和罪责刑相适应原则。但笔者认为,从法治的精神和原则出发,对于"部分"和"基本原则"也可以进行实质性的理解,如可以将"部分"理解为"局部",即补充和修改的刑法典条文数虽然没有超过半数但已经数量很大且涉及的方面也较多,就可以认为其已经不属于"部分";"基本原则"可以理解为包括刑法典第3—5 条明文规定的基本原则,也包括那些没有明文规定但对立法、司法具有重要指导作用的基本原则、原理(如主客观统一原则等)。

基于以上考虑,笔者认为,只要刑法的补充和修改达到了重大的程度,即便修法的条文数量没有超过刑法典总条文数的半数,也应该交由全国人民代表大会表决。其中,"重大"的标准有两个:一是刑法修正的条文数量较多、涉及的方面较多;二是刑法修正的内容重大,涉及刑法的基本原则、原理。对此,有观点认为,只要刑法修正的内容涉及刑法典总则的基本内容,就应当认定为是对刑法的重大修改,认为"这同人大常委会不得修改变动基本法律的基本原则的要求有一点相冲突,当为补充修改的行为和权限所忌讳的"①。以此为标准,笔者认为,《刑法修正案(九)》(包括之前的《刑法修正案(八)》)应当交由全国人民代表大会审议和表决。具体理由是:(1)《刑法修正案(九)》修法数量和涉及方面较多,不应认定为是对刑法典的"局部"修改。从条文数量上看,《刑法修正案(九)》共52个条文,其条文数量占到了刑法典总条文数(452条)的九分之一以上。如果将9个刑法修正案修改的刑法条文数量相加,其修正的刑法条文数多达170条②,超过了刑法典总条文数的三分之一,而且有的修正案一个条文同时新增多个刑法新罪名、新条文或者涉及对多个刑法条文的修正。按照这种修改速度,过不了多少年,刑法典的全部或者大部分条文都会被修正一遍甚至多遍。而且从内容上,这些刑法修正涉及到了我国刑法典从总则到分则、从刑法基本制度到具体犯罪规范等方方面面。如果我国始终不考虑采取全国人民代表大会审议的方式,我国《宪法》和《立法法》关于全国人民代表大会修改基本法律的职权将会被全国人大常委会虚置。(2)《刑法修正案(九)》修法的内容重大。从修法内容上看,《刑法修正案(九)》(包括《刑法修正案(八)》)的修法内容与之前多个刑法修正案相比,内容明显更为重大。这除了其修法内容既涉及刑法典总则内容也涉及刑法典分则内容,更为关键的一点是,《刑法修正案(九)》修法的内容构成了对我国刑罚体系的重大修改。在刑罚制裁方面,《刑法修正案(九)》一方面通过对特重大贪污罪受贿罪增设了不可减刑、假释的终身监禁,打破了我国刑法典不存在终身监禁的刑罚体系,构建了一种崭新的刑罚;另一方面通过增设预防性措施(包括《刑法修正案(八)》增设的禁止令制度),改变了我国刑法制裁体系一元化的格式,使得刑罚与刑法预

---

① 参见杨兴培:《刑法修正案(九)的得与失》,载《检察风云》2015年第10期。

② 1999年《刑法修正案》计9条,2001年《刑法修正案(二)》计1条,2001年《刑法修正案(三)》计9条,2002年《刑法修正案(四)》计9条,2005年《刑法修正案(五)》计4条,2006年《刑法修正案(六)》计21条,2009年《刑法修正案(七)》计15条,2011年《刑法修正案(八)》计50条,2015年《刑法修正案(九)》计52条,总计170条。

防性措施并列。笔者认为,《刑法修正案(九)》这种立法内容显然属于重大,涉及刑法典第 5 条规定的罪责刑相适应原则的贯彻和调整问题,应当交由全国人民代表大会审议和表决。

第二,对刑法的重大修改内容应当采取严格的三审制。我国《立法法》第 29 条规定:"列入常务委员会会议议程的法律案,一般应当经三次常务委员会会议审议后再交付表决。"但《刑法修正案(九)(草案)(三次审议稿)》新增的不少条款都只经过全国人大常委会的一次审议即交付表决。而《立法法》第 29 条之所以对列入常务委员会会议议程的法律案作"一般应当经三次常务委员会会议审议后再交付表决"的规定,其目的显然是为了让全国人大常委会委员们和社会各方面能够对立法的内容进行更全面的讨论,以保证立法的民主性。在此次《刑法修正案(草案)(三次审议稿)》新增的多项规定中,终身监禁制度无疑是属于刑法的重大制度,有必要由各方进行充分的讨论。事实上,如前所述,该制度在修法过程中就争议很大,有不少意见对刑法增设这一制度持反对态度。① 笔者认为,从立法民主性的角度看,全国人大常委会应当将这些涉及重大刑法制度的立法内容交由人大常委会委员进行全面而充分的审议。但从此次刑法修法的过程看,全国人大常委会和社会各界对这一制度的讨论和研究还不是很充分,其做法值得进一步推敲和完善。

---

① 参见全国人大常委会法工委刑法室编印:《一些部门、法学专家对刑法有关问题的意见》(2015 年 7 月 16 日)。

第二章　死刑最新修正的争议问题

　　强化死刑制度改革是《刑法修正案(九)》立法的重要方面,并在立法研拟过程中引发了各方面的充分讨论。总体来看,《刑法修正案(九)》对我国死刑制度的修改主要包括三个方面:一是废止死刑罪名。《刑法修正案(九)》一次性取消了9种犯罪的死刑,使得我国刑法典分则的死刑罪名由之前的55种减至46种。二是提高了死缓犯执行死刑的门槛。《刑法修正案(九)》将死缓犯执行死刑的条件由之前的"故意犯罪"修改为"故意犯罪,情节恶劣的",同时规定,死缓犯"故意犯罪"但不属于"情节恶劣的",不执行死刑但应重新计算死刑缓期执行的期间并报最高人民法院备案。三是取消了3种犯罪绝对确定的死刑,将绑架罪、贪污罪和受贿罪原来绝对确定的死刑修改为相对确定的死刑,赋予了司法机关在刑罚适用上更多的选择权,有利于限制死刑的适用。不过,《刑法修正案(九)》关于死刑制度的上述修改,在修法过程中及修法前后,都存在较大的争论。

一、死刑罪名的废止问题

(一)修法背景

　　历史地看,新中国死刑罪名的立法经历了一个长期演进的过程。新中国成立初期,我国关于死刑的规定仅见于几个单行刑法,如1951年的《惩治反革命条例》和《妨害国家货币治罪暂行条例》,1952年的《惩治贪污条例》

等。这些单行刑法涉及的死刑罪名主要是反革命罪。[①] 1979年刑法典是新中国制定的第一部刑法典,其规定了27种可以判处死刑的罪名,其中14种罪名属于备而不用、备而少用的反革命罪,13种罪名属于普通刑事犯罪。之后,1981年《惩治军人违反职责罪暂行条例》专门规定了军人违反职责罪,涉及的死刑罪名共有11种。这样一来,在1979年刑法典背景下规定死刑的罪名前后共计38种。此后的十多年间,由于国内社会形势发生变化,经济领域和社会治安领域犯罪活动猖獗,我国先后开展了严厉打击严重经济犯罪和严重危害社会治安犯罪的斗争。国家立法机关有针对性地制定了一系列单行刑法,对刑法典进行修改补充,包括增设了33种死刑罪名。至1997年刑法典颁布之前,我国各种刑法规范中涉及死刑的罪名共达71种之多。[②] 在修订1997年刑法典时,我国虽然尚未迈开死刑改革的步伐,但已开始有意识地减少和限制死刑的适用,死刑罪名被减少至68种。此后直至2011年,死刑罪名一直保持不增不减的态势。不过,随着2007年死刑复核权收归最高人民法院统一行使后,死刑适用标准得到了进一步的严格控制,许多犯罪的死刑呈现出进一步长期备而不用、备而少用的现象。在此基础上,2011年全国人大常委会通过的《刑法修正案(八)》迈出了我国废止死刑罪名的重大步伐,一次性地取消了13种经济性、非暴力犯罪的死刑,死刑罪名下降至55种。实践表明,取消13种罪名的死刑并没有对社会治安形势造成负面影响,社会各方面对减少死刑罪名的反应较为正面。在此背景下,根据党的十八届三中全会的关于"继续减少适用死刑罪名"的明确要求,《刑法修正案(九)》又进一步取消了9种死刑罪名。

(二) 修法内容

《刑法修正案(九)》在《刑法修正案(八)》的基础上,取消了9种犯罪的死刑,包括刑法典分则第三章的走私武器、弹药罪、走私核材料罪和走私假币罪(刑法典第151条第1款),伪造货币罪(第170条),集资诈骗罪(第192

[①] 通过最高人民法院于1956年对审判实践中适用的罪名、刑种和量刑幅度进行的系统总结可以看出,除了上述单行刑法中规定的死刑罪名外,审判实践中还对故意杀人罪、故意伤害(致死)罪、强奸妇女罪、惯窃、惯骗罪、虐待致死罪、毁损通讯设备罪等罪名适用死刑。

[②] 参见高铭暄:《〈刑法修正案(八)〉与中国死刑改革问题》,载赵秉志主编:《宽严相济刑事政策在死刑适用中的贯彻研究》,中国法制出版社2015年版,第42页。

条);分则第六章的组织卖淫罪和强迫卖淫罪(第 358 条第 2 款);分则第十章的阻碍执行军事职务罪(第 426 条)和战时造谣惑众罪(第 433 条第 2 款),标志着我国在削减死刑罪名的道路上又迈出了重要一步。总体上看,《刑法修正案(九)》取消的 9 种死刑罪名具有三个方面的显著特点:一是以经济性、非暴力犯罪为主,同时包括部分非致命性暴力犯罪。9 种死刑罪名中,破坏社会主义市场经济秩序类犯罪 5 种,妨害社会管理秩序类犯罪 2 种,军人违反职责类犯罪 2 种。其中,强迫卖淫罪、阻碍执行军事职务罪都包含了暴力手段;同时,刑法典第 151 条第 1 款(即三种走私罪)的死刑取消,导致了刑法典第 157 条第 1 款武装掩护走私犯罪死刑的取消。二是这些犯罪的死刑多属备而不用、备而少用。其中,走私核材料罪、阻碍执行军事职务罪、战时造谣惑众罪三种犯罪的死刑基本上是备而未用,而走私武器、弹药罪、走私假币罪等其他 6 种犯罪的死刑则属于备而少用。集资诈骗罪、组织卖淫罪、强迫卖淫罪等犯罪的死刑适用还在实践中引发过较大的反对声音。① 对这些犯罪取消适用死刑,符合我国死刑司法的实际情况和改革需求。三是取消的死刑罪名数量成规模成批量。这与《刑法修正案(八)》类似。《刑法修正案(八)》一次性取消了 13 种罪名的死刑,占当时死刑罪名总数的 19.1%;此次刑法修正取消的 9 种死刑罪名,占现存死刑罪名总数的 16.3%,都具有一定的规模。②

(三) 修法争议

废止死刑罪名是我国死刑制度改革的重要方面,也是《刑法修正案(九)》的一大特色和亮点,在修法过程中,备受关注,同时引发了不小的争论。在立法过程中,有关方面和人士对《刑法修正案(九)》一次性取消 9 种犯罪的死刑主要有三种不同主张。

第一种主张是对《刑法修正案(九)》一次性取消 9 种死刑罪名持完全肯定态度。例如,有观点认为,《刑法修正案(九)》取消 9 种犯罪(走私武器、弹药罪、走私核材料罪、走私假币罪、伪造货币罪、集资诈骗罪、组织卖淫罪、强

---

① 近年来,在多个具有重大社会影响的死刑案件中,民众对其死刑适用都有较大的反对声音。例如,吴英集资诈骗案、曾成杰集资诈骗案就引发了人们对集资诈骗罪适用死刑的质疑;唐慧女儿被强迫卖淫案引发了人们对强迫卖淫罪适用死刑的质疑。

② 参见赵秉志:《中国死刑立法改革新思考——以〈刑法修正案(九)(草案)〉为主要视角》,载《吉林大学社会科学学报》2015 年第 1 期。

迫卖淫罪、阻碍执行军事职务罪、战时造谣惑众罪)的死刑规定,将刑法中含死刑的罪名由修改前的 55 种下降至 46 种;同时,对刑法典第 239 条第 2 款进行修改,提高绑架罪适用死刑的门槛,并将处绝对确定的死刑的规定,修改为"处无期徒刑或者死刑",这就大大降低了本罪判处死刑的几率。这是《刑法修正案(九)》重大亮点之一。①

第二种主张是对《刑法修正案(九)》取消的 9 种死刑存在不同意见。例如,以全国人大常委会组成人员分组审议《刑法修正案(九)》草案时关于废除死刑罪名的讨论情况为例,各方面就存在多种不同的意见。有意见认为不应该取消走私武器、弹药罪的死刑,其理由是如果放松对这种行为的管理,将无法起到震慑作用,并给国家安全造成极大的隐患;关于走私核材料罪,有意见认为这一罪名虽然在实践中较少适用,但行为人一旦实施这种行为,其社会危害巨大,后果不堪设想;也有意见认为走私伪造货币罪的行为和危害后果都很严重,对社会的危害很大,不应废除其死刑;关于集资诈骗罪和伪造货币罪,有意见认为这两种犯罪容易引起社会动荡、引发群体性事件,影响国家的经济、金融安全,因而不能废除死刑;关于组织卖淫罪和强迫卖淫罪,有意见建议对其死刑的取消应持慎重态度,因为行为人具备主观恶性和再犯可能性等要素,特别是在现实中,强迫幼女卖淫的现象仍层出不穷,民愤极大;关于阻碍执行军事职务罪和战时造谣惑众罪,有意见认为虽然现在是和平时期,但并不排除今后发生战争的可能,如果不保留这两种犯罪的死刑,不利于战时维护军事利益。② 修法过程中的社会意见则认为,走私武器、弹药、核材料的行为和后果都很严重,对社会的危害很大。不要为了减少死刑而减少死刑,刑法对社会生活起引领作用,实际就是起震慑作用。在审判中要慎用死刑,但立法还是要符合我国实际。③ 而强迫卖淫往往带有暴力、胁迫手段,实质上与强奸罪没有区别,不仅侵害了社会管理秩序和伦理规范,还严重侵害了公民个人人身权利。有观点因而主张对于强迫他人卖淫,造成重伤、死亡的,或者强迫未成年人卖淫的,或者有其他极其恶

---

① 参见谢望原、张宝:《〈刑法修正案(九)〉的亮点与不足》,载《苏州大学学报(社会科学版)》2015 年第 6 期。
② 参见陈丽平:《一些常委员建议认真研究减少死刑罪名原则走私核材料罪等不应取消死刑》,载《法制日报》2014 年 12 月 17 日第 3 版。
③ 参见陈丽平:《走私核材料罪等不应取消死刑》,载《法制日报》2014 年 12 月 17 日。

劣情节的,应当判处死刑。① 取消死刑罪名应在犯罪减少的前提下进行。强迫卖淫罪不应取消死刑,因为其主观恶意性、再犯可能等要素均具备。特别是在现实生活中,强迫幼女卖淫的现象层出不穷,民愤极大,因而建议对强迫卖淫的死刑取消应持慎重态度。②

　　第三种主张是在《刑法修正案(九)》的基础上进一步扩大取消死刑罪名的范围。在修法过程中,有观点认为,《刑法修正案(九)》草案一审稿拟一次性取消9种死刑罪名,这是《刑法修正案(八)》取消死刑罪名步伐的延续和发展,但绝不会是终结。我国应积极探索死刑改革的路径,进一步减少死刑罪名。③ 也有观点从限制死刑适用的角度,建议对运输毒品行为单独规定罪名和适用死刑的标准。④ 还有观点认为,经济犯罪在很多国家都不适用死刑,建议条件成熟时取消贪污贿赂犯罪的死刑。⑤

(四) 修法研讨

　　针对《刑法修正案(九)》取消9种犯罪的死刑及立法过程中的争论,笔者认为,《刑法修正案(九)》取消9种犯罪的死刑是合理的。从死刑改革的现实需要出发,我国需要不断地成批量成规模地取消死刑罪名,以使逐步减少直至最终废止死刑成为我国死刑制度改革不可逆转的趋势;同时要注重运用死刑制度改革的技术手段,积极推进非致命性暴力犯罪的死刑废止。

　　1.《刑法修正案(九)》取消9种犯罪的死刑符合我国进一步减少死刑罪名的策略

　　《刑法修正案(九)》一次性取消9种罪名的死刑,这是《刑法修正案(八)》取消死刑罪名步伐的延续和发展。笔者认为,这符合我国进一步减少死刑罪名的改革策略。

　　第一,这符合我国成批量地取消死刑罪名的策略。关于死刑罪名取消

---

① 参见全国人大常委会法工委刑法室编:《刑法修正案(九)草案向社会公众征求意见的情况》(法工刑字〔2015〕2号,2015年1月4日)。

② 参见陈丽平:《走私核材料罪等不应取消死刑》,载《法制日报》2014年12月17日。

③ 参见赵秉志:《中国死刑立法改革新思考——以〈刑法修正案(九)(草案)〉为主要视角》,载《吉林大学社会科学学报》2015年第1期。

④ 参见陈丽平:《走私核材料罪等不应取消死刑》,载《法制日报》2014年12月17日。

⑤ 参见全国人大常委会法制工作委员会刑法室:《山东、安徽两省有关方面对刑法修正案(九)草案的意见》(2015年5月4日)。

的数量,在《刑法修正案(九)》草案研拟过程中曾存在一定的争议。曾有方案提出取消四种或五种罪名的死刑,也有部门建议只取消一、两种罪名的死刑。而提交全国人大常委会审议并向社会公布、通过的《刑法修正案(九)》延续了《刑法修正案(八)》的模式,一次性取消9种罪名的死刑。这是值得充分肯定的,符合我国成批量地取消死刑罪名的策略。而且,从我国死刑改革的现实需要出发,我国今后若干年的刑法改革还应当不断地成批量成规模地取消死刑罪名。这是因为:(1)我国死刑罪名数量众多的现状决定了我国应成批量成规模地取消死刑罪名。在《刑法修正案(九)》之前,我国死刑罪名是55种。这在世界上保留死刑罪名的国家和地区中,数量名列前茅,而且与当今保留死刑的国家大多仅有几种死刑罪名的立法状况相比差距甚远。在此背景下,我国死刑立法改革的任务仍然任重而道远。我国要实现严格控制、慎重适用死刑直至最终废止死刑的目标,仅靠每次刑法修改取消一、两种死刑罪名,那就还需要很多年才能达到,从而会严重影响我国社会文明发展对死刑减少乃至废止要求之实现。因而当下我国应该不断地成批量成规模地取消死刑罪名。《刑法修正案(九)》延续《刑法修正案(八)》成批量减少死刑的做法,一次性取消了9种罪名的死刑,值得充分肯定。(2)我国死刑改革的进度决定了我国应成批量成规模地取消死刑罪名。我国死刑罪名的取消始于1997年全面修订刑法典之时,迄今已有19年。但过去19年间,我国只是在2011年通过《刑法修正案(八)》取消了13种死刑罪名。按年度计算的话,平均每年取消死刑罪名不足1种。而且从2011年开始计算,至《刑法修正案(九)》通过,前后间隔4年才启动一次刑法修正。如果按照每4年取消一次死刑罪名的做法,每次如仅取消少量的几种(如1—2种),我国死刑罪名的全部取消将是一个过于漫长而难以期待的过程。因此,中国很有必要不断地成批量成规模地取消死刑罪名,《刑法修正案(九)》一次性取消9种死刑罪名,契合了推动我国死刑改革进程的需要。(3)我国死刑适用的实际状况决定了我国可以成批量成规模地取消死刑罪名。我国现有的死刑罪名虽然较多,且我国死刑适用的数量在国际上也可能是最多的,但从死刑罪名适用的实际情况看,我国适用死刑较多的罪名主要是故意杀人罪、毒品犯罪、故意伤害罪、抢劫罪、强奸罪等少数几种严重危害人身和社会的犯罪。[1] 有统计显示,这五种主要罪名判处死刑的数量占到了所有死刑判决的 90% 以上。[2] 可见,绝大多数死刑罪名都属于备而不用或备而少用。《刑法修正案(九)》成批量成规模地取消那些备而不用、备而少用的死刑罪名,不会对我国刑事司法和社会治安形势造成太大的冲击和影响。

第二,这符合我国以非暴力犯罪为重点的死刑改革策略。以非暴力犯罪为废止死刑的重点,这是《刑法修正案(八)》确定的死刑罪名取消原则,也是我国未来相当长的一段时间内废止死刑罪名的基本策略。在《刑法修正案(九)》修法过程中,尽管有不少意见反对取消组织卖淫罪、集资诈骗罪等非暴力犯罪废止死刑,但笔者认为,《刑法修正案(九)》以非暴力犯罪为重点取消死刑罪名,符合我国死刑罪名取消的基本趋势。这具体体现在:(1) 我国非暴力犯罪的死刑罪名众多决定了《刑法修正案(九)》对死刑罪名的取消应以非暴力犯罪为重点。在《刑法修正案(九)》之前,我国有死刑罪名 55 种,包括:危害国家安全罪 7 种(其中非暴力犯罪 6 种),危害公共安全罪 14 种(其中非暴力犯罪 4 种),破坏社会主义市场经济秩序罪 7 种(均属非暴力犯罪),侵犯公民人身权利罪 5 种(其中非暴力犯罪 1 种),侵犯财产罪 1 种,妨害社会管理秩序罪 5 种(其中非暴力犯罪 1 种),危害国防利益罪 2 种(其中非暴力犯罪 1 种),贪污贿赂罪 2 种(均属非暴力犯罪),军人违反职责罪 12 种(其中非暴力犯罪 9 种)。在上述 55 种死刑罪名中,非暴力犯罪达 32 种,占据了死刑罪名的 58% 以上,可谓数量众多。《刑法修正案(九)》以非暴力犯罪为重点取消死刑罪名,符合我国非暴力犯罪死刑罪名数量较多的现状。(2) 非暴力犯罪与死刑的不对等决定了《刑法修正案(九)》取消死刑罪名应以非暴力犯罪为重点。与暴力犯罪不同,非暴力犯罪不直接危害他人的生命。从罪责刑相适应的角度看,这类犯罪的社会危害性与死刑剥夺的生命不具有均衡性和对等性[3]。因而以非暴力犯罪作为我国死刑罪名取消的重

---

[1] 参见赵秉志等:《五种常见多发犯罪之立法完善研究》,载赵秉志主编:《刑事法治发展研究报告(2005—2006年卷)》,中国人民公安大学出版社 2006 年版,第 22 页。

[2] 参见苏永通、任重远:《152 份死刑复核裁定书分析报告 公开的中国死刑密码》,载《南方周末》2014 年 4 月 16 日。

[3] 参见赵秉志:《论中国非暴力犯罪死刑的逐步废止》,载《政法论坛》2005 年第 1 期。

点非常必要。而且,当代中国人权保障观念的发展和人们对生命权的重视强化了生命的重要性。取消非暴力犯罪的死刑总体上更容易被社会和民众所接受。(3)非暴力犯罪死刑适用率颇低的状况决定了《刑法修正案(九)》取消死刑罪名应以非暴力犯罪为重点。如前所述,我国的死刑适用罪名主要集中于故意杀人罪、故意伤害罪等少数几种严重的犯罪。除严重的毒品犯罪外,大多数非暴力犯罪的死刑适用率极低。许多非暴力犯罪(包括部分严重危害国家安全的犯罪、危害国防利益犯罪、军人违反职责犯罪),自 1997年刑法典施行至今都未曾适用过死刑,其死刑基本上属于备而不用。一些过去死刑适用相对较多的非暴力犯罪(如贪污罪、受贿罪),近年来也很少适用死刑(主要是指死刑立即执行)。从司法实务的角度看,取消这些非暴力犯罪的死刑不会对司法中确有必要适用死刑(立即执行)的犯罪造成冲击。

第三,《刑法修正案(九)》开启了非致命性暴力犯罪的死刑废止步伐,符合我国逐步推进死刑制度改革的趋势和策略。非致命性暴力犯罪与致命性暴力犯罪是暴力犯罪内部的区分。其中,非致命性暴力犯罪主要指那些犯罪手段具有暴力性但不足以侵犯和剥夺他人生命的犯罪。此次《刑法修正案(九)》取消死刑的强迫卖淫罪和阻碍执行军事职务罪即属此类。这开启了我国取消非致命性暴力犯罪的先例,符合我国逐步推进死刑制度改革的趋势和策略。这是因为:(1)非致命性暴力犯罪与死刑亦不具有对等性,有废止的必要。与非暴力犯罪相比,非致命性暴力犯罪在犯罪的手段上更具可谴责性,其犯罪的危害性通常更大,但以死刑所剥夺的生命为对照,非致命性暴力犯罪与非暴力犯罪一样,其危害性与死刑所要剥夺的生命相比都不具有对等性,因而有废止其死刑的必要。(2)加强非致命性暴力犯罪的死刑废止举措是我国死刑制度改革的必然。在我国刑法典的死刑罪名中,从犯罪的危害程度和民众接受死刑取消的程度上看,有些非致命性暴力犯罪与非暴力犯罪死刑废止的难度相比可谓伯仲之间。例如,贪污罪受贿罪的死刑废止与强迫卖淫罪的死刑废止相比,人们可能更容易接受后者。我国要合理而有效地逐步减少直至最终废止死刑,不可能等到非暴力犯罪都取消死刑后才考虑非致命性暴力犯罪的死刑。因而适时逐步取消非致命性暴力犯罪的死刑也是我国死刑制度改革的必然。《刑法修正案(九)》开启我国取消非致命性暴力犯罪死刑的步伐,是非常明智和正确的。(3)《刑法修正案(九)》启动非致命性暴力犯罪的死刑废止,是进一步推动致命性暴力犯罪死刑限制乃至将来废止的需要。从犯罪手段的严重性上看,非致命性暴力犯罪介于非暴力犯罪与致命性暴力犯罪之间。虽然从死刑具体罪名废止的顺序上看,不一定要完全遵循非暴力犯罪、非致命性暴力犯罪和致命性暴力犯罪的顺序,但在总体上,非致命性暴力犯罪因其危害性相对较轻而理应先于致命性暴力犯罪废止死刑。[①] 而在非致命性暴力犯罪的死刑尚未完全或者基本废止之前,严格限制乃至废止致命性暴力犯罪的死刑,难度必然更大。相反,如果非致命性暴力犯罪的死刑完全或者大部分被废止了,致命性暴力犯罪死刑的严格限制乃至废止所遇阻力才会减小。从这个角度看,非致命性暴力犯罪的死刑废止有助于促进致命性暴力犯罪死刑的严格限制乃至废止,从而有助于适时实现中国彻底废止死刑之任务。

2. 我国应在《刑法修正案(九)》的基础上进一步废止死刑罪名

客观地说,《刑法修正案(九)》在《刑法修正案(八)》的基础上进一步废止了9种犯罪的死刑,是我国现阶段死刑立法改革的又一重大进步。但在现实背景下,《刑法修正案(九)》取消的死刑罪名数量还不够多,今后我国应进一步减少死刑罪名。这具体体现在:

第一,我国应进一步减少非暴力犯罪的死刑。在《刑法修正案(九)》取消9种死刑罪名之后,我国尚有24种非暴力犯罪保留有死刑。在这些非暴力犯罪中,有两类犯罪的死刑废止虽具争议但仍有及时废止的必要:(1)严重腐败犯罪的死刑废止问题。严重腐败犯罪是指严重的贪污罪和受贿罪(其他腐败犯罪都未规定有死刑)。关于严重腐败犯罪的死刑废止,刑法理论上过去主要有保留论和废止论之争。笔者持废止论,主张适时予以废止,认为保留严重腐败犯罪的死刑会阻止我国死刑制度改革的进程,也与腐败

[①] 在10余年前,本书第一作者赵秉志曾主张,就中国现阶段的综合情况而言,可以经历如下三个阶段逐步废止死刑:一是先行逐步废止非暴力犯罪的死刑;二是在条件成熟时进一步废止非致命犯罪(非侵犯生命的犯罪)的死刑;三是进而在社会文明和法治发展到相当发达程度时,全面废止死刑(参见赵秉志《论中国非暴力犯罪死刑的逐步废止》,载《政法论坛》2005年第1期)。不过,随着《刑法修正案(九)》开启非致命性暴力犯罪死刑废止之步伐,以及从中国死刑改革的实际需要来看,这三个阶段的区分是总体上、大致的区分,并不是绝对的,其中第一个阶段和第二个阶段完全可以出现一定的交叉。

犯罪的罪质和犯罪原因不对应。① 此次《刑法修正案（九）》调整贪污罪受贿罪的定罪量刑标准。这既是贪污罪受贿罪定罪量刑标准设置科学化和合理化的需要，客观而言也在一定程度上合理地降低了对贪污罪受贿罪的处罚力度。其中，《刑法修正案（九）》对贪污罪受贿罪的死刑适用予以了严格限制，包括取消原来绝对确定的死刑和提高了死刑适用的标准。② 笔者认为，这是我国对贪污罪受贿罪量刑标准（包括死刑适用标准）的重大改革和进步。不过，就推动我国死刑立法改革而言，我国有必要考虑在下一步的刑法修正中进一步取消严重腐败犯罪的死刑。其理由除了因为严重腐败犯罪属于非暴力犯罪，与死刑的罪质不符，且与联合国相关公约关于死刑适用的标准不符，还有以下两个方面的考虑：一方面，在保留死刑的非暴力犯罪中，严重腐败犯罪的罪质最弱，有尽快取消其死刑的必要。从罪质上看，严重腐败犯罪侵害的主要是国家工作人员职务的廉洁性③。这在余下的非暴力犯罪死刑罪名中，其罪质基本上是处于最弱的地位，既不能与为境外窃取、刺探、收买、非法提供国家秘密、情报罪、资敌罪等危害国家安全罪和隐瞒、谎报军情罪、投降罪等军人违反职责罪的罪质相比，甚至也不能与生产、销售假药罪、生产、销售有毒、有害食品罪等破坏社会主义市场经济秩序罪的罪质相比。从罪质比较的角度考虑，我国要进一步取消非暴力犯罪的死刑，严重腐败犯罪应该首当其冲。另一方面，取消严重腐败犯罪的死刑是继续推动我国死刑立法改革所必需。《刑法修正案（九）》已取消强迫卖淫罪等非致命性暴力犯罪的死刑，严重腐败犯罪作为非暴力犯罪，其危害性总体上无疑要低于暴力犯罪，在现实性上完全有必要在暴力犯罪之前取消其死刑，或者至少不应过于滞后。否则，它必将成为我国废止死刑罪名的障碍，进而会阻碍暴力犯罪死刑的废止。（2）严重毒品犯罪之死刑存废问题。毒品严重危害人们的身心健康。对严重毒品犯罪予以严惩直至适用死刑，这是过去我国刑法立法和刑事司法长期坚持的刑事政策。我国刑法典第 347 条专门针对走私、贩卖、运输、制造毒品罪列举规定了可以适用死刑的情形。不过，与走

---

① 参见赵秉志：《当代中国死刑改革争议问题论要》，载《法律科学》2014 年第 1 期。
② 关于贪污罪受贿罪的死刑，《刑法修正案（九）》第 44 条第 1 款第 3 项规定：贪污"数额特别巨大，并使国家和人民利益遭受特别重大损失的，处无期徒刑或者死刑，并处没收财产"。
③ 参见王作富主编：《刑法分则实务研究（下）》，中国方正出版社 2012 年版，第 1539 页。

私、贩卖、制造毒品罪相比,运输毒品罪的危害更小,我国当前应首先考虑取消运输毒品罪的死刑。理由主要有:一是从社会危害性上看,单纯的运输毒品只是整个毒品的中间环节,社会危害性相对较小。在整个毒品犯罪过程中,制造毒品是毒品的源头,也是整个毒品犯罪的肇始;贩卖毒品则是毒品直接向社会扩散的环节;相比之下,单纯的运输毒品行为只是毒品由制造走向贩卖的中间环节①,其社会危害性相对较小,没有适用死刑的必要。二是从行为特点上看,单纯的运输毒品行为具有从属性、辅助性特点。在整个毒品犯罪过程中,制造、贩卖毒品是毒品犯罪的两个关键环节,而单纯的运输毒品行为是为制造毒品、贩卖毒品服务的,具有从属性和辅助性的特点。这决定了单纯的运输毒品行为在毒品犯罪中的作用较小、地位较弱。如果刑法典未将运输毒品单独成罪,它只能算是制造、贩卖毒品罪的从犯。因此,我国完全没有必要对单纯的运输毒品行为保留死刑。三是从司法实践上看,我国司法严格控制了运输毒品罪的死刑适用。目前,我国不仅在司法上严格区分了单纯的运输毒品罪与走私、贩卖、制造毒品罪,而且很少有针对单纯的运输毒品犯罪判处死刑的做法。对此,最高人民法院 2008 年 12 月 1日发布的《全国部分法院审理毒品犯罪案件工作座谈会纪要》有较为明确的规定。② 在此司法背景下,废止运输毒品罪的死刑是对刑事司法的支持和认同,亦不会对运输毒品犯罪的刑法控制产生冲击。③ 因此,我国应当即刻废止运输毒品罪的死刑。在此基础上,考虑到毒品犯罪侵害的法益与死刑所剥夺的生命权相比不具有对等性,我国也应加强并不断推进整个毒品犯罪死刑的废止。

　　第二,我国应加强取消非致命性暴力犯罪的死刑。《刑法修正案(九)》

---

① 参见王捷明:《对运输毒品罪死刑适用的把握》,载《人民司法》2014 年第 6 期。
② 2008 年 12 月 1 日最高人民法院《全国部分法院审理毒品犯罪案件工作座谈会纪要》规定:"毒品犯罪中,单纯的运输毒品行为具有从属性、辅助性等特点,且情况复杂多样。部分涉案人员系受指使、雇佣的贫民、边民或者无业人员,只是为了赚取少量运费而为他人运输毒品,他们不是毒品的所有者、买家或者卖家,与幕后的组织、指使、雇佣者相比,在整个毒品犯罪环节中处于从属、辅助和被支配地位,所起作用和主观恶性相对较小,社会危害性也相对较小。因此,对于运输毒品犯罪中的这部分人员,在量刑标准的把握上,应当与走私、贩卖、制造毒品和前述具有严重情节的运输毒品犯罪分子有所区别,不应单纯以涉案毒品数量的大小决定刑罚适用的轻重。"
③ 最高人民法院在《刑法修正案(九)(草案)》的研拟过程中曾建议,"将运输毒品罪与走私、贩卖、制造毒品分别规定,限制运输毒品罪适用死刑的条件"。笔者认为,如废止运输毒品罪死刑的阻力过大,作为替代方案,也应考虑在立法上对严格限制运输毒品罪的死刑适用问题作专门规定。

取消非致命性暴力犯罪的死刑是我国在减少死刑罪名上迈出的重要步伐。从现实的角度看,我国应进一步取消盗窃、抢夺枪支、弹药、爆炸物、危险物质罪等部分非致命性暴力犯罪的死刑。这是因为:(1) 这类犯罪的社会危害性主要是其对社会的威胁,没有保留死刑的必要。以盗窃、抢夺枪支、弹药、爆炸物、危险物质罪为例,其"抢夺"行为客观上包含了趁人不备、暴力夺取的方式,但与刑法典第 267 条的抢夺罪相比,其不同之处只在于该罪的对象"枪支、弹药、爆炸物、危险物质"对社会的威胁很大。但从死刑配置的角度看,对社会的这种威胁、危险与死刑所要剥夺的生命相比,具有明显的不对称性。(2) 这类犯罪配置的自由刑总体上非常高,没有保留死刑的必要。同样以盗窃、抢夺枪支、弹药、爆炸物、危险物质罪为例,该罪的法定刑有两档,即"三年以上十年以下有期徒刑"和"十年以上有期徒刑、无期徒刑或者死刑"。其中,适用"十年以上有期徒刑、无期徒刑或者死刑"的情形有两种,即"情节严重"和"盗窃、抢夺国家机关、军警人员、民兵的枪支、弹药、爆炸物"。与刑法典第 267 条的抢夺罪相比①,这种刑罚幅度的配置可谓非常之高,其自由刑的配置就足以威慑相关犯罪,没有必要再规定死刑。(3) 这类犯罪的危害性并不大于《刑法修正案(九)》取消死刑的组织卖淫罪、强迫卖淫罪,没有保留死刑的必要。根据我国刑法典第 358 条的规定,原组织卖淫罪、强迫卖淫罪包括了"造成被强迫卖淫的人重伤、死亡或者其他严重后果的"。② 即组织卖淫罪、强迫卖淫罪中的致死行为只要不构成故意杀人罪、故意伤害(致人死亡)罪,仍然应当在组织卖淫罪、强迫卖淫罪中进行评价,组织卖淫罪、强迫卖淫罪仍然包含了"致命"(含过失致人死亡)的情节。与此相比,非致命性暴力犯罪,如盗窃、抢夺枪支、弹药、爆炸物、危险物质罪,客观上并不包括故意致命甚至故意伤害的情节。在《刑法修正案(九)》已取消组织卖淫

---

① 我国刑法典第 267 条对盗窃罪、抢夺罪规定的法定刑分别为三档,即"三年以下有期徒刑、拘役或者管制"、"三年以上十年以下有期徒刑"和"十年以上有期徒刑或者无期徒刑"。

② 《刑法修正案(九)》对组织卖淫罪和强迫卖淫罪的加重处罚情节进行了调整。《刑法修正案(九)》第 42 条规定:将刑法第三百五十八条修改为:"组织、强迫他人卖淫的,处五年以上十年以下有期徒刑,并处罚金;情节严重的,处十年以上有期徒刑或者无期徒刑,并处罚金或者没收财产。""组织、强迫未成年人卖淫的,依照前款的规定从重处罚。""犯前两款罪,并有杀害、伤害、强奸、绑架等犯罪行为的,依照数罪并罚的规定处罚。""为组织卖淫的人招募、运送人员或者有其他协助组织他人卖淫行为的,处五年以下有期徒刑,并处罚金;情节严重的,处五年以上十年以下有期徒刑,并处罚金。"

罪、强迫卖淫罪死刑的情况下,笔者认为,应考虑进一步取消盗窃、抢夺枪支、弹药、爆炸物、危险物质罪等其他危害性相当的非致命性暴力犯罪的死刑。

第三,应注重取消死刑罪名的技术革新。死刑罪名过多是我国死刑立法长期受到诟病的重要原因。为了减少取消死刑罪名,《刑法修正案(九)》在取消9种犯罪死刑的同时有意识地进行了两项技术处理:一是取消了组织卖淫罪、强迫卖淫罪的死刑,但同时规定组织、强迫卖淫"并有杀害、伤害、强奸、绑架等犯罪行为的,依照数罪并罚的规定处罚"。而我国对故意杀人罪、故意伤害罪等都规定有死刑,据此对于组织、强迫卖淫过程中采取暴力、胁迫手段构成相关犯罪的,仍有适用死刑的余地。二是取消了走私枪支、弹药罪和走私核材料罪的死刑,但保留刑法典第125条对非法制造、买卖、运输、邮寄、储存枪支、弹药、爆炸物罪和非法制造、买卖、运输、储存危险物质罪的死刑。对于走私武器、弹药、核材料行为造成严重后果的,如果按走私武器、弹药罪或者走私核材料罪无法体现罪责刑相适应,也不排除适用刑法典第125条规定的重刑甚至死刑的可能。《刑法修正案(九)》的这一处理方法,表明我国死刑立法改革正由传统的单纯取消死刑罪名走向技术性取消死刑罪名,是一种技术革新。今后,我国应当继续坚持取消死刑罪名的技术改革,将涉及故意伤害、故意杀人情节之死刑罪名中的故意伤害、故意杀人行为回归故意伤害罪、故意杀人罪之中进行评价,并在此基础上取消相关罪名的死刑。例如,我国刑法典第239条第2款将绑架罪适用死刑的标准限定为"杀害被绑架人的,或者故意伤害被绑架人,致人重伤、死亡的",而这些情节完全可以被纳入到故意杀人罪、故意伤害罪中进行评价。从立法技术上看,一旦这些情节都被纳入故意杀人罪、故意伤害罪中进行评价,则这些相关犯罪保留死刑的必要性就大为降低。

二、死缓犯执行死刑的门槛问题

(一)修法背景

关于死缓犯执行死刑的门槛,我国1979年刑法典规定的是"抗拒改造情节恶劣,查证属实的"。虽然该规定较为抽象,但当时通行的刑法理论观点认为,"抗拒改造情节恶劣"不是指罪犯不认罪、态度不好,不是指罪犯违反监规的一般行为,甚至也不是指过失犯罪或者轻微的故意犯罪,而是指犯了新的较重的故意犯罪。[①] 1979 年刑法典颁行之初,死缓犯执行死刑的情况也较少发生,死缓制度对死刑立即执行的限制作用十分显著。不过,随着 20 世纪 80 年代"严打"的逐步开展,死缓犯执行死刑的标准也逐渐被扩大理解与适用,不少违反监规尚不构成犯罪的死缓犯也被界定为"抗拒改造情节恶劣"而被执行了死刑,以致死缓犯执行死刑的情况增加,受到各方面的关注和诟病。为限制死缓犯执行死刑的范围,1997 年刑法典将死缓犯执行死刑的条件修改为在死缓考验期间"故意犯罪"的。从立法本意上讲,这较之于 1979 年刑法典的"抗拒改造情节恶劣"显然更为严格,在实践中也在一定程度上发挥了限制死缓犯执行死刑的积极作用。不过,由于立法上未对"故意犯罪"作任何限制,容易作宽泛理解,进而导致执行中出现偏差。实践中对"故意犯罪"的死缓犯一律执行死刑存在较大争议,且这样做显然与我国死刑制度改革的整体方向不相吻合。在此背景下,《刑法修正案(九)》决定进一步提高死缓犯执行死刑的门槛。

(二)修法内容

基于更好地发挥死缓制度在死刑制度改革中积极作用的考虑,《刑法修正案(九)》对死缓犯执行死刑问题作了两点重要修改:

第一,严格了死缓犯执行死刑的条件。《刑法修正案(九)》第 2 条将死缓犯执行死刑的门槛由刑法典原来规定的"故意犯罪"提高至"故意犯罪,情节恶劣的"。根据该规定,死缓犯在死刑缓期二年执行期间,仅仅是故意犯罪的还不被能执行死刑,只有"故意犯罪,情节恶劣的"才能被执行死刑。其中,"情节恶劣"是对案件情节的综合表述,可涵盖犯罪主体情况、主观罪过、犯罪动机、行为手段、行为对象乃至犯罪后的表现等各种情节。

第二,增设了死刑缓期执行期间重新计算制度。《刑法修正案(九)》第 2 条规定,对于死缓犯"故意犯罪未执行死刑的,死刑缓期执行的期间重新计

[①] 参见高铭暄主编:《新中国刑法学研究综述(1949—1985)》,河南人民出版社 1986 年版,第 427 页。

算,并报最高人民法院备案"。这是对死缓犯故意犯罪未执行死刑的专门规定,其前提是死缓犯又故意犯罪但未达到"情节恶劣"的程度,其内容包括两方面:一是"死刑缓期执行的期间重新计算";二是"报最高人民法院备案"。

(三) 修法争议

在修法过程中,人们对《刑法修正案(九)》关于死缓犯执行死刑的立法改革,主要有以下两方面的争议:

第一,关于死缓犯故意犯罪执行死刑的条件。对此,修法过程中主要有三种不同意见:第一种意见主张保留原有规定,认为判处死缓已经给罪犯提供了重新做人的机会,但他在死缓期间还故意犯罪,说明其没有悔罪的诚意,应当执行死刑;第二种意见主张明确"情节恶劣"具体是指什么情况,建议将"情节恶劣"修改为"被判处三年以上有期徒刑"或者"被判处五年有期徒刑以上刑罚的";第三种意见建议增加规定故意犯数罪的,或者多次故意犯罪的,报请最高人民法院核准以后执行死刑。[①] 在草案研拟过程中,国家立法工作机关也曾考虑过第二种意见,提出过一个死缓犯执行死刑的条件方案:"故意犯罪,被判处五年有期徒刑以上刑罚的,或者被判处五年有期徒刑以下刑罚,情节恶劣的"。

第二,关于死缓犯再故意犯罪的考验期延长问题。在修法过程中,有意见认为,对被人民法院决定限制减刑的死缓犯的考验期要适当延长为三至五年,以体现与普通死缓犯的不同。[②] 也有意见认为,在报最高人民法院备案后也应增加报最高人民检察院备案,以便其掌握相关情况并进行监督。[③] 不过,《刑法修正案(九)》最终没有采纳这些意见。

(四) 修法研讨

死缓在我国虽然只是一种死刑执行制度,但客观上具有限制死刑立即执行适用的功能。死缓犯执行死刑的门槛高低也可作为判断我国死刑制度

---

① 参见全国人大常委会法工委刑法室编:《刑法修正案(九)草案向社会公众征求意见的情况》(法工刑字[2015]2号,2015年1月4日)。

② 参见全国人大常委会法工委刑法室编:《刑法修正案(九)草案向社会公众征求意见的情况》(法工刑字[2015]2号,2015年1月4日)。

③ 参见全国人大常委会法工委刑法室编:《十二届全国人大常委会第十一次审议刑法修正案(九)草案的意见》(法工刑字[2014]39号,2014年12月15日)。

改革的一个重要指标。从这个角度看,《刑法修正案(九)》提高死缓犯执行死刑的门槛,可谓意义重大。针对《刑法修正案(九)》修法过程中的上述争议,笔者认为,应从以下三个方面加以把握:

第一,《刑法修正案(九)》关于死缓犯执行死刑条件的规定具有司法的现实合理性,但其立法合理性有待进一步提高。关于死缓犯故意犯罪执行死刑的条件,本书第一作者曾专门予以研究,并撰文认为,从立法合理性上看,基于严格限制死缓犯执行死刑的考虑,应当将死缓犯执行死刑的门槛提高至"故意犯罪,被判处五年有期徒刑以上刑罚"。① 这是因为:(1)"情节恶劣"的表述过于抽象、概括,其限制死缓犯执行死刑的意义有限。众所周知,情节包含的方面复杂多样,既有定罪情节,也有量刑情节;既有罪中情节,也有罪前情节和罪后情节;既有主观情节,也有客观情节。因此,"情节恶劣"究竟是指什么情节不清楚。而且"恶劣"也是一种抽象的描述,不具有严格的限定价值。对于何谓"情节恶劣",最终只能由最高人民法院根据社会形势和案件的情况综合判定,且很难防止其不出现扩大化的倾向。从这个角度看,"情节恶劣"的规定对限制死缓犯执行死刑的意义有限。(2)刑罚的轻重是对案件情节的综合评价,符合限制死缓犯执行死刑的要求。根据我国刑法典第5条的规定,刑罚的轻重应当与犯罪分子所犯罪行和承担的刑事责任相适应。通常认为,这里的"罪行和刑事责任"包含了对所有犯罪方面的因素和犯罪人方面因素的评价。② 与"罪行和刑事责任"相适应的刑罚体现了法官对各种案件情节的综合评价。相比之下,"情节恶劣"的内涵则可能更为单一,如某一方面的情节恶劣(如动机恶劣)也可能被作为"情节恶劣"的判断标准。因此,用一定期限的刑罚代替"情节恶劣",更为综合,也更为科学。(3)以"故意犯罪,被判处五年有期徒刑以上刑罚"作为死缓犯执行死刑的条件,较为合理。这有三个方面的原因:一是"五年有期徒刑以上刑罚"可以将犯一般的盗窃罪、轻伤害犯罪等犯罪较轻且较常见的故意犯罪排除出死缓犯执行死刑的条件范围,有助于切实限制死缓犯执行死刑。二是"五

---

① 参见赵秉志:《中国死刑立法改革新思考——以〈刑法修正案(九)(草案)〉为主要视角》,载《吉林大学社会科学学报》2015年第1期。

② 参见赵秉志主编:《刑法总论》,中国人民大学出版社2012年版,第44页。

年有期徒刑以上刑罚"与过失犯罪的刑罚相比具有合理性。根据我国刑法典的规定,死缓犯过失犯罪的,一律不会被执行死刑。其立法考虑是过失犯罪者的主观罪过相对较小。而在我国刑法上,除少数犯罪(如过失致人死亡罪和业务过失犯罪),多数过失犯罪的法定最高刑都是"三年有期徒刑"。从刑罚匹配的角度看,故意犯罪被判处的刑罚只有高于过失犯罪的这一刑罚,对死缓犯执行死刑才相对合理。[1] 反之,如果故意犯罪可能判处的刑罚还轻于过失犯罪,却被执行死刑,则与刑法区分故意犯罪与过失犯罪的初衷不相吻合。三是"死刑缓期执行期间重新计算"制度可以防止死缓犯利用该规定逃避法律制裁。《刑法修正案(九)》规定,死缓犯"故意犯罪未执行死刑的,死刑缓期执行的期间重新计算"。根据该规定,如果死缓犯在死刑缓期执行期间多次故意犯轻罪的,则其死刑缓期执行的期间要多次重新计算。可见,死刑缓期执行期间的延长本身也是对罪犯的惩罚,可在一定程度上防止死缓犯滥用死缓犯执行死刑制度。[2]

不过,从司法的现实需要考虑,并结合当前我国死刑适用的程序等制度设计看,笔者认为,在目前背景下,《刑法修正案(九)》的规定也是合理的。这主要体现在两个方面:一是最高人民法院统一行使死刑核准权,这样能防止对死缓犯执行死刑标准理解的不统一和扩大化。自 2007 年 1 月 1 日起,我国死刑案件的核准权统一收归由最高人民法院行使。至此,全国死刑案件的适用(包括死缓犯执行死刑的标准)实现了标准的统一。同时鉴于最高人民法院作为我国最高司法机关的司法能力与水平,将死缓犯执行死刑的标准规定为"故意犯罪,情节恶劣的",也可避免死刑案件核准权下放时所可能存在的对"情节恶劣"之标准的不统一和任意扩大理解的问题。二是死缓犯故意犯罪的情况很复杂,单一的刑期标准无法涵盖一些特殊情况。虽然从内涵上看,刑期本身也能反映很多案件情节,但因刑期主要受行为性质的影响,对于一些行为性质不是特别恶劣但其他方面情节恶劣的情形,似难以涵盖其中。相比之下,采用"故意犯罪,情节恶劣的"标准既可以在最高人民

---

[1] 因为具体的刑罚裁量已经考虑故意犯罪与过失犯罪在主观上的差别,因此在对比时只需要考虑其刑罚的轻重即可,而无需再考虑其主观上的差异。

[2] 参见赵秉志:《中国死刑立法改革新思考——以〈刑法修正案(九)(草案)〉为主要视角》,载《吉林大学社会科学学报》2015 年第 1 期。

法院从严理解的基础上严格限制死缓犯执行死刑的数量,又可以相对灵活地涵盖某些特定情况下刑期所不能涵盖的恶劣情节。因此,从目前来看,笔者认为这个方案也是合理的、切实可行的。

第二,《刑法修正案(九)》关于死缓犯再故意犯罪延长考验期的规定是一种立法折中的必要选择。《刑法修正案(九)》将死缓犯执行死刑的门槛由原来的"故意犯罪"修改为"故意犯罪,情节恶劣的"之后,死缓犯的刑罚执行将面临三种选择:一是死缓犯在死刑缓期二年执行期间没有故意犯罪,按照我国刑法典的规定,应将死缓犯的刑罚由死刑缓期二年执行减为无期徒刑或者有期徒刑(如有重大立功表现);二是死缓犯在死刑缓期二年执行期间故意犯罪并且达到了情节恶劣的程度,根据《刑法修正案(九)》前述规定,对死缓犯应当执行死刑;三是死缓犯在死刑缓期二年执行期间故意犯罪但没有达到情节恶劣的程度,对该类死缓犯应当如何处理,也是《刑法修正案(九)》需要解决的问题。

《刑法修正案(九)》关于死缓犯再故意犯罪延长考验期的规定,针对的正是上述第三种情况。对此问题的处理,核心只能是如何严格死缓犯减刑的条件。在制度设计上,这种严格规定主要涉及两个方面:一是严格死缓犯减刑后适用的刑种和刑期,如可以在设计方案上规定死缓犯在死刑缓期二年执行期间故意犯罪的,原死刑缓期二年执行期满后只能减为无期徒刑且实际执行刑期不少20年或者更长的时间;二是严格死缓犯减刑的期间。《刑法修正案(九)》对该问题的处理,采取的是上述第二种解决方案。

关于死缓犯再故意犯罪的考验期延长问题,《刑法修正案(九)》的规定是"死刑缓期执行的期间重新计算,并报最高人民法院备案"。笔者认为,《刑法修正案(九)》的这一规定总体上是恰当的。这是因为:一方面,死刑缓期执行的期间只是一个过渡期间,2年的期限并不算短,而且对特定死缓犯的限制减刑本身已经体现了对其严厉的处罚。而且,死刑缓期执行期间的重新计算也在一定程度上照应了对死缓犯缓期执行期间在不同时间节点上再故意犯罪所反映出的犯罪人人身危险性的大小。例如,一般认为,死缓犯的死刑缓期执行时间越长,其改造效果应当越好,反映死缓犯的人身危险性应该越低。如果死缓犯的死刑缓期执行时间越长,其再犯罪应当受到更加严格的处理。《刑法修正案（九）》针对死缓犯再故意犯罪所规定的重新计算死缓期间，意味着死缓犯再故意犯罪的时间越晚，重新计算死缓期间对其越不利，其总执行的死缓期间越长。这与其人身危险性是相适应的。另一方面，在法律效力上，备案本身并不具有法律效力，不会影响原裁判的执行，且从上下级法院的对应关系上看，似没有必要也不宜再增加规定报最高人民检察院备案。而且从检察监督的角度，目前我国在监管机构中都设有驻监检察等人民检察监督机关，他们对于监狱等监管机构内死缓犯的再故意犯罪重新计算死刑缓期二年期间，完全可以进行有效的检察监督。

第三，我国应进一步加强死缓制度的改革。从《刑法修正案（九）》的角度，这主要体现在以下两个方面：

（1）死缓适用条件之明确化问题。根据我国刑法典第48条第1款的规定，死缓适用的立法条件为"不是必须立即执行"。但"不是必须立即执行"语焉不详，不符合罪刑法定原则的实质要求，随意性和随机性过大[1]。在《刑法修正案（九）》修法过程中，有观点主张我国应当在刑法典中进一步明确死缓的适用条件。在刑法理论上，许多学者也主张在刑法立法上对死缓适用条件作更为明确的规定。对此，笔者深以为然：一方面，条件不明确容易导致死缓适用标准的不统一。严格来讲，"不是必须立即执行"并不适合作为死缓适用的条件要求，它只是对死缓含义的解释，因为"不是必须立即执行"即要缓行，这是对死缓的循环论证。[2] 而且，对"不是必须立即执行"，不同的法官可能从不同的角度得出不同的结论。这将导致死缓适用标准的不统一。在死缓的核准权由不同地方高级法院和军事法院行使的情况下，这必将导致不同地方死刑司法的不统一。另一方面，条件不明确容易导致死缓制度的功能受损。在我国，死缓虽与死刑立即执行同为死刑制度，但它实际上是为限制死刑立即执行而发明的，实际可谓死刑立即执行之替代措施。从功能的角度看，死缓适用条件越明确，显然越有利于其功能发挥。对死缓适用条件各执一词，必定会影响死缓制度的适用和功能的发挥。

---

① 参见高铭暄、徐宏：《中国死缓制度的三维考察》，载《政治与法律》2010年第2期。
② 参见傅义、周林：《死缓制度的法理探疑》，载《当代法学》2002年第1期。

关于死缓适用条件的具体设计,目前刑法理论上众说纷纭。有主张设置一个死缓适用统一标准的,如有论者主张从人身危险性的角度对死缓的适用条件进行界定,认为只有犯罪分子的人身危险性较小才是死缓的适用条件。① 也有主张采取列举方式确定死缓适用标准的,如有论者主张立足于立法的明确程度与司法裁量权大小的关系,采用列举和兜底条款的方式具体规定"不是必须立即执行"的各种情形,以作为死缓适用的条件。② 笔者认为,我国死缓适用条件的明确化需要合理而明确地界分死刑立即执行的适用条件与死缓的适用条件,即如何在刑法典关于死刑适用条件(即"罪行极其严重")的规定中,区分死刑立即执行和死缓。从内涵上看,"不是必须立即执行"显然是指犯罪分子存在着某种特殊的从宽情节。③ 因此笔者认为,无论是设置一个统一的死缓适用条件还是分情形列举死缓的适用条件,只要有明确的认定标准,则都是可行的。

(2)死缓的地位问题。在《刑法修正案(九)》草案研拟过程中,曾有一个方案提出要对死缓的地位作更进一步的规定,即将刑法典原第 48 条第 1 款后半段的规定独立出来,作为单独一款,并将其修改为:"对于应当判处死刑的犯罪分子,除必须立即执行的以外,应当判处死刑同时宣告缓期二年执行。"但在正式公布的《刑法修正案(九)(草案)》中,该规定被取消了,后来《刑法修正案(九)》也未再涉及该规定。不过,鉴于死缓制度在我国死刑制度改革中的积极作用,笔者主张在刑法典中对死缓的地位做出明确规定,将死缓规定为死刑的主要执行制度。这是因为:一是当前中国死缓的地位不甚明晰,弱化了死缓的功能。在刑法中,死缓的地位主要解决的是死缓与死刑立即执行的关系问题。对此,我国现行刑法典第 48 条第 1 款有所规定,但不太明确。这主要体现在两个方面:一方面,刑法典第 48 条第 1 款没有明确死刑立即执行与死缓在死刑执行制度中的主次关系。对一个死刑案件,其首先考虑适用的究竟是死刑立即执行还是死缓,结果会差别很大。我国司法实践中对此也做法不一。例如,对有些犯罪往往是优先考虑适用死刑立

---

① 参见夏勇:《死缓适用条件之反思》,载《法商研究》2013 年第 1 期。
② 参见高憬宏、刘树德:《死缓适用条件设置的四维思考》,载《当代法学》2005 年第 5 期。
③ 参见赵秉志、肖中华:《论死刑缓期执行制度的司法适用——兼及相关立法之评析》,载《华东政法学院学报》1998 年第 1 期。

即执行(如严重的故意杀人犯罪),对另一些犯罪则往往优先考虑适用死缓(如经济犯罪),这导致在不同的案件中死刑适用的情况差别很大。另一方面,"可以"的表述弱化了死缓的地位。根据刑法典第48条第1款的规定,对于应当判处死刑不是必须立即执行的犯罪分子,刑法规定的是"可以"宣告缓期二年执行。由于在刑法立法上"可以"与"应当"的含义差别甚大,这客观上赋予了法官自由裁量的空间,从而在一定程度上弱化了死缓的地位。二是明确死缓在死刑执行制度中的主要地位,有助于死缓功能的充分发挥。如前所述,由于死缓犯通常都不会被执行死刑,死缓制度因而客观上具有限制死刑立即执行适用的功能。不过,在立法未作明确规定的情况下,死缓制度的这种功能只是附带的、衍生的。死缓是否能够充分发挥其限制死刑立即执行适用的功能,需要立法的明确规定和司法的贯彻落实。因此,从积极发挥死缓制度功能的角度考虑,笔者主张在立法上将死缓规定为死刑执行的主要或者优先适用的制度,并以此弱化死刑立即执行的刑法地位。而在对死缓地位的具体描述上,可以考虑对现行刑法典的规定作适当调整,如对刑法典第48条第1款后半段的规定进行调整,将其修改为:"对于应判处死刑的犯罪分子,应当判处死刑同时宣告缓期二年执行,但确属必须立即执行的除外。"

三、绝对确定死刑的取消问题

（一）修法背景

绝对确定的法定刑是指刑法条文规定触犯某一罪名的犯罪行为,即应判处某种确定的刑罚,司法裁判中无任何选择的余地。绝对确定的法定刑在其他国家的刑法中并不少见。例如,瑞士刑法典第112条规定:"行为人之杀人,显由特别卑鄙意识、或危险之情况、或经深思熟虑者,处终身重惩役。"日本刑法典第81条规定:"与外国通谋,致使其对日本国行使武力的,处死刑。"英美刑法中伪造货币罪、非法持有火器罪、赌博罪和乱伦罪等相当多的罪名中均规定有绝对确定的法定刑。[①] 绝对确定的死刑是某一犯罪所对应

---

① 参见周光权:《法定刑配置模式研究》,载《中国刑事法杂志》1999年第4期。

的刑罚绝对确定为死刑,而无其他种类的刑罚可选择。绝对确定的死刑在我国刑法立法中由来已久但有所反复。早在1951年2月颁布的《惩治反革命条例》中就规定有绝对确定的死刑,如"持械聚众叛乱的主谋者、指挥者及其他罪恶重大者处死刑";1951年4月颁布的《妨害国家货币治罪暂行条例》也规定有绝对确定的死刑,如"以反革命为目的伪造国家货币者,其首要分子或情节严重者处死刑"。① 1979年刑法典中没有采纳绝对死刑的法定刑模式。及至1991年全国人大常委会《关于严禁卖淫嫖娼的决定》第1条规定的组织他人卖淫罪、第2条规定的强迫他人卖淫罪之死刑,均是"情节特别严重的,处死刑,并处没收财产";1991年全国人大常委会《关于严惩拐卖、绑架妇女、儿童的犯罪分子的决定》第1条规定的拐卖妇女、儿童罪,第2条规定的绑架妇女、儿童罪,绑架勒索罪等,也分别作了"情节特别严重的,处死刑,并处没收财产"之规定。此外,绝对死刑法定刑也见诸1992年全国人大常委会《关于惩治劫持航空器犯罪分子的决定》。1997年刑法典对7个罪名规定了绝对确定的法定刑,即第121条劫持航空器罪,第239条绑架罪,第240条拐卖妇女、儿童罪,第317条暴动越狱罪和聚众持械劫狱罪,第383条贪污罪,以及第386条受贿罪。

与其他类型的法定刑相比,绝对确定的死刑存在一些明显的弊端。其中最关键的一点是,绝对确定的死刑剥夺了法官在刑罚适用上的选择权,容易导致死刑适用的增多,与我国严格控制和慎重死刑适用的政策不相吻合。"在这种绝对死刑法定刑的规定下,只要犯罪符合法定的量刑情节,司法人员只有对犯罪人适用死刑,毫无自由裁量的余地。"②正是考虑到绝对确定死刑存在的诸多问题,联合国人权委员会反复强调,不考虑被告人的个人情况或者犯罪的特定情节适用死刑,属于自动和绝对适用死刑,构成对生命权的任意剥夺,违反了联合国《公民权利和政治权利国际公约》第6条第1款的规定。③《刑法修正案(九)》从严格控制和慎重适用死刑的角度,取消了绑架罪、贪污罪、受贿罪这3种犯罪的绝对确定的死刑。

---

① 参见高铭暄、赵秉志编:《中国刑法规范与立法资料精选》,法律出版社2013年版,第251、255页。
② 参见赵秉志、肖中华:《论死刑的立法控制》,载《中国法学》1998年第1期。
③ 联合国《公民权利和政治权利国际公约》第6条第1款规定:"人人有固有的生命权。这个权利应受法律保护。不得任意剥夺任何人的生命。"

（二）修法内容

《刑法修正案（九）》取消了绑架罪、贪污罪和受贿罪 3 种犯罪的绝对确定的死刑。其立法主要体现在两条：（1）《刑法修正案（九）》第 14 条规定，将刑法第 239 条第 2 款修改为："犯前款罪，杀害被绑架人的，或者故意伤害被绑架人，致人重伤、死亡的，处无期徒刑或者死刑，并处没收财产。"（2）《刑法修正案（九）》第 44 条第 1 款第 3 项规定："贪污数额特别巨大或者有其他特别严重情节的，处十年以上有期徒刑或者无期徒刑，并处罚金或者没收财产；数额特别巨大，并使国家和人民利益遭受特别重大损失的，处无期徒刑或者死刑，并处没收财产。"由于我国刑法典对受贿罪法定刑采取的是比照贪污罪的做法，因此《刑法修正案（九）》对贪污罪绝对确定死刑的取消，也直接导致了受贿罪绝对确定死刑的取消。

（三）修法争议

关于取消绝对确定死刑问题，在《刑法修正案（九）》修法过程中，人们的分歧主要集中在绑架罪绝对确定死刑的取消，并主要有以下两种不同意见：

一种意见主张取消绝对确定的死刑。有的部门、地方和专家提出，根据刑法典原来规定的绝对确定的死刑，司法机关在量刑时没有余地，不能适应各类案件的复杂情况，有的案件难以体现罪责刑相适应的原则。[①] 这一主张得到了国家立法机关的认可，并在《刑法修正案（九）》的立法中得到了体现和坚持。

另一种意见则反对取消绝对确定的死刑。有观点认为，《刑法修正案（九）》草案二审稿修改后对非因故意伤害、杀害致使被绑架人死亡的情形排除死刑适用，不利于严惩绑架罪，建议原表述不作修改，同时加大对绑架致人重伤情形的惩处力度，增加规定"致使被绑架人重伤的，处无期徒刑或者死刑"。有的常委会组成人员、有关部门提出，对于犯绑架罪，故意杀害被绑架人的，无论是否得逞，是否造成重伤、死亡的后果，都应当严厉惩处，以保护公民生命安全。[②] 也有委员建议将"故意伤害、杀害被绑架人，致人重伤、

---

① 参见全国人民代表大会法律委员会：《关于〈中华人民共和国刑法修正案（九）（草案）〉修改情况的汇报》，第十二届全国人大常委会第十六次会议文件（三），2015 年 8 月 24 日。
② 参见全国人民代表大会法律委员会：《关于〈中华人民共和国刑法修正案（九）（草案）〉审议结果的报告》，第十二届全国人大常委会第十六次会议文件（三），2015 年 8 月 24 日。

死亡的,处无期徒刑或者死刑"修改为"故意伤害被绑架人致人重伤的,处无期徒刑,故意杀害被绑架人致人死亡的,处死刑"。①

(四) 修法研讨

针对《刑法修正案(九)》修法过程中关于取消绝对确定死刑的争议,笔者认为,可从以下两个方面进行掌握:

1. 绝对确定的死刑存在诸多弊端,应予以取消②

绝对确定的死刑是《刑法修正案(九)》关于死刑立法修改的重要方面。总体而言,考虑到绝对确定死刑存在的诸多弊端,我国应当将其取消。这是因为:

第一,绝对确定的死刑无法体现罪责刑相适应原则。罪责刑相适应原则是刑法的一项基本原则,是指犯多大的罪,就应承担多大的刑事责任,法院也应判处与其刑事责任相应轻重的刑罚,做到重罪重罚,轻罪轻罚,罪刑相称,罚当其罪;在分析罪重罪轻和刑事责任大小时,不仅要看犯罪的客观社会危害性,而且要结合考虑行为人的主观恶性和人身危险性,把握罪行和罪犯各方面因素综合体现的社会危害性程度,从而确定其刑事责任程度,适用相应轻重的刑罚。绝对确定的死刑由于排斥任何酌定情节甚至还排斥某些法定的从轻、从重处罚情节,就难以避免不同犯罪之间量刑上的轻重失当。例如,对于绑架罪,在此次修正案修改其绝对确定的死刑之前,绑架致人死亡或者杀害被害人的,都必须一律判处死刑(有法定减轻、免除处罚的情节时除外);而如果没有出现被害人死亡这一法定后果,无论绑架情节如何恶劣,被害人身体健康遭到多么重大的损害,勒索的财物多么巨大,都一律不能判处死刑。这明显不符合罪责刑相适应原则。

第二,绝对确定的死刑不利于实现刑罚的个别化。在规定绝对确定死刑的情况下,只要犯罪符合法定的量刑情节,司法人员就必须对犯罪人适用死刑,毫无自由裁量的余地。这看上去符合绝对罪刑法定主义的要求,即只

---

① 参见全国人大常委会法工委刑法室:《十二届全国人大常委会第十五次会议审议刑法修正案(九)草案二次审议稿的意见》,2015 年 6 月。

② 除了《刑法修正案(九)》取消的三种绝对确定死刑,我国现行刑法典还有不少绝对确定的死刑(亦称绝对确定死刑)。例如,刑法典第 121 条规定:"(劫持航空器)致人重伤、死刑或者使航空器遭受严重破坏的,处死刑。"

要达到法定条件就必须适用同一绝对确定刑,但这种规定容易导致同一类犯罪,即使在犯罪事实、手段、动机、悔罪表现、社会反响等影响量刑的因素不尽相同甚至有较大差别的情况下,容易出现完全一致的处理结果,从而不利于实现真正的公正。现实中的犯罪现象是复杂多样的,即使是同一种犯罪,行为人的人身危险性,犯罪的动机、手段、结果,犯罪后的态度以及社会影响等也会有所不同。正因如此,当今世界的绝大多数国家并不信奉机械化的绝对确定的法定刑,而采相对确定的法定刑,以实现刑罚的个别化。

第三,绝对确定的死刑不利于"严格控制和慎重适用死刑"政策的司法贯彻。死刑政策是死刑立法和司法的重要指导方针。2010年2月8日最高人民法院发布的《关于贯彻宽严相济刑事政策的若干意见》第29条明确规定:"要准确理解和严格执行'保留死刑,严格控制和慎重适用死刑'的政策。对罪行极其严重的犯罪分子,论罪应当判处死刑的,要坚决依法判处死刑。"因此,"保留死刑,严格控制和慎重适用死刑"被认为是当前我国死刑政策的基本表述。在司法实践中,只要符合绝对确定的死刑条款规定的法定量刑情节,司法人员就必须对犯罪人适用死刑,这实际上扩展了死刑的适用面,不利于贯彻"严格控制和慎重适用死刑"的政策。

因此,绝对确定的死刑立法剥夺了司法者对该类罪行适用其他刑罚的自由裁量权,在不具备减轻处罚情节的情况下,法官只能判处被告人死刑。这既不利于"严格控制和慎重适用死刑"政策的司法贯彻,也无法体现刑法的罪责刑相适应原则。绝对确定死刑的立法与我国"严格控制和慎重适用死刑"政策不符,有调整的必要。从严格限制死刑的立场出发,笔者赞同《刑法修正案(九)》对绑架罪、贪污罪和受贿罪绝对确定死刑的修改。

2.《刑法修正案(九)》关于绝对确定死刑的修正基本合理

这主要涉及《刑法修正案(九)》关于绑架罪绝对确定的死刑修改为相对确定的死刑问题。《刑法修正案(九)》第14条将刑法第239条第2款修改为:"犯前款罪,杀害被绑架人的,或者故意伤害被绑架人,致人重伤、死亡的,处无期徒刑或者死刑,并处没收财产。"这里有一个绑架罪死刑适用范围的扩大问题。笔者认为,《刑法修正案(九)》这一修改的确扩大了绑架罪死刑适用的范围,但并没有过大地扩张。这主要体现在以下两个方面:

第一,《刑法修正案(九)》取消了绑架过失致人死亡适用死刑的情形。按照《刑法修正案(九)》修法之前的刑法典规定,绑架罪适用死刑的情形是"杀害被绑架人"和"致使被绑架人死亡"。其中,"致使被绑架人死亡"是指过失致使被绑架人死亡,因为根据刑法法理,如果行为人是故意(包括间接故意)致使被绑架人死亡,就应当属于杀害被绑架人。《刑法修正案(九)》修法之后,过失致使被绑架人死亡的情形仅限于故意伤害过失致使被绑架人死亡一种情形,单纯的过失致使被绑架人死亡的情形被取消了。从这个角度看,《刑法修正案(九)》在一定程度上限制了绑架罪死刑适用的范围。

第二,《刑法修正案(九)》新增"故意伤害被绑架人致其重伤"作为绑架罪死刑适用的情形。这是对绑架罪死刑适用范围的扩张。而且与我国刑法典第 234 条关于故意伤害致人重伤的法定刑(即"三年以上十年以下有期徒刑")相比,该规定大幅提高了故意伤害致人重伤行为的处罚力度。也正因为如此,在《刑法修正案(九)》的立法研讨过程中,有观点反对《刑法修正案(九)》的这一立法修改,认为该规定与故意伤害罪的法定刑存在明显冲突,容易出现量刑不均衡。不过,笔者并不赞成这种观点,这是因为:一方面,两者的行为基础不同。从行为要件上看,"绑架过程中故意伤害致使被绑架人重伤"与"故意伤害致人重伤"的行为基础不同,前者多了一个"绑架行为",后者则没有。以此为基础,两者对应的法定刑自然应有所区别。事实上,类似的情形在我国刑法典中并不鲜见。例如,我国刑法典对"抢劫致人重伤"也规定了法定最高刑为死刑,显然也是考虑到"抢劫致人重伤"与"故意伤害致人重伤"的行为基础不同。另一方面,"故意伤害致使被绑架人重伤"对应的法定刑主要是无期徒刑,而非死刑。针对绑架过程中故意伤害被绑架人的行为,《刑法修正案(九)》规定的是"故意伤害被绑架人,致人重伤、死亡的,处无期徒刑或者死刑"。从罪刑对应关系上看,故意伤害致使被绑架人重伤行为所对应的法定刑主要是无期徒刑,故意伤害致使被绑架人死亡行为所对应的法定刑则主要是死刑。两者不同的对应关系表明,《刑法修正案(九)》关于故意伤害致使被绑架人重伤的规定并不会导致绑架罪死刑适用范围的过分扩大。

第三章　反恐刑法修正的争议问题[*]

恐怖主义是一个世界性问题。基于我国惩治恐怖主义、极端主义犯罪的现实需要,《刑法修正案(九)》加强了惩治恐怖主义、极端主义犯罪的刑法立法,其立法进展主要表现在两个方面:一是新增了 5 种新罪名,将多种新的恐怖主义、极端主义行为规定为专门的犯罪;二是完善了 4 种已有的罪名,进一步调整了相关犯罪的构成要件和刑罚处罚。在修法过程中,各方面对《刑法修正案(九)》这两方面的反恐立法举措都存在一些争议。

一、反恐新罪名的增设问题

(一) 修法背景

在 21 世纪以前,全球恐怖活动犯罪也时有发生,但恐怖活动的数量、规模和影响仍局限在有限的范围,并未引起国际社会的普遍关注。不过,进入 21 世纪以后,恐怖主义的活动形式、规模都有了新的变化。特别是 2001 年 9 月 11 日发生在美国纽约的"9·11"事件,使世界各国都感受到了恐怖主义所带来的空前压力。在我国,以新疆暴力恐怖活动犯罪为典型代表的恐怖主义日益猖獗,成为影响我国社会安定团结的重大不稳定因素。据统计,仅 2009 年以来,我国发生的重大恐怖袭击事件就有 20 余起,其中影响较大的有 2013 年"10·28"北京天安门金水桥暴恐事件、2014 年"3·1"昆明火车站暴恐事件、2014 年"5·22"乌鲁木齐市暴恐事件等。恐怖主义犯罪也因此呈

---

* 本章由赵远博士执笔撰写,赵秉志教授审改定稿。

现出了一些新的形势和特点:恐怖主义犯罪的地域出现扩大化的趋势,不仅由新疆维吾尔自治区的局部地区扩大至新疆全境,而且扩大至广州、昆明乃至北京等地;恐怖主义犯罪的动机极端化趋势明显,犯罪手段日益复杂化,犯罪对象呈现出无差别化倾向。①

日益严重的恐怖主义犯罪对我国反恐刑法立法提出了新的要求。在"9·11"事件后不久,我国于2001年12月29日通过的《刑法修正案(三)》加强了对恐怖主义犯罪的治理,不仅提高了组织、领导、参加恐怖组织罪的法定刑,加强了对恐怖活动的经济制裁(包括增设资助恐怖活动罪和将恐怖活动犯罪增设为洗钱罪的上游犯罪),而且加强了对常见的恐怖活动相关行为的打击,如设置了盗窃、抢夺枪支、弹药、爆炸物,或者盗窃、抢夺毒害性、放射性、传染病病原体等危险物质的犯罪。不过,这并没有有效遏制我国日益猖獗的恐怖主义犯罪。总体上看,近年来我国恐怖主义犯罪有增无减的势头和日益严重的社会危害性表明,刑法应当提前介入对恐怖主义犯罪的治理,因为恐怖活动犯罪一旦实施,其后果往往都是巨大而难以承受的。基于法益保护前置的理念,《刑法修正案(九)》新增了5种新的恐怖主义、极端主义犯罪。

(二) 修法内容

为了惩治恐怖主义、极端主义犯罪,完善反恐刑事法治,《刑法修正案(九)》新增了5种新的恐怖主义、极端主义罪行。这主要体现在《刑法修正案(九)》第7条的规定,具体增设的罪行包括:(1) 准备实施恐怖活动罪(刑法典第120条之二),即"有下列情形之一的,处五年以下有期徒刑、拘役、管制或者剥夺政治权利,并处罚金;情节严重的,处五年以上有期徒刑,并处罚金或者没收财产":一是为实施恐怖活动准备凶器、危险物品或者其他工具的;二是组织恐怖活动培训或者积极参加恐怖活动培训的;三是为实施恐怖活动与境外恐怖活动组织或者人员联络的;四是为实施恐怖活动进行策划或者其他准备的。(2) 宣扬恐怖主义、极端主义和煽动实施恐怖活动罪(刑法典第120条之三),即"以制作、散发宣扬恐怖主义、极端主义的图书、音频视频资料或者其他物品,或者通过讲授、发布信息等方式宣扬恐怖主义、极端

---

① 参见赵秉志:《中国恐怖活动犯罪的防治对策》,载《光明日报》2014年8月29日。

主义的,或者煽动实施恐怖活动的,处五年以下有期徒刑、拘役、管制或者剥夺政治权利,并处罚金;情节严重的,处五年以上有期徒刑,并处罚金或者没收财产。"(3)利用极端主义破坏法律实施罪(刑法典第 120 条之四),即"利用极端主义煽动、胁迫群众破坏国家法律确立的婚姻、司法、教育、社会管理等制度实施的,处三年以下有期徒刑、拘役或者管制,并处罚金;情节严重的,处三年以上七年以下有期徒刑,并处罚金;情节特别严重的,处七年以上有期徒刑,并处罚金或者没收财产。"(4)强制穿戴宣扬恐怖主义、极端主义服饰、标志罪(刑法典第 120 条之五),即"以暴力、胁迫等方式强制他人在公共场所穿着、佩戴宣扬恐怖主义、极端主义服饰、标志的,处三年以下有期徒刑、拘役或者管制,并处罚金"。(5)非法持有宣扬恐怖主义、极端主义的物品罪(刑法典第 120 条之六),即"明知是宣扬恐怖主义、极端主义的图书、音频视频资料或者其他物品而非法持有,情节严重的,处三年以下有期徒刑、拘役或者管制,并处或者单处罚金。"

《刑法修正案(九)》关于新增恐怖主义犯罪的立法具有三个显著特点:一是预备行为的实行化,即将以前作为预备犯处罚的行为作为单独的实行犯加以处罚,如刑法典第 120 条之二所规定的"准备实施恐怖活动罪"、第 120 条之三所规定的"宣扬恐怖主义、极端主义、煽动实施恐怖活动罪",就是如此。二是共犯行为的正犯化,即将以前作为共犯处理的行为作为单独的正犯处理,如刑法典第 120 条之一所规定的"帮助恐怖活动罪",是将资助恐怖活动培训等实施恐怖活动的帮助行为作为一个单独的犯罪加以规定,进而使其帮助行为成为了正犯行为。三是处罚的扩张化,即改变原来的"结果犯"或者"情节犯"的立法模式,而将需要处罚的行为直接规定为行为犯即抽象危险犯。例如,刑法典第 120 条之四所规定的"利用极端主义破坏法律实施罪";刑法典第 120 条之五所规定的"强制穿戴恐怖主义、极端主义服饰、标志罪"就是如此。①

(三)修法争议

对于《刑法修正案(九)》增补恐怖主义、极端主义罪名的规定,在修法过

① 参见黎宏:《〈刑法修正案(九)〉中有关恐怖主义、极端主义犯罪的刑事立法——从如何限缩抽象危险犯的成立范围的立场出发》,载《苏州大学学报(哲学社会科学版)》2015 年第 6 期。

程中,人们总体上持肯定态度。但对部分条文也存在一些不同的认识。这主要体现在以下两个方面:

第一,"恐怖主义、极端主义"的概念问题。《刑法修正案(九)》多个条文使用了"恐怖主义"、"极端主义"的概念,但并未明确其概念的内涵。有意见认为,应当在刑法中对恐怖主义、极端主义的定义作出明确规定,以防止实践中随意扩大惩治对象。[①] 也有意见认为,应当将条文中的"极端主义"限定为"暴力极端主义"。[②] 与此次修法同时进行的《反恐怖主义法(草案)》第104条关于恐怖主义的概念是这样规定的:"本法所称恐怖主义,是指企图通过暴力、破坏、恐吓等手段,引发社会恐慌、影响国家决策、制造民族仇恨、颠覆政权、分裂国家的思想、言论和行为。"这一规定由于将"思想、言论"也列入了恐怖主义的范围,因此引起了"思想论罪"的广泛担心。[③] 总体上看,人们关于恐怖主义、极端主义概念的争论主要体现在两个方面:一是恐怖主义、极端主义的概念模式,包括恐怖主义、极端主义的概念应否在立法上作出明确规定,如果有必要,是规定在刑法典中还是规定在其他法律之中;二是恐怖主义、极端主义的概念内涵,即应当如何界定恐怖主义、极端主义。

第二,部分涉恐怖主义、极端主义行为犯罪化的合理性问题。在《刑法修正案(九)》草案一审稿征求意见阶段,有学者质疑"草案"在反恐犯罪方面有过度犯罪化之嫌,认为"草案"第4条在刑法典第120条之下增加4款规定了4种新罪名,在目前对"恐怖主义"和"极端主义"的概念还争议很大的情况下,将这些行为入刑有过度犯罪化的倾向。[④] 有意见认为,"极端主义"是一种思潮,将煽动他人以传统方式结婚等行为规定为犯罪会造成打击面过大并激化矛盾,主张删除利用极端主义煽动、胁迫群众破坏法律实施犯罪的规定;[⑤]也有意见认为,《刑法修正案(九)》草案规定持有恐怖主义、极端主义

---

① 参见全国人大常委会法工委刑法室编:《刑法修正案(九)草案向社会公众征求意见的情况》(法工刑字[2015]2号,2015年1月4日)。

② 参见全国人大常委会法工委刑法室编:《地方人大和中央有关部门、单位对刑法修正案(九)草案的意见》(法工刑字[2015]1号,2015年1月4日)。

③ 参见刘仁文:《恐怖主义与刑法规范》,载《中国法律评论》2015年第2期。

④ 参见赵秉志、袁彬、郭晶:《反恐刑事法治的理性建构:"我国惩治恐怖犯罪的立法完善学术座谈会"研讨综述》,载《法制日报》2015年3月25日。

⑤ 参见全国人大常委会法工委刑法室编:《地方人大和中央有关部门、单位对刑法修正案(九)草案的意见》(法工刑字[2015]1号,2015年1月4日)。

宣传品即构成犯罪,过于严厉,可通过拘留、收缴宣传品等方式处罚,查证属实为实施恐怖活动而持有的,以组织、领导、参加恐怖组织等犯罪的预备犯处罚,没有必要再增加规定持有这些宣传品的行为为犯罪。[①] 有学者指出,"以暴力、胁迫等方式强迫他人在公共场所穿戴宣扬恐怖主义、极端主义服饰、标志的"犯罪中,"至少应当加上'情节严重'。这里的'情节严重'应考虑强制的强度、强制的人数以及是否已经为此接受过治安处罚等因素"。另外,在"以制作和散发资料、发布信息、当面讲授等方式或者通过音频、视频、信息网络等宣扬恐怖主义、极端主义的",也需要用"情节严重"来加以限定,如制作和散发的资料多少,以及发布的信息量大小等。对于情节较轻的完全可以按《治安管理处罚法》来处理。另外,对有关"利用极端主义破坏法律实施罪"(刑法典第 120 条之四)、"非法持有宣扬恐怖主义、极端主义物品罪"(刑法典第 120 条之六),也有同样的建议,并指出《刑法修正案(九)》"增加的第 120 条这几项,一方面从防治恐怖主义犯罪来讲很有必要,但另一方面由于措辞不清等原因,可能造成对人权的极大威胁"。[②] 概而言之,关于新增恐怖主义、极端主义入罪合理化问题,争论主要集中在两个方面:一是刑法典是否应当增加有关恐怖主义、极端主义犯罪的规定;二是《刑法修正案(九)》新增的恐怖主义、极端主义犯罪的范围是否合理。

(四) 修法研讨

针对修法过程中的上述争议,笔者认为,应当主要从以下几个方面进行理解和明确:

1. 关于恐怖主义、极端主义的概念问题

关于恐怖主义、极端主义的概念,笔者基本赞同我国现行立法的做法,但同时强调以下两个问题:

第一,恐怖主义、极端主义概念的立法模式问题。鉴于"恐怖主义"、"极端主义"概念的极不确定性,从罪刑法定原则和刑法谦抑性要求上看,国家

[①] 参见全国人大常委会法工委刑法室编:《刑法修正案(九)草案向社会公众征求意见的情况》(法工刑字[2015]2 号,2015 年 1 月 4 日)。

[②] 参见刘仁文:《恐怖主义与刑法规范》,载《中国法律评论》2015 年第 2 期。

立法机关应该对这两个概念的内涵作出界定,包括明确是否要求行为人主观上具有政治目的或者意识形态的考虑等,否则很容易导致司法适用的不统一和过度扩张。这在"黑社会性质组织"的概念上曾有先例。我国1997年刑法典没有对黑社会性质组织的概念进行界定,实践中就发生了较大的认定分歧,最终还是不得不在《刑法修正案(八)》中明确规定了"黑社会性质组织"的概念。因此,在立法中及时规定恐怖主义、极端主义的概念,显然有其积极价值。

目前我国《反恐怖主义法》第3条对"恐怖主义"概念作了规定,该条第1—5款规定:"本法所称恐怖主义,是指通过暴力、破坏、恐吓等手段,制造社会恐慌、危害公共安全、侵犯人身财产,或者胁迫国家机关、国际组织,以实现其政治、意识形态等目的的主张和行为。""本法所称恐怖活动,是指恐怖主义性质的下列行为:(一)组织、策划、准备实施、实施造成或者意图造成人员伤亡、重大财产损失、公共设施损坏、社会秩序混乱等严重社会危害的活动的;(二)宣扬恐怖主义,煽动实施恐怖活动,或者非法持有宣扬恐怖主义的物品,强制他人在公共场所穿戴宣扬恐怖主义的服饰、标志的;(三)组织、领导、参加恐怖活动组织的;(四)为恐怖活动组织、恐怖活动人员、实施恐怖活动或者恐怖活动培训提供信息、资金、物资、劳务、技术、场所等支持、协助、便利的;(五)其他恐怖活动。""本法所称恐怖活动组织,是指三人以上为实施恐怖活动而组成的犯罪组织。""本法所称恐怖活动人员,是指实施恐怖活动的人和恐怖活动组织的成员。""本法所称恐怖事件,是指正在发生或者已经发生的造成或者可能造成重大社会危害的恐怖活动。"不过,值得注意的是,我国《反恐怖主义法(草案)》第104条第6款还曾对"极端主义"的概念进行了规定,载明"本法所称极端主义,是指歪曲宗教教义和宣扬宗教极端,以及其他崇尚暴力、仇视社会、反对人类等极端的思想、言论和行为。"但最终通过的《反恐怖主义法》删除了该规定,并没有对"极端主义"进行界定,只在《反恐怖主义法》第4条第2款规定:"国家反对一切形式的以歪曲宗教教义或者其他方法煽动仇恨、煽动歧视、鼓吹暴力等极端主义,消除恐怖主义的思想基础。"

关于我国恐怖主义、极端主义概念的立法模式,笔者认为,立法时主要应坚持以下两点:(1)在进行恐怖主义、极端主义犯罪之前提性立法时,应当将恐怖主义、极端主义等相关概念规定在该类犯罪的前提性法律当中。以刑法和反恐法为例,我国将反恐法定位为一部综合性的专门反恐的行政法律,详细地规定了"恐怖活动组织和人员的认定"、"安全防范"、"情报信息"、"调查"、"应对处置"、"国际合作"、"保障措施"和"法律责任"。其中,在"法律责任"部分规定了与恐怖主义、极端主义相关的行政责任。从刑法与反恐法之间的关系上看,反恐法是行政法,刑法作为行政法的保障法,是反恐法的保障法,具有最后性,将恐怖主义的概念规定在反恐法中是适当的。(2)立法应当对恐怖主义、极端主义及其相关概念作出明确规定。这主要涉及的是"极端主义"概念问题。如前所述,我国《刑法修正案(九)》和《反恐怖主义法》都没有对"极端主义"的概念作出明确规定,只有《反恐怖主义法》第4条第2款对"极端主义"作了一个粗略的描述,似有将"极端主义"界定为"仇恨、歧视、暴力"等。但事实上,无论是在理论上还是在实践中,"极端主义"都是一个内涵不明确的概念,这必定会给极端主义犯罪立法的适用带来困难。我国应当在立法中进一步明确"极端主义"的概念。

第二,恐怖主义、极端主义的概念内涵问题。对于恐怖主义、极端主义的概念内涵,关键在于合理界定其目的、手段和对象。目前国内外关于恐怖主义、极端主义相关概念的界定存在较大的争议,但核心涉及行为目的、行为手段、行为对象和行为主体等关键要素。[1] 例如,美国联邦调查局(1983年)认为,恐怖主义是非法采用暴力侵犯他人人身或财产,目的在于恐吓或给政府、公民施加压力,以实现政治或社会目的。美国司法部(1984年)指出,恐怖主义犯罪是以刑事暴力形式指向公民,采取恐吓或施加压力作用于政府的行为,采取谋害或劫持人质作用于政府的行为。国外有学者专门对1981年以前恐怖主义概念的内容进行了要素分析,我国有学者在国外学者的基础上对1981年以后恐怖主义概念的内容进行了要素分析。

---

① 参见曹雪飞:《恐怖活动犯罪概念之比较分析——以中美英三国为例》,载《新疆警官高等专科学校学报》2014年第6期。

表 1　关于 109 个恐怖主义概念(1981 年以前)的内容分析①

要　素	出现频率	要　素	出现频率
暴力、武力	83.5%	任意性、随机性、无选择性	21%
政治性	65%	受害者是市民目标、非战斗目标、中立目标或旁观者	17.5%
恐惧、恐怖	51%	恫吓	17%
威胁	47%	强调受害者的无辜性	15.5%
心理效果和反应	41.5%	肇事者是团伙、(社会)运动或组织(及其成员)	14%
(直接)受害者与打击目标的分别(不同)	37.5%	象征性、表演性	13.5%
有目的的、有计划的、系统化的、有组织的行为	32%	暴力发生的难以预测性或不可预知性、突发性	9%
战斗(斗争)、战略或战术的方式	30.5%	隐蔽性、秘密性	9%
非常性、违背社会背遍接受的规则、不受人性约束	30%	重复性、暴力的连续性或暴力性	7%
强迫、强求、使(对方)屈服	28%	犯罪性	6%
宣传性	21.5%		

表 2　关于 50 个恐怖主义概念(1981 年以后)的内容分析②

要　素	出现频率	要　素	出现频率
暴力、武力	92%	受害者是市民目标等无辜目标	20%
威胁(使用暴力)	54%	(直接)受害者与打击目标的分别(不同)	20%
政治性(目标)	90%	犯罪性	16%
社会性(目标)	32%	宣传性	14%
恐惧(恐怖)及心理影响	54%	象征性	12%
恫吓、强迫、强求、使屈服	34%	(使用或威胁使用暴力)非法性	12%
有计划的、系统化的、有组织的行为	40%		

---

① 参见 Alex P. Schmid, Albert J. Jongman (eds.), Political Terrorism (Amsterdam: North-Holland Publishing Company, 1988), pp. 5—6. 转引自杨正鸣:《恐怖主义概念界定分歧与法律思考》,载《犯罪研究》2009 年第 1 期。

② 参见杨正鸣:《恐怖主义概念界定分歧与法律思考》,载《犯罪研究》2009 年第 1 期。

要　　素	出现频率	要　　素	出现频率
暴力发生的难以预测性、不确定性、突发性	6％	（目标）随机性、无选择性	6％
		非正义性	7％

从上述两表可见,尽管国内外关于恐怖主义的概念存在诸多分歧,但也存在较多的共识,如手段上的暴力、武力,对目标上的政治性。对于我国《反恐怖主义法》所规定的恐怖主义概念,理论上的主要分歧在于将"主张"与"行为"并列作为"恐怖主义"的外在形式,是否存在压缩言论自由空间之嫌。对此,支持者的理由主要是:一是恐怖主义对国家、社会和个人有着巨大的危害,需要加大对恐怖主义的惩罚,将恐怖主义的范围由"行为"扩大至包括"主张",是适应当前加强恐怖主义惩治的现实需要。二是"主张"不同于思想。《反恐怖主义法》将"主张"纳入恐怖主义的范畴,但并不意味着"主张"仅限于思想层面。"主张"一旦向外宣讲即属于行为的范畴。[1] 有观点进一步阐释认为,恐怖主义的概念包括主张和行为,主要有两方面考虑:一是《现代汉语词典》、我国缔结和参加的一些国际公约以及多国法律对"恐怖主义"的定义都包括行为。二是反恐怖的基本方略就是防止恐怖主义思想形成、蔓延。将恐怖主义界定为主张和行为,就是要在法律上明确反对恐怖主义思想。需要强调的是,本定义所称"主张"是指系统的而且业已散布的"恐怖主义思想",不是指某人未予宣扬、未经实施的恐怖行为"念头"或者"企图"。所以,本法并不是要对"思想"定罪、惩治,而是要防止恐怖主义思想的形成和蔓延,依法打击传播恐怖主义思想的行为。[2]

笔者认为,对于《反恐怖主义法》将"主张"纳入"恐怖主义"概念范围这一立法,可从以下两个方面进行分析:

第一,应注重对"恐怖主义"概念的对比分析。在《反恐怖主义法》中,立法者对"恐怖主义"、"恐怖活动"、"恐怖事件"等概念进行了区分。其中,"恐怖主义"的概念被明确表述为包含"主张"和"行为",但"恐怖活动"的概念则

---

[1] 参见黎宏:《〈刑法修正案(九)〉中有关恐怖主义、极端主义犯罪的刑事立法——从如何限缩抽象危险犯的成立范围的立场出发》,载《苏州大学学报(哲学社会科学版)》2015年第6期。

[2] 参见艾锋:《公安部反恐专员:多措并举坚决依法打击和防范恐怖活动》,载"凤凰网"2016年2月27日。

明确限定为"行为"而不包含"主张"。而我国刑法典(包括《刑法修正案(九)》)只规定了"恐怖活动"而没有规定"恐怖主义"。因此,从刑法治理的角度看,刑法对恐怖犯罪的治理应仅限于惩治"行为",而不惩治"主张"。

第二,合理限定"恐怖主义"的概念内涵。从刑法理论上看,"主张"的概念与"犯意表示"的概念十分接近。刑法理论上一般认为,犯意表示属于思想的流露,不具有侵害法益的性质,不是刑法意义上的"行为"。例如,行为人对他人宣称想杀害某人但既未实施杀人的准备行为,也未实施具体的杀人行为,其对他人表示其主观想法的做法客观上不会对他人的生命(故意杀人罪的法益)造成任何侵害或者威胁。不过,这种"宣称"行为一旦构成对特定法益的侵犯,则可能成立犯罪。具体而言,判断一种"宣称"行为是否构成对特定法益的侵害,关键在于"宣称"行为是否构成对他人实施相关犯罪的"推动"或者"促进"。这一方面要考察"宣称"行为是否构成对他人实施相关犯罪行为的"煽动"。这一点在我国刑法典中有明确规定。我国刑法典分则规定了多种煽动型犯罪。这种"煽动"本身已经不局限于行为人自身的犯意表示,而是构成了对他人实施相关犯罪的推动或者促进作用。"煽动"行为的这种推动作用使其构成了对特定法益的侵害。从这个意义上看,"煽动"不单是一种犯意表示,更是一种危害法益的行为。另一方面,要考察"宣称"行为是否构成对特定犯罪行为的"教唆"。在刑法理论上,"教唆"包含了"造意"和"强化犯意"两种情形。从教唆的角度看,"宣称"行为针对无犯意者实施的行为可能构成对他人犯罪的"造意",即他人因行为人的"宣称"行为而产生了新的犯罪意图;也可能构成对他人犯罪意图的"强化",即他人的犯意本身并不稳定,行为人的"宣称"行为对他人的犯意起到了强化、加固作用。"宣称"是"主张"的外化。从《反恐怖主义法》关于"恐怖主义"概念的规定来看,其并未对"主张"进行限定。笔者认为,对此不能简单地认为《反恐怖主义法》已经将犯意表示纳入惩治的范围,从《刑法修正案(九)》新增的多种罪名来看,无论是帮助恐怖活动罪还是准备实施恐怖活动罪抑或宣扬恐怖主义、极端主义、煽动实施恐怖活动罪,都属于侵害了特定法益的行为,而非单纯的犯意表示。从这个角度看,《反恐怖主义法》关于"恐怖主义"、"恐怖活动"等概念的界定并无问题。

2. 关于新增反恐罪名的必要性问题

《刑法修正案(九)》针对反恐新增了多个新的罪名,是对我国反恐刑事法治的改革与完善。笔者认为,在当前背景下,它具有多方面的现实意义:

第一,有助于满足我国反恐的现实需要。长期以来,"东突"势力实施的恐怖活动多发生于西北边疆地区,其规模、影响范围较为有限。然而,2013年以来,恐怖分子相继制造了北京"10·28"案、昆明"3·01"案、乌鲁木齐"4·30"和"5·22"案等严重暴恐案件,大肆在人员密集的公共场所驾车冲撞、砍杀、爆炸,造成重大人员伤亡和财产损失,在社会上制造了持续、广泛的恐惧感,这标志着恐怖活动从边疆迅速扩散至内地,已经上升为我国面临的重大非传统安全威胁。在严峻的反恐局势面前,我国近年来通过了《刑法修正案(三)》、《刑法修正案(八)》、《关于修改〈中华人民共和国刑事诉讼法〉的决定》(2012年3月14日)、《关于加强反恐怖工作有关问题的决定》(2011年10月29日)等一系列相关的法律规范。然而,面对恐怖活动的高发性、复杂性、国际性和危害严重性等特征,这些立法尚难满足我国反恐怖工作的实际需要,我国反恐立法迫切亟需提升对恐怖犯罪的惩治力度。《刑法修正案(九)》关于反恐的规定正是因应我国社会的这种现实需要进行的针对性立法,也是立法适应恐怖活动态势发展变化的必然结果。

第二,有助于维护我国反恐刑法的体系统一。反恐刑法立法模式通常有两种,即反恐法模式(在专门反恐法中增设新的罪名和刑罚)和刑法典模式(通过刑法修正案等方式对刑法典进行完善)。从《刑法修正案(九)》可以看出,目前我国立法机关采取的是刑法典的完善模式,即对于需要增设、修订的刑法内容,通过修改刑法典予以解决,使涉及恐怖活动犯罪的罪刑条款统一、集中规定于刑法典之中;专门的反恐法则主要规定行政处罚措施,并设置"构成犯罪的,依法追究刑事责任"类型的附属性条款。这种完善模式有利于保持恐怖活动犯罪体系的系统性、完整性,有利于司法机关在具体案件中准确适用,也有利于引起社会公众的高度重视,促进反恐怖斗争的顺利开展。

第三,有助于提升我国反恐刑法的治理力度。这具体体现在:(1)预备犯的实行犯化和帮助犯的正犯化。恐怖主义是一类特殊的犯罪。放眼世界,各国包括西方法治发达的国家,在反恐怖主义的斗争中都不同程度地突破了普通的侦查手段以及其他刑事程序。提前预防,将恐怖活动犯罪的预备犯实行犯,同时将帮助犯正犯化,也是当前恐怖主义犯罪高发态势下的必然之选。《刑法修正案(九)》增设的多种犯罪将多种恐怖犯罪的预备行为、帮助行为作为实行犯、正犯处理,有利于提升我国反恐刑法的针对性和处罚力度。(2)反恐刑事法网的严密化。恐怖犯罪的治理必须严密法网、从严惩治。从现实性上看,短期不控制,后续发展起来再想打击困难就更大了,所以在面对恐怖活动犯罪时必须从务实的角度考虑事情,《刑法修正案(九)》中不少条文就是为了"打早打小",将恐怖活动组织遏制在萌芽时期,有利于严密我国反恐的刑事法网。(3)主观证明责任的弱化。实践中,行为人持有特定物品,往往是发动恐怖袭击的前行阶段,而在恐怖活动犯罪案件的处理中,行为人主观目的的证明始终是一个难题。《刑法修正案(九)》针对持有型犯罪的证明特点,将持有宣扬恐怖主义、极端主义的物品、图书、音频视频资料规定为犯罪行为,可以降低控方对于主观目的的证明难度,有利于阻断极端思想传播,发挥防范恐怖袭击的作用。

3. 关于新增反恐罪名的合理性问题

关于新增反恐罪名的合理性问题,笔者认为应当从以下三个方面进行把握:

第一,总体地看,《刑法修正案(九)》新增的反恐罪名是合理的。《刑法修正案(九)》基于法益保护前置的理念,将多种恐怖主义、极端主义犯罪的帮助行为、预备行为单独成罪,是现实的需要,且从目前立法的限定上看,《刑法修正案(九)》较好地实现了法益保护与人权保障的平衡。例如,对于修法过程中争议较大的利用极端主义煽动、胁迫群众破坏法律实施和非法持有宣扬恐怖主义、极端主义物品的行为,实践中的确存在利用极端主义煽动、胁迫群众破坏法律实施并造成严重不良影响或者危害他人生活的情况,群众的意见很大。同样,非法持有宣扬恐怖主义、极端主义物品也存在持有数量特别巨大但无法证明行为人的犯罪目的的情形。将这些危害严重的行为入罪,显然具有必要性。而为了防止入罪范围的过分扩大,《刑法修正案(九)》专门对非法持有宣扬恐怖主义、极端主义物品行为的入罪增加了"情节严重"的限制。

第二,具体地看,《刑法修正案(九)》新增反恐罪名的方式还可以进一步完善。这主要体现在三个方面:

一是"恐怖活动"的概念与《反恐怖主义法》的"恐怖活动"概念不相协调。《刑法修正案(九)》严格区分了"恐怖活动组织"、"实施恐怖活动"和"恐怖活动培训"等概念。例如,《刑法修正案(九)》第7条就明确将"组织恐怖活动培训或者积极参加恐怖活动培训"规定为"实施恐怖活动"的准备行为。但《反恐怖主义法》第3条第2款将具有恐怖主义性质的行为均界定为"恐怖活动",同时涵盖了《刑法修正案(九)》的"恐怖活动组织"、"实施恐怖活动"和"恐怖活动培训"等概念。按照《反恐怖主义法》的这一规定,实施恐怖活动的准备行为、帮助行为都属于"实施恐怖活动",但这两种行为在《刑法修正案(九)》中分别属于准备实施恐怖活动行为、帮助实施恐怖活动行为。《刑法修正案(九)》与《反恐怖主义法》在相关概念上表现出不太协调,不利于人们对相关行为性质及其处罚的判断和认识。

二是对不同阶段的帮助行为同等处罚不甚合理。按照《刑法修正案(九)》第7条的立法规定,恐怖活动犯罪在发展阶段上包括作为实行行为的"实施恐怖活动"和作为预备行为的"准备实施恐怖活动"。从法条列举的行为方式上看,"恐怖活动培训"属于准备实施恐怖活动行为。但《刑法修正案(九)》第6条将为"恐怖活动组织"、"实施恐怖活动"和"恐怖活动培训"这些处于不同阶段的恐怖活动提供帮助的行为,即恐怖活动组织、实施恐怖活动、恐怖活动培训的资助、招募、运送人员行为,处以相同的刑罚。这与该三类行为的危害性不能形成完全的对应关系。从阶段上看,"实施恐怖活动"处于恐怖活动犯罪的中心,"恐怖活动组织"的成立与运行是为"实施恐怖活动"进行准备的,"恐怖活动培训"只是"实施恐怖活动"的准备行为,有的情况下甚至还只是"恐怖活动组织"成立的准备行为。对这些处于不同阶段、具有不同法益侵犯程度的恐怖活动的预备行为、帮助行为处以同等的刑罚处罚,不甚合理。

三是对宣扬行为的区别对待不甚合理。从行为类型上看,《刑法修正案(九)》规定了两类宣传恐怖主义、极端主义的行为,即《刑法修正案(九)》第7

条增设的刑法典第120条之三"宣扬恐怖主义、极端主义、煽动实施恐怖活动罪"和刑法典第120条之五"强制穿戴宣扬恐怖主义、极端主义服饰、标志罪"。从行为方式上看,强制他人穿戴宣扬恐怖主义、极端主义服饰、标志只是宣扬恐怖主义、极端主义的一种方式,完全可以和"制作、散发宣扬恐怖主义、极端主义的图书、音频视频资料或者其他物品"、"讲授、发布信息"等方式并列。而且,"宣扬恐怖主义、极端主义、煽动实施恐怖活动罪"中的"其他物品"无疑也包括了"强制穿戴宣扬恐怖主义、极端主义服饰、标志罪"中的"恐怖主义、极端主义服饰、标志"。《刑法修正案(九)》将"强制他人穿戴宣扬恐怖主义、极端主义服饰、标志行为"单独规定,将使得该罪的适用扩大化,如行为人非出于宣扬恐怖主义、极端主义的目的(如恶作剧、栽赃陷害等)强制他人穿戴宣扬恐怖主义、极端主义服饰、标志的行为,也可能构成"强制穿戴宣扬恐怖主义、极端主义服饰、标志罪"。这将与该罪的立法初衷相违背。

第三,我国应当补充增设新的恐怖犯罪类型。对于《刑法修正案(九)》涉及恐怖犯罪的规定,笔者认为,在适度犯罪化的基础上,我国还需适当增设新的恐怖犯罪类型。这具体包括:(1)增设"实施恐怖活动罪"。《刑法修正案(九)》规定了一系列涉及恐怖主义、极端主义的新罪名,但主要属于暴恐活动的预备行为或煽动行为,并未将暴恐活动的实行行为规定为独立的犯罪。由于我国刑法缺乏专门的反恐罪名,对于具有暴力恐怖色彩的犯罪活动,只能按照故意杀人罪、故意伤害罪、绑架罪、爆炸罪等普通罪名定罪量刑,难以体现恐怖犯罪的特殊性。因此,应当将暴力、破坏性的犯罪类型从刑法分则各章节中分离出来,结合特殊的犯罪目的,合并设置为专门罪名——"实施恐怖活动罪",规定于刑法典分则第二章危害公共安全罪之中。这会有利于进一步淡化恐怖活动的政治色彩,为反恐法治提供更加科学有力的刑法依据。类似的做法在国外也有立法。例如,俄罗斯联邦刑法典第205条规定了恐怖主义行为罪,载明为了对权力机关或国际组织作出决策施加影响而实施爆炸、纵火或其他恐吓公民和造成人员死亡、财产重大损失或其他严重后果危险的行为,以及为此目的以实施上述行为相威胁的,处8年以上12年以下的剥夺自由。同时,俄罗斯联邦刑法典也规定了普通的故意杀人罪、以杀死或严重损害健康相威胁罪等普通犯罪。[①]（2）增设"组织他人出境接受暴恐训练罪"。近年来，我国西北边境一些人员通过多种方式组织他人非法偷渡出境，部分人员经由土耳其前往叙利亚、伊拉克等地，参加所谓的"圣战"，有些人返回中国境内策划、实施暴恐活动。《刑法修正案（九）》通过对偷越国（边）境罪的修改，将"为参加恐怖活动组织、接受恐怖活动培训或者实施恐怖活动"作为偷越国（边）境罪的加重处罚情节，在一定程度上解决了对该类行为的处罚问题。但由于在我国刑法典中，偷越国（边）境罪处罚的是单个人的偷越行为，而不针对组织行为，因而仍然无法准确评价"组织他人出境接受暴恐训练"的行为。从严密法网的角度，我国应当增设这类犯罪。（3）增设包庇、纵容恐怖活动罪。这主要是考虑到，我国刑法典针对多种严重的犯罪规定了专门的包庇、纵容犯罪。例如，我国刑法典第349条针对毒品犯罪分子规定了专门的包庇毒品犯罪分子罪和窝藏、转移、隐瞒毒品、毒赃罪。恐怖主义犯罪的危害性要高于毒品犯罪。从类比的角度，我国也可以考虑增设专门的包庇、纵容恐怖活动罪。

二、反恐罪名的修改问题

（一）修法背景

反恐新罪名的增设是我国刑法立法加强反恐刑法立法的重要方面，其目的一方面是为了应对近年来我国恐怖主义犯罪所表现出的新形态、新类型而进行的刑法立法，另一方面则是通过预备行为实行化、帮助行为正犯化的方式，加大对恐怖主义犯罪的打击力度。在《刑法修正案（九）》修法之前，我国刑法典中已经有多种与恐怖主义犯罪相关的罪名，包括刑法典第120条的组织、领导、参加恐怖组织罪和第120条之一的资助恐怖活动罪。除此之外，我国刑法典的其他罪名，如偷越国（边）境罪也与恐怖主义有一定关联，一些国际恐怖主义罪犯为了逃避打击或者实施恐怖活动而经常偷越国（边）境。但与我国打击恐怖主义、极端主义犯罪的现实需要相比，我国刑法典中

———————————
① 参见《俄罗斯联邦刑法典》，黄道秀译，北京大学出版社2008年版，第104页。

原有的这些立法还存在明显不足。例如,组织、领导、参加恐怖组织罪没有规定财产刑,对该类犯罪的犯罪人不能从经济上进行有效地打击;同时,资助恐怖活动罪的对象范围较为狭窄,对于实践中时有出现的资助恐怖活动培训等行为不能实行有效惩治。基于此,为了加强对恐怖主义犯罪的惩治力度,《刑法修正案(九)》结合恐怖主义犯罪的实际情况和治理需要,适时地修改了多个已有的相关罪名。

(二)修法内容

关于已有罪名的修改,《刑法修正案(九)》主要修改了 4 种已有的犯罪。这具体包括:

(1)修改了刑法典第 120 条,对组织、领导、参加恐怖组织罪增加规定了财产刑。《刑法修正案(九)》第 5 条规定,将刑法第 120 条修改为:"组织、领导恐怖活动组织的,处十年以上有期徒刑或者无期徒刑,并处没收财产;积极参加的,处三年以上十年以下有期徒刑,并处罚金;其他参加的,处三年以下有期徒刑、拘役、管制或者剥夺政治权利,可以并处罚金。""犯前款罪并实施杀人、爆炸、绑架等犯罪的,依照数罪并罚的规定处罚。"根据该规定,对于组织、领导、参加恐怖组织行为,刑法可以在适用主刑的同时,对行为人并处罚金或者没收财产,从而有助于剥夺恐怖活动组织的经济基础。

(2)修改补充刑法典第 120 条之一的资助恐怖活动罪,增加规定资助恐怖活动培训等行为为犯罪,其罪名也因此改变为帮助恐怖活动罪。《刑法修正案(九)》第 6 条规定,将刑法第 120 条之一修改为:"资助恐怖活动组织、实施恐怖活动的个人的,或者资助恐怖活动培训的,处五年以下有期徒刑、拘役、管制或者剥夺政治权利,并处罚金;情节严重的,处五年以上有期徒刑,并处罚金或者没收财产。""为恐怖活动组织、实施恐怖活动或者恐怖活动培训招募、运送人员的,依照前款的规定处罚。""单位犯前两款罪的,对单位判处罚金,并对其直接负责的主管人员和其他直接责任人员,依照第一款的规定处罚。"根据该规定,帮助恐怖活动的犯罪除了刑法典原有的"资助恐怖活动组织、实施恐怖活动的个人",又增加了"资助恐怖活动培训"和"为恐怖活动组织、实施恐怖活动或者恐怖活动培训招募、运送人员"两种行为类型,扩大了刑法惩治的范围。

（3）修改刑法典第 311 条的拒不提供间谍犯罪证据罪,将拒绝提供恐怖主义、极端主义犯罪证据行为纳入该条增补为犯罪。《刑法修正案(九)》第 38 条规定,将刑法第 311 条修改为:"明知他人有间谍犯罪或者恐怖主义、极端主义犯罪行为,在司法机关向其调查有关情况、收集有关证据时,拒绝提供,情节严重的,处三年以下有期徒刑、拘役或者管制。"

（4）修改刑法典第 322 条的偷越国(边)境罪,增加"为参加恐怖活动组织、接受恐怖活动培训或者实施恐怖活动"作为法定加重处罚情节。《刑法修正案(九)》第 40 条规定,将刑法第 322 条修改为:"违反国(边)境管理法规,偷越国(边)境,情节严重的,处一年以下有期徒刑、拘役或者管制,并处罚金;为参加恐怖活动组织、接受恐怖活动培训或者实施恐怖活动,偷越国(边)境的,处一年以上三年以下有期徒刑,并处罚金。"

（三）修法争议

在修法过程中,对于《刑法修正案(九)》上述四点修改,人们的意见主要集中在以下四个方面:

第一,组织、领导、参加恐怖组织罪财产刑增设的合理性及法定刑的进一步提高问题。关于财产刑的增设,有观点认为,一般而言,我国刑法典规定的刑罚,与无期徒刑、死刑搭配的为没收财产,而与有期徒刑搭配的则为选择性的罚金或没收财产。本罪规定中,"十年以上有期徒刑"仅搭配了没收财产似有不妥。[1] 关于法定刑的提高问题,有的单位和地方建议该条增加一款"组织、领导恐怖活动组织的首要分子、罪行重大"的处罚规定。也有的建议将组织、领导、参加恐怖组织罪的法定最高刑由原来的无期徒刑提高到死刑,并规定不得减刑、假释。还有部门和单位认为由于近年来我国境内的恐怖活动十分猖獗,严重危害了社会公共安全,威胁着人民群众的生命及财产,刑法应该进一步加大对恐怖活动犯罪的处罚力度,应在原有的刑法条文中再增加一个量刑档次:"组织、领导恐怖活动组织的首要分子或者罪行重大的,处十五年有期徒刑、无期徒刑或死刑,并处没收财产。"[2]

---

[1] 参见全国人大常委会法工委刑法室:《刑法修正案(九)(草案)分解材料》,2014 年 10 月。
[2] 参见《〈中华人民共和国刑法修正案(九)〉(草案)参阅资料》,第十二届全国人大常委会第十一次会议参阅资料(三),2014 年 10 月。

第二,资助恐怖活动罪的范围扩大问题。在《刑法修正案(九)》修法过程中,因草案一审稿没有修改资助恐怖活动罪,有意见提出,除恐怖组织及实施恐怖活动的个人外,恐怖活动培训也需要大量的资金运作。而这些恐怖活动培训可以为恐怖组织提供源源不断的战斗人员,其破坏能力远高于未经培训的恐怖分子。因此,应该考虑对资助恐怖活动培训的行为加以处罚。[1]

第三,拒绝提供恐怖主义、极端主义犯罪证据的立法问题。有的建议,认为公民面对司法机关时有沉默权,拒绝提供恐怖主义、极端主义犯罪证据的行为有危害,但不至于入刑。有的单位建议,对拒绝提供恐怖主义、极端主义犯罪证据入罪应增加"近亲属有权拒绝提供证据"的规定,以与刑事诉讼法第188条的规定相衔接。有的提出,该条规定的实际上是知情不举罪,建议删去该规定。[2]

第四,偷越国(边)境罪的修改问题。有意见认为《刑法修正案(九)》关于偷越国(边)境的修改值得商榷。这一问题并非关于本罪罪状描述或刑罚规定,而是为参加恐怖活动组织、接受恐怖活动培训或者实施恐怖活动而偷越国(边)境的行为,是否有必要与一般的偷越国(边)境行为规定为一罪?毕竟涉恐的偷越国(边)境行为的犯罪动机与量刑幅度都与一般的偷越国(边)境罪区别较大。[3]

(四)修法研讨

针对《刑法修正案(九)》修法过程中关于修改与反恐相关的已有罪名的上述争议,笔者认为,应当结合具体情况分别看待。

第一,《刑法修正案(九)》针对组织、领导、参加恐怖组织罪增设财产刑是合理的。客观地说,一定的财力是支持恐怖主义活动开展的重要基础。加大对恐怖主义犯罪的经济制裁是惩治恐怖主义犯罪的重要方面。我国刑法增设资助恐怖活动罪就是为了切断外界对恐怖活动的经济支持。从这个角度看,《刑法修正案(九)》针对组织、领导、参加恐怖组织罪增设财产刑,十

---

[1] 参见《〈中华人民共和国刑法修正案(九)〉(草案)参阅资料》,第十二届全国人大常委会第十一次会议参阅资料(三),2014年10月。

[2] 参见全国人大常委会法工委刑法室:《刑法修正案(九)(草案)分解材料》,2014年10月。

[3] 参见赵秉志主编:《〈中华人民共和国刑法修正案(九)〉理解与适用》,中国法制出版社2015年版,第152页。

分必要。不过,针对修法过程中有观点提出的没收财产刑设置问题,笔者基本持赞同态度,认为对组织、领导、参加恐怖组织"处十年以上有期徒刑或者无期徒刑"的,应当"并处罚金或者没收财产",而非仅"并处没收财产"。这主要有两个方面的考虑:一是罚金和没收财产的并列规定能够给司法适用留下必要的选择空间。刑法理论上通常认为,没收财产刑比罚金更为严厉,因为罚金只能是收缴一定数额的财产,而没收财产可以没收犯罪分子的全部财产。但实践案件的具体情况不完全相同,罚金和没收财产对犯罪分子的惩罚性也不完全相同。将罚金与没收财产并列,赋予法官结合具体案件选择适用的自由裁量权,有助于促进罪责刑相适应原则的合理运用。二是罚金与没收财产的评价重点不同。其中,没收财产是对犯罪分子已有财产的没收,包括没收犯罪分子的全部财产和部分财产;而罚金既包括对犯罪分子已有财产的收缴,也包括对犯罪分子未来财产的收缴。从这个角度看,没收财产的象征意义要大于罚金,但在具体的惩罚力度上,如果犯罪分子的个人财产数量较少,则罚金刑的处罚力度可能明显要大于没收财产。将罚金和没收财产并列,允许法官根据案件的具体情况对犯罪分子适用不同的财产刑,有利于提升刑法对恐怖主义犯罪分子的惩罚力度。

关于是否应将组织、领导、参加恐怖组织罪的法定刑提高至死刑,笔者持反对态度。这是因为:一方面,我国的死刑政策决定了我国刑法立法对死刑的增设必须慎之又慎。党的十八届四中全会提出要"逐步减少适用死刑罪名",我国司法机关也在贯彻"严格控制和慎重适用死刑"的死刑政策。在此背景下,限制、控制死刑是我国死刑立法和司法的基本策略。增设新的死刑罪名与我国的死刑立法趋势相违背。另一方面,组织、领导、参加恐怖组织行为与死刑不具有对等性。死刑以剥夺他人的生命为内容,其对应的犯罪主要是以剥夺他人生命为内容的犯罪,如故意杀人罪、故意伤害(致人死亡)罪等。而在刑法理论上,组织、领导、参加恐怖组织行为实质上是实施恐怖活动的预备行为,其行为本身并不具有直接造成他人生命被剥夺、公共安全受到直接侵害的性质。其行为性质与死刑所要剥夺的他人生命完全不具有对等性,不能为其增设死刑。

第二,《刑法修正案(九)》扩大资助活动犯罪范围的做法是恰当的。如前所述,《刑法修正案(九)》扩大了资助活动犯罪的范围,将恐怖活动培训也纳入了资助犯罪的范围,同时增加了招募、运送恐怖活动人员的犯罪。笔者认为,《刑法修正案(九)》的这一立法基本是妥当的。这是因为,对恐怖活动的资助和对恐怖活动培训的资助,都是恐怖活动的帮助行为。特别是我国《反恐怖主义法》明确将恐怖活动培训纳入到了恐怖活动的范畴。从这个意义上看,恐怖活动组织、实施恐怖活动和恐怖活动培训在性质上具有同一性,将资助恐怖活动培训纳入刑法惩治的范围是完全必要的。

第三,《刑法修正案(九)》将拒不提供恐怖主义、极端主义犯罪证据行为入刑是现实的选择。在我国刑法上,一般的知情不举被认为是一种违法但不构成犯罪的行为。但客观地看,拒不提供恐怖主义、极端主义犯罪证据行为与一般的知情不举之间具有明显区别。这主要体现在两个方面:一是提供恐怖主义、极端主义犯罪证据是《反恐怖主义法》规定的法定义务。我国《反恐怖主义法》第51条规定:"公安机关调查恐怖活动嫌疑,有权向有关单位和个人收集、调取相关信息和材料。有关单位和个人应当如实提供。"第28条第3款规定:"任何单位和个人发现宣扬极端主义的物品、资料、信息的,应当立即向公安机关报告。"根据《反恐怖主义法》这两条规定,任何单位和个人都有向公安机关如实提供恐怖主义、极端主义犯罪信息、材料的义务。这与一般的知情不举没有专门的法定义务规定有明显区别。二是恐怖主义、极端主义犯罪涉及的法益重大而需要特别保护。在《刑法修正案(九)》之前,我国刑法典中仅设有拒绝提供间谍犯罪证据罪,从立法理由上看,刑法之所以规定拒绝提供间谍犯罪证据罪并不是因为间谍犯罪的社会危害性,而是因为间谍犯罪侵犯了国家安全机关对间谍犯罪的侦查活动,由于间谍犯罪的侦查活动具有特殊性,明知他人有间谍犯罪行为的行为人是否配合国家安全机关的侦查活动,对于侦查的效果有重要影响。所以,刑法专门规定了拒绝提供间谍犯罪证据罪。[1] 同理,对于拒绝提供恐怖主义、极端主义犯罪证据行为而言,其对公安机关侦查恐怖主义、极端主义犯罪的侦查活动的破坏,也是该行为入罪的重要根据。从这个角度看,笔者认为,《刑

---

① 参见王作富主编:《刑法分则实务研究》,中国方正出版社2012年版,第1230页。

法修正案（九）》将拒绝提供恐怖主义、极端主义犯罪证据行为入罪，是合理的。

第四，《刑法修正案（九）》将"为参加恐怖活动组织、接受恐怖活动培训或者实施恐怖活动"这一目的作为偷越国（边）境罪的加重处罚事由具有正当性。一方面，犯罪目的可以作为区分罪轻与罪重的界限。在刑法典中，犯罪目的是许多犯罪构成的必备要件，不具有一定的犯罪目的，可以会影响犯罪的成立。例如，绑架罪与非法拘禁罪在客观上都可以表现行为人将被害人加以控制，两者的主要区别在于行为人犯罪目的的不同。绑架罪的犯罪目的是"勒索财物或者作人质"，而非法拘禁罪则不具有这样的目的。既然犯罪目的可以作为区分罪与非罪、此罪与彼罪的界限，那么它当然也可以作为区分罪轻与罪重的界限。因此《刑法修正案（九）》将"为参加恐怖活动组织、接受恐怖活动培训或者实施恐怖活动"这一目的作为偷越国（边）境罪的加重处罚事由，符合刑法的基本法理。另一方面，"为参加恐怖活动组织、接受恐怖活动培训或者实施恐怖活动"这一目的与偷越国（边）境罪的法定刑增加具有对应性。根据《刑法修正案（九）》的规定，偷越国（边）境罪的法定刑主要有两档，即"一年以下有期徒刑、拘役或者管制，并处罚金"和"一年以上三年以下有期徒刑，并处罚金"。"为参加恐怖活动组织、接受恐怖活动培训或者实施恐怖活动，偷越国（边）境"这一犯罪目的，相当于为偷越国（边）境罪增加了"二年有期徒刑"左右的刑罚量。笔者认为，这一刑罚量的增加与行为人特定犯罪目的的所反映出的主观恶性和人身危险性变化是相适应。

第四章　网络犯罪修正的争议问题

信息网络安全是当前社会安全的重要方面。为更好地维护网络安全，《刑法修正案（九）》新增了 4 种新的网络犯罪罪名，并对多种与网络相关的犯罪罪名进行了立法修改，加大了对网络犯罪的惩治力度。但在修法过程中，人们对《刑法修正案（九）》新增网络犯罪罪名和修改已有罪名的立法也存在一定的争议，有必要予以厘清。

一、网络犯罪罪名的增设问题

（一）修法背景

随着网络技术的发展，我国网民数量不断扩大。据统计，截至 2014 年底，我国互联网网民规模已达到 6.5 亿人，互联网普及率为 47.9%。其中手机即时通信网民 5.08 亿人，比 2013 年增长 7683 万，年增长率达 17.8%。全国前三大互联网应用——即时通信、搜索引擎和网络新闻，用户规模分别达到 5.88 亿、5.22 亿和 5.19 亿。[①] 以互联网为主体包括通信网、广播电视传输覆盖网在内的信息网络日益普及，信息网络已成为人民群众工作、学习、生活不可缺少的组成部分。不过，在科技进步的同时，一些不法分子也利用信息网络的公共性、匿名性、便捷性等特点，将信息网络作为一种新的犯罪平台。利用信息网络实施犯罪、泄露并贩卖公民个人信息、网络攻击、黑客攻击、网络谣言等充斥着网络空间。

[①] 参见《2014 年中国人权事业的进展》白皮书，国务院新闻办公室官方网站，http://www.scio.gov.cn/zfbps/ndhf/2015/Document/1437147/1437147.htm，2015 年 9 月 10 日。

2015 年,全国检察机关共批捕涉嫌电信网络犯罪案件嫌疑人 334 人,起诉 329 人。据最高人民检察院侦查监督厅有关负责人介绍,当前网络犯罪呈现出四大特点:网络犯罪数量、涉案数额持续增加,组织化、职业化特点日益明显;新的犯罪类型、新型犯罪手段不断出现,防范和打击难度加大,而法律规定相对滞后,依法惩治新型网络犯罪遇到不少问题和困难;对国家安全和公共安全的危害越来越大。网络恐怖主义日趋猖獗,恐怖组织利用网络大肆传播恐怖主义、招募人员、募集资金、动员部署暴力恐怖活动,严重危害我国的国家安全和社会稳定;跨国网络犯罪问题突出。[①] 为了加大对网络犯罪的惩治,2014 年 10 月 23 日,中共十八届四中全会通过的《中共中央关于全面推进依法治国若干重大问题的决定》提出,要"加强互联网领域立法,完善网络信息服务、网络安全保护、网络社会管理等方面的法律法规,依法规范网络行为"。在此背景下,《刑法修正案(九)》根据网络犯罪的新特点,增加了多种新的网络犯罪罪名。

(二)修法内容

为了加强对网络犯罪的治理,《刑法修正案(九)》针对我国刑法典治理网络犯罪罪名存在的法网不够严密的情况,增设了 4 种网络犯罪的新罪名:

第一,增设拒不履行信息网络安全管理义务罪。为了惩治网络服务提供者严重不履行网络安全管理义务的行为,《刑法修正案(九)》第 28 条在刑法典第 286 条之后增加一条作为第 286 条之一,其第 1 款规定:"网络服务提供者不履行法律、行政法规规定的信息网络安全管理义务,经监管部门责令采取改正措施而拒不改正,有下列情形之一的,处三年以下有期徒刑、拘役或者管制,并处或者单处罚金:(一)致使违法信息大量传播的;(二)致使用户信息泄露,造成严重后果的;(三)致使刑事案件证据灭失,情节严重的;(四)有其他严重情节的。"该条第 2 款对其同时规定了单位犯罪。根据该规定,网络服务提供者(主要是指网站)对于网络上出现的违法行为,经监管部门责任采取改正措施后,必须采取改正措施进行改正,否则将可能承担相应的刑事责任。

---

① 参见李想:《去年批捕涉嫌网络犯罪 334 人》,载《法制日报》2016 年 3 月 11 日。

第二,增设非法利用信息网络罪。《刑法修正案(九)》第29条通过增设刑法典第287条之一,规定了非法利用信息网络罪,其具体的犯罪行为类型包括:(1)设立用于实施诈骗、传授犯罪方法、制作或者销售违禁物品、管制物品等违法犯罪活动的网站、通讯群组的;(2)发布有关制作或者销售毒品、枪支、淫秽物品等违禁物品、管制物品或者其他违法犯罪信息的;(3)为实施诈骗等违法犯罪活动发布信息的。

第三,增设了帮助信息网络犯罪活动罪。《刑法修正案(九)》第29条通过增设刑法典第287条之二,规定了帮助信息网络犯罪活动罪,即明知他人利用信息网络实施犯罪,为其犯罪提供互联网接入、服务器托管、网络存储、通讯传输等技术支持,或者提供广告推广、支付结算等帮助,情节严重的行为。

第四,增设编造、故意传播虚假信息罪。《刑法修正案(九)》第32条在刑法典第291条之一增加一款,将"编造虚假的险情、疫情、灾情、警情,在信息网络或者其他媒体上传播,或者明知是上述虚假信息,故意在信息网络或者其他媒体上传播,严重扰乱社会秩序的"行为入罪。

(三)修法争议

针对《刑法修正案(九)》增设网络犯罪罪名的立法,在修法过程中,人们的争议主要体现在以下三个方面:

第一,拒不履行信息网络安全管理义务罪问题。对于拒不履行信息网络安全管理义务罪,在修法过程中,有意见认为,刑法已有非法提供公民个人信息罪和帮助毁灭证据罪,没有必要针对特定企业设置特别条款,建议删去该条或者删去该条第4项的兜底条款。① 也有观点主张将"经监管部门通知采取改正措施而拒绝执行"修改为"经监管部门通知采取改正措施而未及时改正",还有观点认为应修改为"拒绝接受"。②

第二,非法利用信息网络罪和帮助信息网络犯罪活动罪问题。对于非法利用信息网络犯罪和帮助信息网络犯罪活动罪,在修法过程中,有意见认

---

① 参见全国人大常委会法工委刑法室编:《刑法修正案(九)草案向社会公众征求意见的情况》(法工刑字〔2015〕2号,2015年1月4日)。

② 参见《十二届全国人大常委会第十一次会议审议刑法修正案(九)草案的意见》(法工办字〔2014〕39号,2014年12月15日)。

为,《刑法修正案(九)》增设的非法利用信息网络罪和帮助信息网络犯罪活动罪可以理解为其他犯罪的"预备行为"和共同犯罪的"帮助行为"。对这两类行为,可以按照相关犯罪的预备犯或者共犯以及传授犯罪方法等来追究其刑事责任,没有必要独立定罪。事实上,最高人民法院曾经出台过司法解释明确将明知他人实施犯罪而为其提供网络帮助的行为规定以相关犯罪的共犯论处。① 也有意见认为,为信息网络犯罪提供帮助的行为不能因其是业务中立行为而限制其可罚性,仍应成立相关犯罪的帮助犯。《刑法修正案(九)》增设"帮助信息网络犯罪活动罪"尽管有其合理性目的,但其"帮助犯正犯化"的立法模式有悖于共犯处罚根据,导致刑法总则与分则的关系矛盾,并且其对应正犯罪名不确定,立法的妥当性存在疑问。按共犯理论处罚为网络犯罪提供帮助的行为,可以达到规制网络犯罪帮助行为的效果。② 但也有意见不认为《刑法修正案(九)》关于网络犯罪的立法采取的是帮助行为正犯化,认为我国刑法典第 287 条之二所规定的帮助信息网络犯罪活动罪,并不是帮助犯的正犯化,只是帮助犯的量刑规则;帮助信息网络犯罪活动罪的成立,以正犯实施符合构成要件的不法行为为前提,因而帮助信息网络犯罪活动罪的设立也不表明刑法典第 287 条之二对帮助犯采取了共犯独立性说;刑法典第 287 条之二第 1 款将"情节严重"作为成立条件,为限制中立的帮助行为的处罚范围提供了法律依据,对网络服务商作为业务行为所实施的中立的帮助行为,原则上不能以该罪论处;帮助信息网络犯罪活动罪的设立,也没有加重帮助犯的处罚程度。③

对于非法利用信息网络犯罪,在《刑法修正案(九)》(草案)审议中,有意见认为应当增加"买卖、贩卖人口"信息的行为,也有意见指出应适当提高刑罚幅度,加大对这类行为的惩处力度。但也有学者认为应当本条的规定进行推敲,因为本条是将诈骗犯罪、毒品犯罪等犯罪的预备行为规定为独立的犯罪。有学者提出,"利用信息网络"是手段行为,如果一概入罪,会导致该

---

① 参见全国人大常委会法工委刑法室编:《刑法修正案(九)草案向社会公众征求意见的情况》(法工刑字〔2015〕2号,2015 年 1 月 4 日)。

② 参见苏彩霞、侯文静:《"帮助信息网络犯罪活动罪"正当性考量——〈刑法修正案九(草案)〉第 29 条之评议》,载《中南财经政法大学研究生学报》2016 年第 2 期。

③ 参见张明楷:《论帮助信息网络犯罪活动罪》,载《政治与法律》2016 年第 2 期。

规定与其他犯罪规定的大量竞合,建议慎重考虑或者删除。①

第三,编造、故意传播虚假信息罪问题。对此,在修法过程中,有意见主张适当扩大该罪的对象,认为应将"警情"修改为"案情",不限于公安机关处理的案件;在"灾情"后加"等"字,或增加"等严重危害公共安全的虚假信息",以扩大该罪的适用范围。② 也有意见认为该罪列举的几类信息不够全面,编造虚假的政治谣言、食品药品有害谣言等,同样扰乱社会秩序,也应该打击,建议在"灾情"后面增加"等信息"的规定,或者"军情"等具体内容。③但也有意见认为,哪些是谣言,哪些不是谣言,普通人往往很难判断,该条规定在实践中可能被滥用,妨碍对权力的监督,也涉及公民言论自由,建议删除。还有意见认为警情的定义不明确,范围过广,建议删除。④

(四) 修法研讨

针对《刑法修正案(九)》关于网络犯罪修法的上述争论,笔者认为,《刑法修正案(九)》的立法选择总体上是合理的,但在一些具体问题的设置上也有进一步完善的空间。

1. 对网络服务提供者的刑事立法基本合理

《刑法修正案(九)》增设的拒不履行网络安全监管义务罪和帮助信息网络犯罪活动罪主要解决的是网络服务提供者的刑事责任。笔者认为,《刑法修正案(九)》针对网络服务提供者的立法基本合理。

第一,网络提供者的责任立法模式基本合理。基于网络服务提供行为归责的司法困境,我国有论者主张将网络服务提供行为的刑事责任单独化⑤。《刑法修正案(九)》对此亦采取了专门立法的方式,将网络服务提供者规定为独立的刑事责任主体,规定了两个犯罪:一是增加网络服务提供者拒不履行法定义务的犯罪。这是典型的不作为犯罪,立法所要解决的关键问

---

① 参见全国人大常委会法工委刑法室:《刑法修正(九)(草案)分解材料》(2014 年 10 月)。

② 参见全国人大常委会法工委刑法室编:《地方人大和中央有关部门、单位对刑法修正案(九)草案的意见》(法工刑字[2015]1 号,2015 年 1 月 4 日)。

③ 参见全国人大常委会法工委刑法室编:《十二届全国人大常委会第十一次审议刑法修正案(九)草案的意见》(法工刑字[2014]39 号,2014 年 12 月 15 日)。

④ 参见全国人大常委会法工委刑法室编:《刑法修正案(九)草案向社会公众征求意见的情况》(法工刑字[2015]2 号,2015 年 1 月 4 日)。

⑤ 参见彭文华:《网络服务商之刑事责任探讨》,载《佛山科学技术学院学报(社会科学版)》2004 年第 3 期。

题是其义务的起点和义务程度,同时要求行为人有履行义务的能力。二是增加为实施网络犯罪提供帮助的犯罪。这是一种典型的作为犯罪。《刑法修正案(九)》的这一立法是不作为犯罪与作为犯罪的混合,是一种二元化的立法做法。其立法基础分别对应的是网络侵权中的"避风港"规则和"红旗"规则。

"避风港"规则是网络服务提供者的免责原理,其适用条件是:网络服务提供者不知道侵权事实的存在;权利人向网络服务提供者发出了合格的通知书;网络服务提供者在接到权利人的通知书后,及时移除了侵权内容。[1] 根据该规则,网络服务提供者在接到权利人的通知后,有义务采取移除措施。欧洲议会与欧盟理事会《关于电子商务的法律保护指令》第 13 条关于"缓存"责任的规定采纳了这一规则。我国《信息网络传播权保护条例》第 15 条也规定:"网络服务提供者接到权利人的通知书后,应当立即删除涉嫌侵权的作品、表演、录音录像制品,或者断开与涉嫌侵权的作品、表演、录音录像制品的链接,并同时将通知书转送提供作品、表演、录音录像制品的服务对象。"我国立法工作机关上述关于"增加网络服务提供者不履行法定义务的犯罪"的规定针对的正是网络服务提供者在接到通知后采取措施阻止违法犯罪行为的义务。

"红旗"规则是"避风港"规则的例外。根据该规则,网络服务提供者虽然在大多数情况下不需要为符合"避风港"规则而主动核查侵权行为的存在,但如果其获得了明显可以看出侵权活动的事实情况(即"红旗"),就必须采取适当的行动制止侵权,否则将失去避风港的保护。[2] 这也是一项国际性规则。根据"红旗"规则,被告无需权利人发出的侵权通知就应当知道侵权行为存在但却没有将侵权资料移除,对其不能适用"避风港"规则。[3] 我国《关于维护互联网安全的决定》第 7 条也规定:"从事互联网业务的单位要依法开展活动,发现互联网上出现违法犯罪行为和有害信息时,要采取措施,

---

① 参见管育鹰:《美国 DMCA 避风港规则适用判例之研究》,载《知识产权》2013 年第 11 期。
② 参见孟庆香:《关于网络服务提供者不作为刑事责任问题的探讨》,载《重庆邮电大学学报(社会科学版)》2012 年第 6 期。
③ Columbia Pictures Industries Inc., et al., v. IsoHunt Web Technologies, Inc, Case No. 10—55946 (C. A. 9, Mar. 21, 2013),P46.

停止传输有害信息,并及时向有关机关报告。"我国立法机关上述关于"增加为实施网络犯罪提供帮助的犯罪"的规定所针对的正是网络服务提供者在"红旗"规则下违反其法定义务所构成的犯罪。从规则对应的角度看,《刑法修正案(九)》关于网络服务提供者的责任的规定具有相当的合理性。

第二,《刑法修正案(九)》关于网络服务提供者的二元立法可以合二为一。上述规则中,"红旗"规则和"避风港"规则解决的实际上是一个问题。"红旗"规则解决的是"避风港"规则中"知道"的认定标准问题。因为根据"避风港"规则,不适用"避风港"保护的情形主要有两种:一是根据"红旗"规则,网络服务提供者知道侵权事实的存在而没有采取阻止措施;二是网络服务提供者经权利人或者执法单位通知采取阻止措施而没有采取。在我国司法实践中,后一种情形也被视为网络服务提供者"知道或者应当知道"的认定标准。例如,"两高"《关于办理利用互联网、移动通讯终端、声讯台制作、复制、出版、贩卖、传播淫秽电子信息刑事案件具体应用法律若干问题的解释(二)》第8条就将"行政主管机关书面告知后仍然实施上述行为"和"接到举报后不履行法定管理职责"作为行为人"明知"的认定标准。从这个角度看,《刑法修正案(九)》所采取的二元化立法模式解决的是同一个问题。其中,关于拒不履行信息网络安全管理义务罪的规定可被视为帮助信息网络犯罪活动罪中"明知"的认定标准,两者实际上是一个问题的两个方面而已。基于此,笔者认为,从立法经济性的角度,将两者合二为一的一元化立法模式更为合理。

在一元化立法模式中,网络服务提供行为入罪的立法所需要解决的主要问题有二:(1)网络服务提供的行为类型。关于网络服务提供的行为类型,主要有作为和不作为两种,前者表现为拒不履行信息网络安全管理义务,后者主要表现为帮助信息网络违法犯罪活动。就前者而言,目前我国相关法律法规的规定很多,如在法律层面上有全国人大常委会《关于维护互联网安全的决定》和《侵权责任法》,在行政法规层面上有国务院《信息网络传播权保护条例》等。从内容上看,网络服务提供行为的核心是《刑法修正案(九)》专门提到的网络服务提供者"提供信息发布平台等技术支持、广告推广、支付结算等帮助",采取措施停止有害信息的传输(包括删除或者修改相关网络信息或者链接)则是由前述行为产生的延伸义务。(2)网络服务提供行为的违法程度。关于网络服务提供行为的违法程度,从入罪的范围上看,根据我国《侵权责任法》及相关规定,可从三个方面进行限定:一是网络服务提供者"明知"信息网络上存在违法犯罪事实(即"违法犯罪事实")[①],这是网络服务提供行为归责的主观条件。其中包括网络服务提供者"视而不见"的情形。根据美国的实践,"视而不见"是"主观意图"的替代判断标准。法院对"视而不见"可分两步考虑:被告主观上相信某一侵权事实存在的高度可能性;被告有意采取不欲获知该事实的行为。[②] 在我国,"视而不见"的情形应纳入行为人"明知"的范围。二是网络服务提供者在明知他人实施违法犯罪活动的情况下仍然提供信息网络服务,包括发现违法犯罪事实后不主动采取措施和被有关权利人或者执法机关通知采取措施后拒绝执行等情况。三是网络服务提供者的行为在程度上达到了一定的严重程度,通常表现为造成了违法犯罪行为明显扩大或者发生了其他严重危害后果。《刑法修正案(九)》对拒不履行信息网络安全监管义务罪和帮助信息网络犯罪活动罪都设置了"情节严重"的标准,是适当的。

2. 编造、传播虚假信息罪的增设总体适当

基于惩治网络虚假信息的需要,《刑法修正案(九)》增设了编造、传播虚假信息罪。针对修法过程中的争议,笔者认为,可对该罪的增设从以下几个方面进行把握:

第一,增设编造、传播虚假信息罪有利于整合我国刑法关于虚假信息犯罪的立法。在立法模式上,我国刑法对虚假信息的治理采取的是完全分散的刑法立法模式,刑法典直接涉及虚假信息的常见犯罪多达七种(还不包括以编造、传播虚假信息为手段的诈骗类犯罪)。立法之间存在较大的差异和不足:(1)对虚假信息入罪的行为方式覆盖不全面。其中最突出的是对单纯编造、传播有损政府、国家等法益的虚假信息的行为难以规制。从虚假信息的类型上,我国刑法将编造、传播的虚假信息对象限于四类,即影响证券、期

---

① 鉴于我国刑法上的犯罪都存在一定的入罪门槛,网络服务提供者对于信息网络上的有害信息是否构成犯罪难以准确认知,从入罪的角度看,只要网络服务提供者认识到该信息的有害性即具备入罪的主观条件。基于此,笔者认为将网络服务提供者认识的内容由"犯罪"扩大至"违法犯罪"十分必要。

② 参见管育鹰:《美国 DMCA 避风港规则适用判例之研究》,载《知识产权》2013 年第 11 期。

货交易的虚假信息,有损商业信誉、商品声誉的虚假信息,有关他人名誉的虚假信息,以及虚假的恐怖信息。除此之外,对于非商业单位(如事业单位、人民团体、社会团体等)、国家机关、国际关系等方面的虚假信息,我国刑法没有将其纳入一般的编造、传播行为对象范围。(2)对虚假信息入罪的行为方式设置不科学。我国刑法关于虚假信息入罪的行为方式主要有三种,即"编造(捏造)行为+传播(散布)行为"(如编造并传播证券、期货交易虚假信息罪、损害商业信誉、商品声誉罪和诽谤罪),"有偿散布"(如非法经营罪),以及"编造(捏造)与传播(散布)行为择一"(如编造、故意传播虚假恐怖信息罪、寻衅滋事罪和战时造谣惑众罪)。笔者认为,我国刑法将"编造(捏造)"作为虚假信息入罪的行为方式不符合其罪质。从现实的角度看,任何一个虚假信息,如果只有编造(捏造)行为而没有传播(散布)行为,是不可能进入公众领域的。据此,只是编造(捏造)虚假信息而不传播(散布)虚假信息①,其行为不具有社会危害性。也正因为如此,对虚假信息作了明确规定的《匈牙利刑法典》、《葡萄牙刑法典》和《希腊刑法典》等,都只规定了传播(散布)行为,而没有规定编造(捏造)行为。因此,我国有必要将编造(捏造)行为从虚假信息犯罪的行为方式中取消。(3)对虚假信息的入罪标准设置不合理。目前我国刑法关于虚假信息犯罪的规定,除了战时造谣惑众罪,其他犯罪的入罪都要求行为达到严重的程度,具体又分为三种:一是后果严重,即"造成严重后果"(编造并传播证券、期货交易虚假信息罪);二是情节严重(包括损害商业信誉、商品声誉罪、非法经营罪和诽谤罪);三是严重扰乱社会秩序或造成公共场所秩序严重混乱(包括编造、故意传播虚假恐怖信息罪和寻衅滋事罪)。从内涵上看,这三种入罪标准均可为"情节严重"所涵盖。但从用语上看,"造成严重后果"、"严重扰乱社会秩序"和"造成公共场所秩序严重混乱"主要是对危害结果的描述,即虚假信息必须造成了一定的危害结果才能入罪。笔者认为,这一入罪标准的设置过于严格。按照虚假信息的罪质,只要传播(散布)谣言的行为损害了他人名誉或者侵害公共法益并达到了一定

---

① 这种情况只存在于行为人编造了相关的虚假信息但却没有告诉任何人的情形,如行为人将编造好的虚假信息写入自己的日记等不易被人发现的地方。只要行为人将虚假信息告诉了任何人,他都属于传播虚假信息。

程度即可入罪,如果非要造成一定严重程度的危害后果才构成犯罪,将导致其入罪范围的极大缩小,不符合全媒体时代虚假信息犯罪的严重危害性特征。(4)对虚假信息犯罪的刑罚配置不协调。这主要体现在两个方面:一是不同罪名之间的法定刑差别过大。在我国刑法涉及虚假信息的上述七种罪名中,除了因诽谤罪侵犯的个人法益与战时造谣惑众罪侵犯的军事法益不属于同一类型,其他五种犯罪侵犯的都是社会法益,但其法定刑却明显不同,如损害商业信誉、商品声誉罪的法定最高刑是 2 年有期徒刑,寻衅滋事罪的法定最高刑是 10 年有期徒刑,而非法经营罪和编造、故意传播虚假恐怖信息罪的法定最高刑则都是 15 年有期徒刑,它们之间的法定最高刑差别可谓巨大。二是近似罪名之间的法定刑不协调。如损害商业信誉、商品声誉罪与编造并传播证券、期货交易虚假信息罪在行为的类型和法益上都较为近似甚至有一定的交叉,对上市公司商业信誉、商品声誉的损害客观上也必然会影响证券、期货的交易,但两罪的法定最高刑却差别较大,前者的法定最高刑为 2 年有期徒刑,后者则是 5 年有期徒刑。

鉴于我国刑法治理虚假信息犯罪存在的上述不足,《刑法修正案(九)》新增了一种独立的治理虚假信息的犯罪,即编造、传播虚假信息罪。单就这种犯罪而言,它是一个集中的立法方式,集中规定了多种类型的虚假信息,对我国已有的相关立法具有一定的补充、整合作用。

第二,《刑法修正案(九)》增设的编造、传播虚假信息罪有进一步扩张的必要。当前我国正处在全媒体时代。全媒体的特点决定了我国不宜针对虚假信息设置专门的罪名。为更好地治理虚假信息,国外有刑法专门设置了针对虚假信息的罪名。如泰国 2007 年《电脑犯罪法》第 14 条就专门规定了针对"在计算机系统上传播、散布虚假信息"行为的罪名。类似的规定在法国和韩国的刑事立法中都有体现。[1] 我国也有观点主张设置专门针对虚假信息的罪名。[2] 不过,全媒体时代信息的传播特点决定了不同传媒之间存在着相互配合和融合的趋势。网络媒体与传统纸质媒体之间存在大量的信息

---

[1] 法国法律对虚假信息也有明确规定:危害国家安全、煽动社会动乱、煽动种族歧视、损害他人名誉、侵害他人隐私、鼓动和推介反社会道德(例如推介自杀方法等)等网络行为最高可被判处 3 年徒刑和 4.5 万欧元的罚款。参见代山:《国外对网络谣言的处罚》,载《人民政坛》2013 年第 9 期。

[2] 参见闵政、陈路坤:《法学专家呼吁完善打击网络谣言法律框架》,载《人民公安报》2013 年 8 月 24 日第 4 版。

交换,即虚假信息可能来自于纸质媒体,而纸质媒体上的虚假信息也可能源自于网络。据此,仅针对网络设置专门的虚假信息犯罪,显然过于片面。我国有必要针对虚假信息的特质进行立法罪名的完善。

笔者认为,在当前背景下,《刑法修正案(九)》增设的编造、传播虚假信息罪的范围显得过小,我国有针对侵犯社会法益和国家法益的虚假信息犯罪设立统一的、更大范围的"编造、传播虚假信息罪"的必要。具体理由有:(1)涉及虚假信息的破坏社会主义市场经济秩序罪(包括编造并传播证券、期货交易虚假信息罪、损害商业信誉、商品声誉罪和非法经营罪等)与妨害社会管理秩序罪(包括编造、故意传播虚假恐怖信息罪和寻衅滋事罪等)侵害的都是公共法益,但我国刑法对其行为方式、入罪标准和法定刑的设置都较为混乱,有统一的必要。(2)虚假信息涉及政府机关、事业单位、团体尤其是国家货币、武装力量的公信力的,有进行刑法规制的必要。设置统一的"传播虚假公共信息罪"可将这些法益更好地纳入刑法保护的范畴。(3)有关中国国际关系的信息也属于公共信息,设置统一的"传播虚假公共信息罪"可将有损国际关系的虚假信息纳入刑法治理的范围。(4)设置统一的"传播虚假公共信息罪"有助于更好地统一不同类型、不同情节的散布虚假公共信息行为的处罚标准和刑罚。

具体而言,《刑法修正案(九)》关于"编造、传播虚假信息罪"的设置存在以下问题:(1)与编造、传播虚假恐怖信息罪的关系问题。《刑法修正案(九)》规定的虚假信息包括了"险情、疫情、灾情、警情",其中"险情、疫情、警情"均可为虚假恐怖信息的"爆炸威胁、生化威胁、放射威胁等恐怖信息"所部分涵盖。而编造、故意传播虚假恐怖信息罪的法定刑要明显高于编造、传播虚假信息罪,按照从重处断原则,容易造成编造、传播虚假信息罪的部分虚置。(2)与诽谤罪、损害商业信誉、商品声誉罪等犯罪的关系问题。从虚假信息的范围看,编造、传播虚假信息罪的范围明显包含了诽谤罪、损害商业信誉、商品声誉罪等犯罪的信息范围,同时编造、传播虚假信息罪的法定刑要高于诽谤罪和损害商业信誉、商品声誉罪,按照从重处断原则,容易导致诽谤罪和损害商业信誉、商品声誉罪的虚置。(3)入罪标准问题。《刑法修正案(九)》将编造、传播虚假信息罪的入罪门槛设定为"严重扰乱社会秩序"。这是从后果上进行的限定,由于网络秩序不同于社会秩序,因而无法解决当前我国很多网络传播虚假信息行为的治理问题。(4)法定刑问题。《刑法修正案(九)》最初的草案对编造、传播虚假信息犯罪的法定刑只设定为一档,法定最高刑是"三年有期徒刑"。与我国原有的虚假信息犯罪相比,该法定刑明显过低,仅相当于诽谤罪的法定刑,因而《刑法修正案(九)》后来增加了一档法定刑规定,即"三年以上七年以下有期徒刑"。

鉴于《刑法修正案(九)》关于虚假信息犯罪存在以上不足,笔者认为,应当在《刑法修正案(九)》关于编造、传播虚假信息罪的基础上作以下四个方面的扩充或者限定:(1)虚假信息类型的扩充:扩大至虚假公共信息。笔者认为,可将虚假信息的范围扩大至足以引发社会恐慌的虚假信息,有损政府机关、事业单位、行业协会等公共机构信用的虚假信息,有损公司、企业等商业机构信誉的虚假信息,以及有损中国国际关系的虚假信息等信息。(2)行为类型的限定:传播。关于虚假信息犯罪的行为类型,《刑法修正案(九)》采取的表述是"编造、传播",但又规定"编造"行为不能单独入罪,必须是"编造"同时又有"传播"。笔者认为,直接将该类犯罪的行为类型限定为"传播"即可。在具体表述上,也可将之表述为"发布、散布、宣称"等。鉴于单纯的编造行为不足以危害社会,因而没有必要将其纳入该罪的行为方式。(3)入罪标准的扩充:危害了公共法益,情节严重。笔者认为,在犯罪形态上,宜将该罪设定为行为犯,即只要行为人散布虚假公共信息的行为"危害公共法益并达到了情节严重的程度"即可构成该罪。(4)法定刑的升档标准扩充:以行为是否情节特别严重设两档刑罚。关于虚假信息犯罪的法定刑升档标准,《刑法修正案(九)》采取的是结果加重犯的立法模式,即"造成严重后果的",加重处罚。不过,笔者认为,基于情节犯的立法考虑,该罪的法定刑升档标准应由结果加重犯修改为情节加重犯。其中,传播虚假公共信息危害公共秩序"情节严重的"为基本量刑幅度,其法定刑可设定为"三年以下有期徒刑、拘役或者管制,可以单处或者并处罚金";散布虚假公共信息"情节特别严重的"为加重量刑幅度,其法定刑可设定为"三年以上七年以下有期徒刑,可以并处罚金"。该法定刑的设置相比于编造并传播证券、期货交易虚假信息罪和损害商业信誉、商品声誉罪有所提高,但相比于编造、故意传播虚假恐怖信息罪、寻衅滋事罪和非法经营罪则有所降低,是现实虚假信息危害巨大的社会背景下的一个折中选择。

二、与网络相关犯罪的修法问题

(一)修法背景

《刑法修正案(九)》在新增多种网络犯罪的同时,根据治理网络犯罪的需要,亦修改了多种已有的网络犯罪的相关罪名。其立法背景主要体现在以下四个方面:

第一,网络侮辱、诽谤犯罪案件的取证难。网络侮辱、网络诽谤是我国侮辱罪、诽谤罪的新发展。为了加大对网络侮辱、诽谤犯罪的治理,2013年最高人民法院、最高人民检察院联合发布了《关于办理利用信息网络实施诽谤等刑事案件适用法律若干问题的解释》,将"捏造损害他人名誉的事实,在信息网络上散布,或者组织、指使人员在信息网络上散布"等行为明确规定为犯罪。但在我国刑法典中,一般情形的侮辱罪、诽谤罪属于告诉才处理的犯罪,必须由被害人本人向人民法院提起诉讼。这就要求被害人自己有效收集他人在信息网络上侮辱、诽谤自己的证据。而这类证据与网络技术具有很强的联系,单纯由被害人收集很难做到全面、有效,而需要在立法上做出相应的调整。

第二,侵犯公民个人信息犯罪治理的现实需要。我国刑法关于侵犯公民个人信息犯罪的立法主要体现为经2009年《刑法修正案(七)》修正的刑法典第253条之一第1款规定的"出售、非法提供公民个人信息罪"。从内容上看,该罪规制的是"国家机关或者金融、电信、交通、教育、医疗等单位的工作人员,违反国家规定,将本单位履行职责或者提供服务过程中获得的公民个人信息,出售或者非法提供给他人,情节严重的"行为。其中的公民个人信息仅限于特定单位依法收集的公民个人信息,而不包括一般的个人、非特定的单位收集或者取得的公民个人信息。① 由于"出售"的本质是"有偿提供",

---

① 参见赵秉志主编:《刑法修正案(七)专题研究》,北京师范大学出版社2011年版,第150页。

因此该罪的主体实为公民个人信息的提供者。从立法内容上看,该款立法对侵犯公民个人信息犯罪行为的治理客观上具有两方面的重要意义:一是该款立法明确将"公民个人信息安全"纳入了刑法的保护范围,为侵犯公民个人信息犯罪行为入刑提供了重要的基础。这是因为,侵犯公民个人信息犯罪的行为是非法提供公民个人信息,它与"出售、非法提供公民个人信息罪"之间只存在行为样态的不同,不存在法益的差异。二是该款立法规定的行为类型与侵犯公民个人信息犯罪的行为类型十分接近。尽管刑法典第253条之一第1款对"出售、非法提供公民个人信息罪"的入罪范围作了严格限定,但作为该罪核心行为的"出售或者非法提供公民个人信息"行为与侵犯公民个人信息犯罪的核心行为——"非法提供公民个人信息",几乎一致。比较而言,刑法典第253条之一第1款的立法内容与侵犯公民个人信息犯罪的最大区别是行为主体的差异。其中,"出售、非法提供公民个人信息罪"的主体是特殊主体,即必须是"国家机关或者金融、电信、交通、教育、医疗等单位的工作人员";而侵犯公民个人信息犯罪的行为主体是一般主体,无特殊身份的要求。两者之间的这种主体差异反过来导致了它们之间的行为差异,即出售、非法提供公民个人信息罪主体的特殊身份决定了其行为的特殊性,行为人的行为必须是利用了其特殊身份实施的行为。这也是犯罪构成的一致性要求。对此,刑法典第253条之一第1款对出售、非法提供公民个人信息罪的行为限制是,行为的对象必须是特定单位依职权收集的公民个人信息,甚至不包括没有利用"公权力"采集的公民个人信息。① 这与侵犯公民个人信息犯罪中的个人信息相比,范围明显要窄。

第三,计算机犯罪主体扩大的需要。我国刑法典规定了多种计算机犯罪,如非法侵入计算机信息系统罪等。在《刑法修正案(九)》修法之前,我国刑法都将这类犯罪规定为自然人犯罪。但随着计算机技术的发展和网络产业化的进步,人们对计算机信息系统的依赖性不断增强,保护计算机系统就意味着对有关单位利益的保护,侵入破坏他人计算机信息系统则可能给行为人带来直接的经济利益或者竞争优势,单位实施的计算机犯罪因此逐渐

---

① 参见黄太云:《刑法修正案的解读全编》,人民法院出版社2011年版,第148页。

增多。这给我国原来以个人犯罪为核心的计算机犯罪提出新的挑战,需要刑法立法做出适当的调整。

第四,完善扰乱无线电管理秩序罪立法的需要。为加强无线电的保护,我国刑法典第 288 条专门设置了一个扰乱无线电通讯管理秩序罪。但近年来,随着无线电技术的日益普及,无线电频率资源越来越紧张,干扰无线电通讯管理秩序行为也出现了许多新的情况和变化。一些涉及民用航空、军事、国防安全等领域的无线电业务一旦受到侵害,后果往往难以估量。而且随着无线电设备和技术的发展,不法分子更容易利用其掌握的无线电技术实施犯罪。"伪基站"就是其中的典型。据统计,自 2014 年 2 月至 7 月,仅上海警方就已抓获 268 名利用新型"伪基站"牟利犯罪嫌疑人,其中涉及 24 个犯罪团伙,警方还缴获了 165 套相关设备。① 无线电与人们的日常生活联系日益紧密。妨害无线电管理秩序行为对人们日常生活的影响也不断加深。但我国刑法典原第 288 条关于扰乱无线电管理秩序罪的立法规定存在诸多缺陷,包括入罪门槛过高、刑罚处罚过轻等。这也需要我国刑法立法做出调整。

(二) 修法内容

根据我国加强网络犯罪治理的上述需要,除了增设新的罪名,《刑法修正案(九)》还从多个方面修改了刑法典中原有的罪名。这具体体现在:

第一,增加规定侮辱、诽谤犯罪的证据提供。《刑法修正案(九)》第 14 条规定:"行为人通过信息网络实施侮辱、诽谤行为,被害人向法院告诉,但提供证据确有困难的,人民法院可以要求公安机关提供协助"。根据该规定,针对网络侮辱、诽谤行为,被害人无法提供相关证据的,可以请求人民法院要求公安机关提供帮助。

第二,修改了侵犯公民个人信息犯罪的立法规定。关于侵犯公民个人信息犯罪,《刑法修正案(七)》增补了侵犯公民个人信息安全的犯罪,《刑法修正案(七)》第 7 条规定:"国家机关或者金融、电信、交通、教育、医疗等单位的工作人员,违反国家规定,将本单位在履行职责或者提供服务的过程中获

---

① 参见陈静:上海严打"伪基站"犯罪 今年抓获 268 名犯罪嫌疑人,中国新闻网 http://www.chinanews.com/fz/2014/07—08/6364661.shtml,2014 年 7 月 14 日。

得的公民个人信息,出售或者非法提供给他人,情节严重的,处三年以下有期徒刑或者拘役,并处或者单处罚金。窃取或者以其他方法非法获取上述信息,情节严重的,依照前款的规定处罚。单位犯前两款罪的,对单位判处罚金,并对其直接负责的主管人员和其他直接责任人员,依照各该款的规定处罚。"《刑法修正案(七)》实施后,出售、非法提供公民个人信息罪在适用中受到许多质疑之声。出售、非法提供公民个人信息罪的犯罪主体只能是国家机关或者金融、电信、交通、教育、医疗等单位的工作人员,将本罪主体限制为具备公权力的单位及工作人员,但现实中实施这一类行为的并非仅限于这些特殊主体,保险、旅游、房地产、会员制商业组织等其他单位以及个人都有机会获得公民个人信息。司法实践中侵犯公民个人信息犯罪的信息源头也多是交通运输、网购网站、物流快递、中介服务商等单位。《刑法修正案(九)》第17条将刑法第253条之一修改为:"违反国家有关规定,向他人出售或者提供公民个人信息,情节严重的,处三年以下有期徒刑或者拘役,并处或者单处罚金;情节特别严重的,处三年以上七年以下有期徒刑,并处罚金。违反国家有关规定,将在履行职责或者提供服务过程中获得的公民个人信息,出售或者提供给他人的,依照前款的规定从重处罚。窃取或者以其他方法非法获取公民个人信息的,依照第一款的规定处罚。单位犯前三款罪的,对单位判处罚金,并对其直接负责的主管人员和其他直接责任人员,依照各该款的规定处罚。"

第三,对计算机犯罪增加了单位犯罪主体。其中,《刑法修正案(九)》第26条规定,在刑法第285条中增加一款作为第四款:"单位犯前三款罪的,对单位判处罚金,并对其直接负责的主管人员和其他直接责任人员,依照各该款的规定处罚。"《刑法修正案(九)》第27条规定在刑法第286条中增加一款作为第四款:"单位犯前三款罪的,对单位判处罚金,并对其直接负责的主管人员和其他直接责任人员,依照第一款的规定处罚。"在《刑法修正案(九)》出台之前,我国刑法典中的非法侵入计算机信息系统罪、非法获取计算机信息系统数据、非法控制计算机信息系统罪、提供侵入、非法控制计算机信息系统程序、工具罪以及破坏计算机信息系统罪犯罪主体均为自然人。随着科学技术的迅速发展,单位实施非法侵入计算机系统,破坏计算机信息系统等情况经常发生,单位比较自然人来说,具有更大的经济、技术及资源优势,单位实施上述行为的破坏力和危害性也更大。因此,《刑法修正案(九)》将单位增设为上述犯罪的主体,对单位进行处罚,目的是为了更加有效地惩处不同主体实施的犯罪行为,严厉打击计算机犯罪。

第四,完善扰乱无线电管理秩序罪。《刑法修正案(九)》第30条将刑法典原第288条修改为:"违反国家规定,擅自设置、使用无线电台(站),或者擅自使用无线电频率,干扰无线电通讯秩序,情节严重的,处三年以下有期徒刑、拘役或者管制,并处或者单处罚金;情节特别严重的,处三年以上七年以下有期徒刑,并处罚金。"《刑法修正案(九)》30条对刑法典第288条的扰乱无线电通讯管理秩序罪作了三处修改:一是将"擅自占用频率"修改为"擅自使用无线电频率";二是降低其构成犯罪门槛,将"经责令停止使用后拒不停止使用,干扰无线电通讯正常进行,造成严重后果的"修改为"干扰无线电通讯秩序,情节严重的";三是增加一档法定刑,规定"情节特别严重的,处三年以上七年以下有期徒刑,并处罚金"。这些修改有利于增强该罪的可操作性,并能更好地实现罪责刑相适应,有效保护无线电通讯管理秩序。

(三)修法争议

在修法过程中,对于《刑法修正案(九)》修改已有犯罪的立法,人们的争议意见主要体现在以下方面:

第一,关于增加规定侮辱、诽谤犯罪的证据提供问题。在修法过程中,有意见认为,该内容是关于人民法院与公安机关之间的协作关系,属于程序法的范畴,应将该内容纳入刑事诉讼法的修改内容。也有意见认为,为防止出现推诿、扯皮现象,应将"人民法院可以要求公安机关提供协助"修改为"人民法院应当要求公安机关提供协助,公安机关应当予以协助"。[①] 这两种意见均未被《刑法修正案(九)》采纳。

第二,关于侵犯公民个人信息犯罪的修改问题。对此,有意见认为,我国刑法中规定了出售、非法提供公民个人信息罪和非法获取公民个人信息罪两种罪名,具有立法的进步性,但面对我国公民个人信息被滥用、被侵害

---

① 参见全国人大常委会法工委刑法室编:《刑法修正案(九)草案向社会公众征求意见的情况》(法工刑字[2015]2号,2015年1月4日)。

的严峻现实,仍显不足。目前我国没有个人信息保护的专项立法,个人信息保护的条文散落在各部法律和行政法规之中,导致该罪名因缺乏前置性规范而增加了认定困难。另外,出售、非法提供公民个人信息罪与非法获取公民个人信息罪这两种罪名涉及个人信息的获取、出售、提供等环节,但在现实中,非法利用个人信息进行犯罪的情况也非常普遍,比如冒用他人信息实施的诈骗、洗钱、走私、恐怖活动等。有观点建议立法者完善相关立法,构建我国公民个人信息保护的严密法网。[1]

第三,关于扰乱无线电管理秩序罪的修改问题。对此,在修法过程中,有观点主张将"无线电通讯"更改为"无线电业务",以便其能涵盖"无线电通讯"之外的其他无线电业务。[2] 也有观点认为,使用无线电频率造成危害后果的行为并非都是直接故意,一些无线电科研工作者或者爱好者有时会在无意中干扰无线电频率,经通知改正后仍拒不停止使用的再入刑更为合理,建议保留原条文中的"经责令停止使用后拒不停止使用"的规定。[3]

(四) 修法研讨

针对《刑法修正案(九)》过程中关于网络犯罪修改的立法争议,笔者认为,可从以下三个方面进行把握:

1. 《刑法修正案(九)》关于侮辱、诽谤犯罪的证据提供之规定

针对《刑法修正案(九)》关于侮辱、诽谤犯罪的证据提供问题,笔者认为《刑法修正案(九)》的规定是适当的,理由主要有两个方面:一是该项规定虽然是解决证据的提供问题,但主要是针对告诉才处理所作的补充规定,在我国明确将告诉才处理问题规定在刑法典中的前提下,将告诉才处理案件的证据收集问题与告诉才处理问题一起放在刑法典中规定,并无不妥。二是利用信息网络实施侮辱、诽谤行为的证据收集十分复杂。例如,由于技术原因或者时间的问题,不仅被害人无法收集相关证据,而且公安机关也无法收集到相关证据。在这种情况下,即便是公安机关应要求帮助收集,也无法协助行为人收集相关证据,规定人民法院必须要求公安机关提供协助,在这些

---

① 参加赵秉志主编:《〈中华人民共和国刑法修正案(九)〉理解适用》,中国法制出版社 2015 年版,第 167 页。
② 参见赵秉志主持:《关于完善我国刑法典第 288 条的立法建议》(北京师范大学刑事法律科学研究院、工业和信息化部无线电管理局刑事法治发展研究报告 54),2014 年 8 月 10 日。
③ 参见全国人大常委会法工委刑法室《刑法修正案(九)草案各方面意见分解材料》(2015 年 5 月)。

情况下将可能导致该规定的适用困难,损害立法的权威。

2.《刑法修正案(九)》关于侵犯公民个人信息犯罪的修改模式问题

关于侵犯公民个人信息犯罪的立法模式,国内外大体上有两种模式:一是统一模式,即对非法提供公民个人信息的行为主体不作区分,统一规定在一个刑法条款、一种罪名当中。这在我国立法形式上主要体现为:不增加新的刑法条文,只对刑法典第 253 条之一第 1 款的内容作适当调整,包括删除特殊主体的规定,同时不再对公民个人信息的来源进行限制。二是分散模式,即区分非法提供公民个人信息的行为主体,分别设置不同的刑法条款和罪名。其在立法形式上体现为:在刑法典第 253 条之一第 1 款之外,用专门的条款针对一般主体实施的非法提供公民个人信息行为进行立法,实行非法提供公民个人信息罪名的二元化处理。① 从立法模式上看,《刑法修正案(九)》关于侵犯公民个人信息犯罪采取的是统一模式,即规定一个统一的、不区分主体的出售、非法提供公民个人信息罪,并针对特殊主体规定了从重处罚的情形。这一立法模式,既能实现对不同的侵犯公民个人信息犯罪的统一定罪,又能实现不同主体侵犯公民个人信息犯罪的分别处罚,具有基本的合理性。

不过,值得指出的,《刑法修正案(九)》对该罪行为非法性的判断,采取的是"违反国家有关规定"标准。但问题是,我国目前没有关于公民个人信息的专门立法,"违反国家有关规定"的认定必然是一个难题。实际上,从国外立法来看,侵犯公民个人信息行为的"非法性"可有两种不同的解决方式:一是采取"行为非法"的模式,即从行为方式上将"非法"限定为"未经他人同意(许可)",包括未经他人同意或者推定他人不同意而提供他人个人信息的情况。如墨西哥刑法典第 210 条"泄露秘密罪"规定的非法性是"无正当理由并且未获得可能被造成损害的人同意的情况"。② 二是采取"目的非法"的模式,即从行为目的上对"非法"进行界定,将"非法"限定为"出于致人损害的目的或者明知可能致人损害"。如古巴刑法典第 290 条"泄露通信秘密罪"规

---

① 据悉,我国正在研拟制定的《刑法修正案(九)(草案)》采取的是这种分散模式,并区分出售、非法提供公民个人信息的不同主体分别设置了两个条款、两个罪名。《刑法修正案(九)(草案)》在《刑法》第 253 条之一第 1 款之外,增设了两款,分别规定了普通的出售、非法提供公民个人信息罪和保护公民个人信息失职罪。

② 参见《墨西哥联邦刑法典》,陈志军译,中国人民公安大学出版社 2010 年版,第 100 页。

定的非法性标准是"出于损害他人利益或者为自己或第三人谋取利益的目的"。[①] 比较而言,笔者认为,"目的非法"模式较之于"行为非法"模式更具合理性,这是因为:就对行为的限定而言,"目的非法"模式更为严格。由于侵犯公民个人信息犯罪涉及的他人个人信息大多不属于隐私,如他人的公开照片、姓名、工作单位、毕业学校等,一般情况下,即便未经他人许可,亦可善意使用,因此很多提供他人个人信息的行为是否非法单从行为本身是无法判断的,还必须结合行为人的目的进行综合判断。"出于公共利益目的的信息披露是对公民权利的尊重和保护,是舆论监督的需要。"[②]相反,通常情况下,一种行为只要目的非法,其行为往往都具有非法性,即便行为人以欺骗的方式取得被害人的同意,这种同意也被认为属于"以合法形式掩盖非法目的"的不法行为,是无效的。基于此,笔者赞同以"目的非法"作为"提供他人个人信息"的非法性判断标准。对此,在具体表述上,可将其表述为"以致人损害为目的或者明知可能致人损害"。当然,从入罪门槛的角度看,构成犯罪的"非法提供公民个人信息"行为还必须达到情节严重的程度。这既是为了与现行刑法典第253条之一第1款的"出售、非法提供公民个人信息罪"的立法规定相协调,也是为了合理限定其入罪范围。

3.《刑法修正案(九)》关于扰乱无线电管理秩序罪的修法问题

《刑法修正案(九)》对原刑法典中扰乱无线电管理秩序罪作了多方面的重要修改,目的是为了激活原刑法典中的这一"僵尸条款"。笔者认为,《刑法修正案(九)》关于扰乱无线电管理秩序罪的修法十分适当。这主要体现在:

第一,删除相应的行政前置程序十分必要。针对刑法典第288条关于扰乱无线电通讯管理秩序罪中"经责令停止使用后拒不停止使用"的规定,从完善立法的角度,《刑法修正案(九)》将其删除,理由较为充分:(1)该行政前置程序的存在不合时宜。客观地看,该行政前置程序的确立在立法之初是为了避免司法权力的滥用、犯罪门槛过低,体现了刑法的谦抑性。应该说,以当时的信息科技水平,人民的生活状况,无线电的覆盖范围来衡量,这一

---

① 参见《古巴刑法典》,陈志军译,中国人民公安大学出版社2010年版,第159页。
② 参见王地、王岚:《"人肉搜索"的法律边界在哪》,载《检察日报》2013年12月21日。

立法设置是符合社会现实的。随着我国社会的飞速发展,当前我们已步入信息化时代,特别是近十年来由互联网所引领的信息科技发展日新月异,公众对于无线电的认识与使用也与过去大不相同。然而,无线电事业的发展,也使不法分子认识到了这一领域的价值,他们或是利用无线电私设电台谋取非法利益,或是侵入电台、空管、公安甚至军队的专用无线电频道,无事生非,造成了严重的危害结果。从发展的眼光来考量,应当说,该罪法条中"经责令停止使用后拒不停止使用"这一定罪的基础条件之立法要求已不再符合时宜。(2)该行政前置程序在实践中无法适用。从内涵上,"经责令停止使用后拒不停止使用"要求行政机关首先发现了"擅自设置、使用无线电台(站),或者擅自占用频率"的行为存在,其次才能责令他人停止使用。这实际上赋予了相关行政机关积极全面地监测、发现他人非法使用无线电的特定职责。但现实中,使用"伪基站"等方式扰乱无线电通讯管理秩序的行为大量出现并呈爆发之势。要求相关行政机关及时发现这些非法使用无线电行为并责令其停止使用,显然十分困难,难以适用。(3)删除该行政前置程序并不会影响对扰乱无线电通讯管理秩序行为的危害性判断。客观地说,"擅自设置、使用无线电台(站),或者擅自占用频率"者经行政机关责令停止使用后拒不停止使用,通常表明其具有更大的主观恶性和危险性。但这只是扰乱无线电通讯管理秩序行为危害性判断的一个方面。事实上,扰乱无线电通讯管理秩序行为的危害性主要体现在扰乱的范围、次数、程度、造成危害结果等。删除"经责令停止使用后拒不停止使用"这一行政前置程序并不会影响对扰乱无线电通讯管理秩序行为的危害性判断。(4)删除该行政前置程序有利于与相关犯罪的规定相协调。如前所述,我国涉及无线电管理的犯罪除了刑法典第288条规定的扰乱无线电通讯管理秩序罪,还有刑法典第124条的破坏广播电视设施、公用电信设施罪、过失损坏广播电视设施、公用电信设施罪,以及刑法典第369条第1款的破坏武器装备、军事设施、军事通信罪以及第2款的过失损坏武器装备、军事设施、军事通信罪。此外,与扰乱无线电通讯管理秩序罪相当的犯罪还有计算机信息类犯罪。目前我国刑法典对这些犯罪都没有设置行政前置程序,因此对刑法典第288条的扰乱无线电通讯管理秩序罪也没有必要保留行政前置程序。

第二，将"造成严重后果"的定罪条件改为"情节严重"比较合理。针对刑法典第 288 条关于扰乱无线电通讯管理秩序罪的"造成严重后果"规定，从扩大该罪适用范围的角度看，《刑法修正案（九）》将其改为"情节严重"。笔者认为，《刑法修正案（九）》的这一修法是适当的，理由包括：（1）"情节严重"可以涵盖"造成严重后果"的情形。从内涵上看，情节是一个内涵较为宽泛的综合概念，可以涵盖犯罪人、犯罪目的、犯罪动机、犯罪手段、犯罪时间地点、犯罪结果等各个方面的内容。"严重后果"是"情节严重"的情形之一。因此，将"造成严重后果"改为"情节严重"可以涵盖该罪之前"造成严重后果"的所有情形。（2）将该罪的定罪条件由"造成严重后果"扩大至"情节严重"，符合我国治理相关犯罪行为的现实需要。从内涵上看，若将该罪的基本构成由"结果犯"改为"情节犯"，则该罪的"情节严重"既包括造成一定的危害后果，也应当包括多次或多人实施危害行为、针对特殊领域实施危害行为以及实施的危害行为造成严重危险等情况。例如，很多严重威胁他人生命及财产安全、扰乱社会秩序的破坏无线电管理的行为并不一定当即产生现实的危害结果，然而，即便是仅产生一定的危险有时其社会危害性也不容小视。如前所述，任意占有无线电频段的情况也会出现在航空领域中。2014 年第一季度，天津机场的调度频率屡受"黑广播"的影响，据奥凯航空执行副总裁刘宗辉所述，民航通过其高频电台进行指挥调度，频段与调频广播相邻，很容易受到广播"跳频"的干扰。"'黑广播'所用设备质量较差，在播放广告时很容易'跳频'到民航指挥频段。"从 2013 年 10 月到 2014 年 4 月，天津市执法部分共查处涉嫌影响到民航无线电调频的"黑电台"19 个。然而，这些"黑广播"、"黑电台"就像野草一般，"春风吹又生"，屡禁不止。以行政处罚为主的惩罚方式，也使得不法分子有恃无恐。据我国无线电管理部门介绍，"黑广播"对民航飞机的干扰是全国性的，吉林、山东、陕西、广东等多省也都有类似的事件发生过。① 对这些非法使用航空调频而致使他人生命安全受到严重威胁的个人及组织，从其行为危害程度考量，无疑应当适用刑法中的针对性罪名即扰乱无线电通讯管理秩序罪予以规制，仅仅予以行

---

① 参见沈昌：《黑广播干扰无线电可致航班失联》，载《山西晚报》2014 年 7 月 30 日。

政处罚显然失之过轻。(3)将该罪的定罪条件由"造成严重后果"扩大至"情节严重",有利于与相关犯罪的规定相平衡。该罪法条不仅要求只有"造成严重后果的"情况才构成犯罪,而且所规定的仅有一个罪刑单位和最高法定刑仅为3年有期徒刑的法定刑幅度。以罪责刑相适应原则来考量,该罪之刑罚设置难免有重罪轻罚之嫌。相比较而言,与该罪危害大体相当的其他犯罪,如刑法典第124条破坏公用电信设施罪,第285条所规定的非法侵入计算机信息系统罪,非法获取计算机信息系统数据、非法控制计算机信息系统罪及提供侵入、非法控制计算机信息系统程序、工具罪,第286条所规定的破坏计算机信息系统罪,要么有着相比较低的入罪标准,无需造成严重后果;要么则具有更高的法定刑标准。这就使得该罪与上述罪种的刑罚轻重比较而言显得不相协调,从而影响整个刑法典罪刑体系的协调性和严谨性。

第三,增设一个加重的罪刑单位和量刑档次十分恰当。刑法典第288条针对扰乱无线电通讯管理秩序罪只规定了一个罪刑单位和量刑档次,最高法定刑为3年有期徒刑。这种单一的罪刑单位和法定刑幅度显然不够科学,既不利于区分该罪危害程度不同的犯罪情况,不利于对该罪危害严重的情况予以有效惩治,造成司法实践中扰乱无线电管理秩序危害程度显著不同的行为在量刑上差别不大的窘境;同时也导致该罪与其他危害相当的犯罪之量刑档次不相协调。此外,触犯该罪的犯罪行为很多时候也会同时触犯其他罪名,如非法经营罪,非法获取公民个人信息罪,虚假广告罪,诈骗罪,甚至是以危险方法危害公共安全罪。此种情况下,依照相关刑法理论及司法解释,属于想象竞合犯的情况,应择一重罪处罚。但较为尴尬的是,由于扰乱无线电通讯管理秩序罪当前的刑罚设置过轻,就会使得在绝大多数扰乱无线电管理秩序行为与其他罪名构成想象竞合犯的情况下,该罪总是得不到适用。这样就等同于架空了该罪,使得该罪存在的必要性受到质疑。因此,《刑法修正案(九)》给扰乱无线电通讯管理秩序罪增设一个加重的罪刑单位和法定刑更高的量刑档次十分恰当。这是因为:(1)由于《刑法修正案(九)》修法之前刑法典中关于该罪的量刑档次的最高刑为3年有期徒刑,因而以此为下一量刑档次的起点较为符合刑法典中关于量刑档次的规定。以有期徒刑3年作为第一、二个量刑档次划分的标准在刑法典所规定的罪名中是较为常见的。尽管有些罪名也以有期徒刑5年为划分标准，但这要改变该罪当前的量刑规定，没有必要也没有太多的益处。（2）最高刑设为7年有期徒刑同样也是《刑法修正案（九）》修法之前刑法典中常见的量刑设置。若将最高刑设立为有期徒刑10年，则不免显得刑罚有些过重了，不符合罪责刑相适应的刑法基本原则。况且现行刑法中该罪的最高刑仅为3年有期徒刑，一次性将量刑提高过多有违刑法典的相对稳定性，难免损害刑法的威严。（3）从该罪的危害性质和现实危害程度相结合来考量，设立基本构成和加重构成两个罪刑单位和量刑档次就已足够，没有必要设立再加重的第三个罪刑单位和量刑档次。若设立第三个罪刑单位和量刑档次，则第三档次的刑罚未免过重，且很难被真正使用。

第四，改进现行法条中的部分用词科学合理。从法条用语科学性和可操作性上来考虑，《刑法修正案（九）》对扰乱无线电通讯管理秩序罪的法条用语可作如下一点修改，即把"占用"无线电频率更改为"使用"无线电频率。如前所述，无线电资源为国家所有，并且无线电频率是一种无形的资源，看不见、摸不着，该罪法条中使用"占用"一词并不是十分准确，容易让人误解、产生歧义。而"使用"则更符合当前扰乱无线电管理管理秩序罪的实际情况。因为，私设"黑广播"、"黑电台"的个人或单位一般是通过设备进入一个固有的波段之内，目的是要"使用"而非"占用"中"占有"的意思。因此，《刑法修正案（九）》将"占用"改为"使用"，科学合理。

不过，在用词上，笔者认为，我国还有必要将该罪法条中的"无线电通讯"更改为"无线电业务"。这是因为，随着我国无线电事业的发展，"无线电通讯"已经只能算是总体无线电业务中的一小部分了。无线电业务应当包括无线电通讯业务与其他无线电业务。然而，刑法典本身很难将所有的无线电业务都一一罗列，这样有违刑法条文应具备的简洁性。因此，较为合理的做法是在刑法典中将"无线电通讯"更改为"无线电业务"，而在相关的司法解释中罗列具体的无线电业务名称。

第五章　侵犯人身权利犯罪修正的争议问题

　　平等保护公民的人身权利是刑法的重要任务。由于刑法法网不够严密，在《刑法修正案（九）》修法之前，我国刑法对其中相当多的犯罪不能进行必要的制裁和惩罚。《刑法修正案（九）》从刑法立法科学化的角度，主要从五个方面完善了保护人身权利的刑法立法：（1）对被拐卖妇女、儿童，按照被拐卖妇女的意愿，不阻碍被拐卖妇女返回原住地的，对被拐卖的儿童没有虐待行为，不阻碍解救的，将"可以不追究刑事责任的规定"，从严修改为"收买被拐卖的妇女、儿童，对被买儿童没有虐待行为，不阻碍对其进行解救的，可以从轻处罚；按照被买妇女的意愿，不阻碍其返回原居住地的，可以从轻或者减轻处罚"。（2）修改强制猥亵、侮辱妇女罪、猥亵儿童，扩大适用范围，同时加大对情节恶劣的惩处力度。（3）增加规定"对未成年人、老年人、患病的人、残疾人等负有监护、看护职责的人虐待被监护、被看护的人，情节恶劣的"追究刑事责任。（4）取消嫖宿幼女罪。《刑法修正案（九）》草案二次审议稿公布后，根据各有关方面的意见，经过认真研究，国家立法机关在《刑法修正案（九）》中取消了嫖宿幼女罪。① （5）修改了虐待罪的规定，主要是规定虐待罪告诉才处理的例外情形。《刑法修正案（九）》关于侵犯人身权的这些刑法立法有助于强化刑法对公民人身权利的保护，但在立法过程中就如何更好地加强公民人身权利的保护，有关方面也存在一定的分歧。

---

① 参见《中华人民共和国刑法修正案（九）（草案三次审议稿）参阅资料》（第十二届全国人大常委会第十六次会议参阅资料（一），2015 年 8 月 23 日）。

一、收买被拐卖的妇女、儿童罪的处罚加重问题

（一）修法背景

拐卖妇女、儿童行为严重侵害了妇女、儿童的人身权利，也严重危害着被害人的家庭关系。[①] 但近年来，拐卖妇女、儿童行为屡屡发生，引发了社会的持续关注。不时发生的拐卖妇女、儿童大案和许多以拐卖妇女、儿童为题材的影视作品、电视节目更是不断地绷紧着人们对妇女、儿童的保护神经。在加强对拐卖妇女、儿童行为惩治的同时，人们开始逐渐关注收买被拐卖的妇女、儿童的行为。这是因为，我国 1997 年刑法典对被拐卖的妇女、儿童权利的保护，是重打击卖方，轻打击买方，特别是刑法典第 241 条第 6 款"收买被拐卖的妇女，儿童，按照被买妇女的意愿，不阻碍其返回原居住地的，对被买儿童没有虐待行为，不阻碍对其进行解救的，可以不追究刑事责任"的规定，更是饱受诟病。该款规定客观上导致实践中收买被拐卖的妇女、儿童者鲜有被追究刑事责任的情形。鉴此，我国有关部门提出要加重对收买被拐卖的妇女、儿童行为的处罚。在此背景下，《刑法修正案（九）》调整了对收买被拐卖的妇女、儿童行为的处罚力度。

（二）修法内容

作为拐卖妇女、儿童罪的对向性犯罪，收买被拐卖的妇女、儿童罪的处罚问题一直备受争议。《刑法修正案（九）》根据惩治拐卖妇女、儿童犯罪的需要，加重了对收买被拐卖的妇女、儿童行为的处罚。《刑法修正案（九）》第15 条规定："将刑法第二百四十一条第六款修改为：'收买被拐卖的妇女、儿童，对被买儿童没有虐待行为，不阻碍对其进行解救的，可以从轻处罚；按照被买妇女的意愿，不阻碍其返回原居住地的，可以从轻或者减轻处罚。'"该规定对刑法典原第 241 条第 6 款作了两处修改：一是对收买被拐卖的妇女，按照被买妇女的意愿，不阻碍其返回原居住地的，将原来的"可以不追究刑事责任"的规定，修改为"可以从轻或者减轻处罚"；二是对收买被拐卖的儿

[①] 参见《中华人民共和国刑法修正案（九）（草案三次审议稿）参阅资料》（第十二届全国人大常委会第十六次会议参阅资料（一），2015 年 8 月 23 日）。

童,对被买儿童没有虐待行为,不阻碍对其进行解救的,将原来的"可以不追究刑事责任"的规定,修改为"可以从轻处罚"。可见,修改后的刑法典第241条第6款对收买被拐卖的妇女、儿童者从宽幅度明显减弱,实际地加大了对收买被拐卖的妇女、儿童行为的处罚力度。

(三) 修法争议

在修法过程中,对《刑法修正案(九)》关于收买被拐卖的妇女、儿童罪的修改,人们主要有三种不同的意见:

第一种意见认为,刑法应当进一步加大对收买被拐卖妇女、儿童犯罪的惩治力度,删除原立法中可以"免除处罚"的规定,或删去对拐卖儿童的可以从宽处理的规定。有观点认为,拐卖妇女儿童在我国屡禁不止,主要是有收买市场。"没有买卖就没有伤害,没有买卖就没有拐卖。"此次对除罪条款的修改,是很有必要的。[1] 也有观点从必要共犯的角度进行分析,认为必要共犯理论表明,共犯一方不存在,另一方将失去存在的意义。由之推理,卖方市场不存在就不会出现买方市场,即没有拐卖妇女、儿童的犯罪行为,就不可能出现收买被拐卖妇女、儿童的犯罪;同理,买方市场如果不存在,卖方市场也就不会形成。拐卖妇女、儿童后找不到收买者,则拐卖者试图通过贩卖受害人而获取经济利益的目的就无法实现,即便拐卖犯罪行为既遂,在无法获利或者难以获利的情况下,行为人的再次拐卖行为也很难发生。因此,对于贩卖人口的犯罪,对买卖双方的惩治都要重视,在拐卖犯罪的刑法规制已经相当严厉而收买犯罪的刑法规制却相对轻缓的情况下,加大收买犯罪的刑罚惩罚力度是合理的。[2]

第二种意见认为,修正案的修改表面看是扩大了处罚范围,实际上并不利于对此种犯罪的侦破,整体上看也不利于保护被害人的利益,不作修改更符合实际。[3] 在司法实践中,收买儿童的情形非常复杂,收买后收买人和儿

---

[1] 参见《地方人大和中央有关部门、单位对〈刑法修正案(九)(草案)〉的意见》(全国人大常委会法制工作委员会刑法室,法工刑字[2015]1号,2015年1月4日)。

[2] 王爱鲜:《收买被拐卖的妇女、儿童罪评析——以〈刑法修正案(九)草案〉为视角》,载《铁道警察学院学报》2015年第5期。

[3] 参见全国人大常委会法工委刑法室:《地方人大和中央有关部门、单位对刑法修正案(九)草案的意见》(法工刑字[2015]1号),2015年1月4日;全国人大常委会法工委刑法室:《刑法修正案(九)草案向社会公众征求意见的情况》(法工刑字[2015]2号),2015年1月4日。

童之间关系的情况也很复杂,现在的修改和表述,并不利于鼓励收买儿童的人放弃对该儿童的非法控制,且存在对收买人的惩罚不符合罪责刑相适应原则的情形。[①]

第三种意见则认为,对拐卖妇女、儿童犯罪的有效惩治,确实需要对收买行为予以惩治,但问题不在于是否以及如何从宽的问题,而在于加重对收买行为的处罚,消除或者降低收买者不受刑事处罚的侥幸心理,建议加重收买被拐卖妇女、儿童罪的法定刑,即改为"处三年以上七年以下有期徒刑",有关数罪并罚和从宽处罚的情形不做改变。[②]

(四) 修法研讨

上述三种意见中,第一、二种意见针对的是《刑法修正案(九)(草案)》第15条的修改内容展开。其中,第一种意见是主导意见,并被《刑法修正案(九)》采纳。笔者认为,第一、二种意见各有侧重,第一种意见侧重的是刑法的一般预防功能,第二种意见侧重的是从宽规定对案件侦破和已经被拐卖妇女、儿童利益的考虑和平衡,都有一定的道理。总体上看,我们赞同上述第一种意见。这是因为:

第一,刑法典原第241条第6款对收买被拐卖的妇女、儿童行为处罚过轻,有违宽严相济的基本刑事政策。在刑法理论上,收买被拐卖的妇女、儿童罪与拐卖妇女、儿童罪是对向性必要共同犯罪。客观上看,没有收买被拐卖的妇女、儿童行为,也就不会有拐卖妇女、儿童行为。因此,从行为的危害性上看,收买被拐卖的妇女、儿童行为的危害性毋庸置疑。但根据刑法典原第241条第6款的规定,收买被拐卖的妇女、儿童行为基本上都可以免责。而且,事实上,实践中也鲜有收买被拐卖的妇女、儿童者被追究刑事责任。这不符合收买被拐卖的妇女、儿童行为的危害性,也不符合宽严相济刑事政策的要求。有观点认为,从刑事政策的角度看,拐卖儿童行为的社会危害性在人们的意识中不断增大,刑法就应当及时予以回应,加大拐卖儿童犯罪的处罚力度。立法机关从拐卖犯罪的对合犯入手,间接打击拐卖犯罪行为,将

---

① 参见《地方人大和中央有关部门、单位对〈刑法修正案(九)(草案)〉的意见》(全国人大常委会法制工作委员会刑法室,法工刑字〔2015〕1号,2015年1月4日)。

② 参见《地方人大和中央有关部门、单位对〈刑法修正案(九)(草案)〉的意见》(全国人大常委会法制工作委员会刑法室,法工刑字〔2015〕1号,2015年1月4日)。

现行刑法典第 241 条规定的收买犯罪的处罚力度加大,体现了宽严相济刑事政策的要求。[①] 笔者认为,这种观点是适当的。

第二,与预防收买者干扰案件侦破等相比,预防收买者的收买行为更为重要。这是因为:一方面,在这两种行为中,收买行为是前提,没有收买者收买被拐卖妇女、儿童的行为,就不会有收买者干扰案件侦破的行为。从这个角度看,对收买者收买行为的预防也是对收买者干扰案件侦破行为的预防。另一方面,从法益保护的角度看,收买被拐卖的妇女、儿童罪所涉及的被拐卖的妇女、儿童的人身权利显然是主要的法益,而被收买者干扰案件侦破等行为侵害的法益则不是该罪的主要法益。《刑法修正案(九)》加大对收买被拐卖的妇女、儿童行为的惩治力度,体现了对该罪主要法益的进一步保护,是合理的。至于有观点担心的"提升对收买被拐卖妇女、儿童行为的处罚"将促使收买者对被收买的妇女、儿童采取严重的加害行为以应对法律的追究。笔者认为,这种观点带有明显的臆想色彩。一方面,对被收买妇女、儿童的加害行为在处罚上肯定要明显重于刑法对收买被拐卖妇女、儿童行为的处罚。行为人为了逃避一个轻的处罚而实施一个更重的犯罪,在实践中虽然并非完全没有,但这不符合理性犯罪人的基本假设,也不符合收买被拐卖妇女、儿童行为的初衷。另一方面,刑法对法益的保护不能也无法以立法的退让方式实现。事实上,在所有涉及被害人被行为人控制的犯罪中,这类问题都存在。例如,在非法拘禁、绑架犯罪中,被害人通常都在行为人的控制之下。如果刑法立法都担心对非法拘禁犯罪人、绑架者会通过对被害人的加害而逃避法律制裁,那意味着我国刑法立法都应当对这类犯罪设置出罪条款,即只要犯罪人释放被害人即可免除处罚。笔者认为,这显然是不合理也是不可能的,实际上也是在鼓励行为人更多地实施非法拘禁、绑架犯罪。

第三,《刑法修正案(九)》区别妇女、儿童分别酌情提升收买被拐卖的妇女、儿童罪的处罚力度具有合理性。如前所述,《刑法修正案(九)》在总体提升收买被拐卖的妇女、儿童罪处罚力度的同时,也对收买被拐卖的妇女和收买被拐卖的儿童行为进行了区分。其中,对收买被拐卖的儿童,对被买儿童

---

① 参见王爱鲜:《收买被拐卖的妇女、儿童罪评析——以〈刑法修正案(九)草案〉为视角》,载《铁道警察学院学报》2015年第5期。

没有虐待行为,不阻碍对其进行解救的,规定为"可以从轻处罚";对收买被拐卖的妇女,按照被买妇女的意愿,不阻碍其返回原居住地的,规定为"可以从轻或者减轻处罚"。笔者认为,《刑法修正案(九)》区分妇女、儿童分别提升其处罚力度,具有两方面的合理性:一方面,在法益保护的必要性程度上,妇女与儿童存在细微区别,对儿童保护的必要性程度要大于对妇女保护的必要性。这是因为,儿童系不满 14 周岁的未成年人,既不能自我照顾,更不具有完全的自由意志,需要成人的监护和照顾。儿童离开父母或者其他监护人,会更令其父母或者其他监护人担忧,对儿童法益保护的必要性更大。因此,拐卖儿童、收买被拐卖的儿童的行为,既严重侵害了儿童自身的权益,而且也会对儿童的父母或者其他监护人造成更严重的身心伤害。另一方面,在被害人自决性上,妇女与儿童存在一定区别。在刑法上,妇女系年满 14 周岁的女性。实践中,这类女性多为接近或者已经成年的女性。收买被拐卖妇女者的主观目的多具有结婚的目的。相比于儿童,妇女的自我认识、自我判断和自我决定的能力更强。对于收买被拐卖的妇女,如果收买者按照妇女的意愿,不阻碍其返回原居住地,被拐卖的妇女通常都能正常返回。如果被拐卖的妇女因为成家生子等原因不愿返回的,只要不违背其本人意愿,收买者的行为一般不会构成对被拐卖妇女权益的明显侵害。从这个角度看,对收买被拐卖的妇女但按照被买妇女的意愿且不阻碍其返回原居住地的,其行为的危害性较小,对其予以减轻处罚,具有相当的合理性。当然,对这个问题也不能绝对化,无论是对收买被拐卖的妇女行为还是对收买被拐卖的儿童行为,都可能存在一些特殊情况,如行为人收买的时间很短且未对被收买实施任何侵害,也未阻碍其返还。对此,在处罚上也可考虑作更为灵活的处理。

■ 二、嫖宿幼女罪的取消问题

(一)修法背景

我国 1979 年刑法典没有规定嫖宿幼女罪,也没有规定对嫖宿幼女行为的处罚。当时对嫖宿幼女行为,在具备对幼女知晓的情况下,是按奸淫幼女罪论处的。直到 1991 年 9 月 4 日，全国人大常委会通过了《关于严禁卖淫嫖娼的决定》，其第 5 条第 2 款规定："嫖宿不满十四岁的幼女的，依照刑法关于强奸罪的规定处罚。"这是我国关于嫖宿幼女行为的第一次立法明示。但此时是按奸淫幼女以强奸罪论处的。1997 年刑法典更改了这一立法，其第 360 条第 2 款首次将嫖宿幼女行为从强奸罪所属的侵犯人身权罪中分离出来，纳入妨害风化性质的妨害社会管理秩序罪，专门规定了嫖宿幼女罪，即"嫖宿不满十四周岁的幼女的，处五年以上有期徒刑，并处罚金"。该罪在客观方面表现为行为人以给付金钱或者其他财产性利益为代价，与主动、自愿卖淫的幼女发生性交或者实施其他类似性交的行为；在主观方面表现为故意，以明知卖淫的对方是或者可能是幼女为前提，否则不能认定为本罪。① 之后，最高人民法院出台的《关于执行〈中华人民共和国刑法〉确定罪名的规定》对刑法典第 360 条第 2 款规定了一个专门的罪名，即嫖宿幼女罪。不过，在司法实践中，人们对嫖宿幼女罪的存在始终有着不同认识。特别是在 2008 年贵州习水公务员涉嫖宿幼女案中，围绕着嫖宿幼女罪的存废问题，各方产生了极大的争议。基于嫖宿幼女有可能带来的幼女污名化问题和嫖宿幼女罪可能轻于强奸罪的处罚，民众对嫖宿幼女罪的存在产生了极大的对立情绪。在《刑法修正案（九）》的立法过程中，全国人大常委会法工委曾于 2014 年 11 月 3 日至 12 月 3 日和 2015 年 7 月 6 日至 8 月 5 日在"中国人大网"上向社会公开征求意见。据统计，收到的意见中主张取消嫖宿幼女罪的意见占了相当大的比例；特别是第二次征求意见时，网民通过网络所提出的 11 万余条意见中有约一半意见主张取消嫖宿幼女罪。在此背景下，《刑法修正案（九）》在三审稿中纳入了拟取消了嫖宿幼女罪的方案，并最终通过。

（二）修法内容

《刑法修正案（九）》第 43 条删去了刑法典第 360 条第 2 款关于嫖宿幼女罪的规定。国家立法机关阐述的理由是：这一罪名乃是 1997 年修订刑法典时增加的有针对性保护幼女的规定。但考虑到近年来这方面的违法犯罪出现了一些新的情况，执法环节也存在一些问题，有关方面不断提出取消嫖宿

① 参见高铭暄、马克昌主编：《刑法学》，北京大学出版社、高等教育出版社 2011 年版，第 602 页。

幼女罪的诉求,国家立法机关最终决定取消嫖宿幼女罪,申明今后对这类行为可以适用刑法典第 236 条关于奸淫幼女的以强奸论、从重处罚的规定,不再作专门规定。[①]

(三) 修法争议

嫖宿幼女罪近年来饱受社会多方面的批评。《刑法修正案(九)》因应社会要求取消嫖宿幼女罪的呼声,取消了嫖宿幼女罪,将原刑法典第 360 条第 2 款的嫖宿幼女行为纳入了强奸罪的惩治范围。对于嫖宿幼女罪的存废,在修法过程中,人们主要有两种完全对立的观点:

第一种观点反对取消嫖宿幼女罪,认为嫖宿幼女罪和强奸罪在犯罪构成和社会危害性上都有所不同,1997 年修订刑法典时根据实践中惩治此类犯罪的需要,专门规定嫖宿幼女罪是妥当的,目前看来并没有实质的修改必要,修改后也不能解决实质问题,不能消除幼女卖淫的现象,对嫖宿幼女等行为如何处理在法律上反而不明确了。[②] 而且,刑法中嫖宿幼女罪的现行规定并无太多不妥,也并非像有些人所说那样成为特权之罪或污名之罪。[③]

第二种观点则赞同取消嫖宿幼女罪,认为嫖宿幼女罪的立法存在多方面的弊端:一是导致幼女有卖淫女之称而使幼女被"污名化",不利于对幼女身心保护。幼女应该被定位为受害者。嫖宿幼女罪实际上是披着性交易外衣的奸淫幼女的行为。二是嫖宿幼女罪的法定最高刑仅为 15 年有期徒刑,与奸淫幼女犯罪以强奸罪论处可处无期徒刑和死刑的最高刑罚相差甚远。[④]三是刑法第 360 条第 2 款关于嫖宿幼女罪的规定同刑法第 236 条第 2 款规定的奸淫幼女构成的强奸罪不相容,毕竟卖淫的幼女由于身心尚未发育成熟,和其他幼女一样也不能理解性行为的后果和意义,不具有性自主决定权和处分权。[⑤] 四是嫖宿幼女罪规定在刑法分则妨害社会管理秩序罪中,其侵

[①] 参见全国人大法律委员会:《关于〈中华人民共和国刑法修正案(九)〉(草案二次审议稿)主要问题的修改情况的汇报》(2015 年 8 月 16 日)。

[②] 参见《中华人民共和国刑法修正案(九)(草案三次审议稿)参阅资料》(第十二届全国人大常委会第十六次会议参阅资料(一),2015 年 8 月 23 日)。

[③] 参见刘宪权、房慧颖:《嫖宿幼女罪的刑事立法及司法应保持理性》,载《青少年犯罪问题》2015 年第 3 期。

[④] 参见《中华人民共和国刑法修正案(九)(草案三次审议稿)参阅资料》(第十二届全国人大常委会第十六次会议参阅资料(一),2015 年 8 月 23 日)。

[⑤] 参见张明楷:《嫖宿幼女罪与奸淫幼女型强奸罪的关系》,载《人民检察》2009 年第 17 期。

犯的客体是治安管理秩序和幼女的身心健康。强奸罪规定在刑法分则中侵犯公民人身权利和民主权利罪中,其侵犯的客体是幼女的身心健康权利。从我国刑法体系而言,法律保护的法益是有轻重的,且有前后次序。这样设置,自然就将所保护的客体有所偏移,偏重于社会管理秩序,从而忽视了对幼女的人身保护。① 从立法论看,我国刑法典第 360 条第 2 款规定的嫖宿幼女罪存在立法目的定位失当、司法适用混乱随意、学理解释牵强附会等问题,其存在的合理性和正当性一直处于危机状态,从而最终促成立法机关将其废除。国家立法机关的这一决策是对法理和现实的双重回应,具有重大的立法论意义。②

(四) 修法研讨

关于嫖宿幼女罪的存废问题,笔者认为,《刑法修正案(九)》取消嫖宿幼女罪的初衷是好的,具有相当的合理性。这主要体现在两方面:一是能够较好地实现奸淫幼女行为与嫖宿幼女行为的逻辑一致性。刑法理论上一般认为,对奸淫幼女行为以强奸罪论处,其主要根据是未满 14 周岁的幼女不具备法律意义上的性自决权。同样的问题也存在于嫖宿幼女罪之中。在不具备法律意义上的性自决权时,无论幼女是有交换条件地与他人发生性关系还是无交换条件地与他人发生性关系,在法律上都属于违背幼女意志,都可成立强奸。取消嫖宿幼女罪,将嫖宿幼女行为与奸淫幼女行为都作为强奸罪处罚,有利于统一幼女之性自决权的法律标准。二是能够在一定程度上提高对嫖宿幼女行为的刑罚处罚。毕竟,在法定最高刑上,嫖宿幼女罪的法定最高刑是 15 年有期徒刑,而强奸罪的法定最高刑是死刑。对于那些危害特别严重、社会影响特别恶劣的嫖宿幼女行为,可以判处较之前更重的刑罚。而加大对嫖宿幼女行为的处罚正是 1997 年刑法典设立嫖宿幼女罪的立法初衷。当时,全国人大常委会法工委刑法研究室认为,为了严厉打击嫖宿幼女行为,应将此类行为纳入犯罪的规制视域,行为人只要实施嫖宿幼女行为,不论嫖客是否在主观上明知卖淫者为幼女,一律处 5 年以上有期徒刑,并处

---

① 参见张华:《嫖宿幼女和奸淫幼女的法规冲突——从司法看废除嫖宿幼女罪之必要》,载《法律适用》2015 年第 8 期。
② 参见叶良芳:《立法论视角下嫖宿幼女罪废除之分析——评〈中华人民共和国刑法修正案(九)〉第 43 条》,载《政治与法律》2016 年第 3 期。

罚金。[1]

不过,笔者同时认为,《刑法修正案(九)》取消嫖宿幼女罪也存在一定的不足,因为仅取消嫖宿幼女罪并不能实现民众要求取消该罪的初衷。这主要体现在两方面:(1) 取消嫖宿幼女罪不能完全解决幼女的污名化问题。虽然《刑法修正案(九)》取消了嫖宿幼女罪,使得部分从事卖淫的幼女可以摆脱卖淫女的污名。但问题是,即便取消了嫖宿幼女罪,我国刑法典还有不少与幼女有关的卖淫类犯罪。例如,我国刑法典第 359 条第 2 款还规定有"引诱幼女卖淫罪",刑法典第 258 条的组织、强迫卖淫罪也包含有"幼女卖淫"(《刑法修正案(九)》规定"强迫未成年人卖淫的,从重处罚"),因此取消嫖宿幼女罪只部分地解决了幼女卖淫的污名化问题,幼女卖淫的污名化问题并未从根本上得到解决。(2) 将嫖宿幼女行为以强奸罪处理将可能导致其与刑法其他规定的失衡。这是因为,如果嫖宿幼女的行为是强奸,那么组织、强迫幼女卖淫的行为也必然构成强奸(甚至是主犯),但按照刑法典第 258 条的规定,组织、强迫幼女卖淫的行为应该是仍构成组织卖淫罪、强迫卖淫罪,而这两个罪的法定最高刑是无期徒刑,要低于强奸罪的法定最高刑(死刑),仍然存在刑罚处罚不协调的问题。从这个角度看,我国刑法立法要实现其对幼女的全面保护,就应当进一步取消引诱幼女卖淫罪,同时明确对组织、强迫幼女卖淫的行为按照强奸罪定罪处罚。

▋ 三、强制猥亵、侮辱妇女罪的修改问题

(一) 修法背景

近年来,男性受到性侵犯的案例越来越多。据 2013 年广东省疾控中心的一项监测报告显示,未成年男性被迫发生性行为是女性的 2.2 倍至 2.3 倍。[2] 其中,一些案件还引发了较大的社会关注和争议。例如,贵州模范女教师王永丽身为高中班主任且已 40 多岁,与其班上两名已满 14 周岁但不满 18 周岁的男学生同时保持着不正当性关系,导致两个年轻男生互为情敌闹

---

① 参见全国人大常委会法工委刑法室编著:《中华人民共和国刑法释义》,法律出版社 1997 年版,第 474 页。
② 参见金泽刚:《由男性遭受性侵害案看性犯罪的法律变革》,载《法治研究》2015 年第 3 期。

出人命,引发了社会强烈关注。再如 2014 年年底,一则《教师性侵十七名小学生! 求大家关注!》的网帖曝光云南文山州富宁县一小学学生,其中一名男学生因肛门撕裂出血化脓住院。但由于我国刑法典关于性犯罪的规定都将其被害人限定为妇女(强奸罪和强制猥亵、侮辱妇女罪)和儿童(猥亵儿童罪),年满 14 周岁的男性不在刑法的保护范围之内。这导致近年来许多 14 周岁以上的男性(尤其是 14 岁以上 18 岁以下的未成年男性)被性侵的情况很难被追究刑事责任,成为令人遗憾的法律空白。之后,针对这类恶性事件,人大代表、教育部、民政部以及部分学者强烈呼吁修改刑法,主张将强制猥亵他人的行为入罪。为了惩治愈演愈烈的猥亵他人行为,维护公民的人身权利和生命健康,《刑法修正案(九)》对强制猥亵、侮辱妇女罪作了适当修改。

(二) 修法内容

《刑法修正案(九)》第 13 条规定:"将刑法第二百三十七条修改为:'以暴力、胁迫或者其他方法强制猥亵他人或者侮辱妇女的,处五年以下有期徒刑或者拘役。''聚众或者在公共场所当众犯前款罪的,或者有其他恶劣情节的,处五年以上有期徒刑。''猥亵儿童的,依照前两款的规定从重处罚。'"据此,《刑法修正案(九)》对刑法典原第 237 条主要作了两处修改:一是将强制猥亵的对象由"妇女"修改"他人",以便包括男性;二是将"其他恶劣情节"并列规定为该条第 2 款"聚众"的加重处罚情形。

(三) 修法争议

强制猥亵、侮辱行为严重侵害他人人身权利,需要刑法重点保护。强化对男女性权利的平等保护,《刑法修正案(九)》修改了强制猥亵、侮辱妇女罪,扩大了强制猥亵犯罪的行为对象。对于强制猥亵、侮辱犯罪的修改,在修法过程中,人们主要有以下三种不同意见:

第一种意见认为,不仅要将强制猥亵的对象由"妇女"修改为"他人",还应当将"侮辱妇女"修改为"侮辱他人",或删除"或者侮辱妇女"的规定。[①] 也

---

① 参见全国人大常委会法工委刑法室编:《地方人大和中央有关部门、单位对刑法修正案(九)草案的意见》(法工刑字[2015]1 号,2015 年 1 月 4 日);全国人大常委会法工委刑法室编:《刑法修正案(九)草案向社会公众征求意见的情况》(法工刑字[2015]2 号,2015 年 1 月 4 日)。

有部分代表认为,在"暴力、胁迫"后面增加"引诱"二字更为妥当。但对《刑法修正案(九)》草案一审稿第 13 条第 1 款的后半部分即"侮辱妇女的"修订,有的建议将"侮辱妇女"修改为"侮辱他人"。①

第二种意见认为,应当进一步从立法上明确猥亵犯罪的处罚对象。《刑法修正案(九)》将强制猥亵犯罪的对象由"妇女"修改为"他人",强制猥亵的对象范围就涵盖了所有的人群。不过,在《刑法修正案(九)》的立法研拟过程中,有观点认为,对强制猥亵犯罪不仅应从构成犯罪的角度将其对象扩大至所有的人群,而且还应当明确规定对一些特定人群的强制猥亵行为从严处罚。例如,有全国人大常委会委员建议第 3 款增加猥亵残疾人,从重处罚;也有委员建议第 3 款增加猥亵智障妇女,从重处罚。②

第三种意见认为,应当将强奸罪的对象由"妇女"扩大至所有人群。该种观点认为,近些年男性受到性侵犯的案例越来越多,应该在修改该条的基础上一并修改刑法典第 236 条强奸罪的规定,将对男性实施性侵犯的行为规定为强奸犯罪。③

(四) 修法研讨

《刑法修正案(九)》第 13 条的规定填补了我国刑法中男性被异性性侵或者被同性性侵法律保护的空白,符合时代发展需要,使刑法规定更完整,对公民权保障更为周密,是刑事立法的一大进步,在此问题上具有里程碑的意义。但《刑法修正案(九)》第 13 条的规定也存在一定不足。笔者认为,我国应当同时扩大强制侮辱罪和强奸罪的对象范围,将其对象由"妇女"扩大至"他人"。这主要有以下两个方面的考虑:

第一,扩大强制侮辱罪、强奸罪的对象范围是加强男性性权利保护的必要。一方面,如前所述,《刑法修正案(九)》第 13 条仅扩张了"猥亵"的对象范围,将男性也包括进来,但却并没有将同款中"侮辱"的行为对象也扩展至

---

① 参见《全国人民代表大会法律委员会关于〈中华人民共和国刑法修正案(九)(草案)〉审议结果的报告》(第十二届全国人大常委会第十六次会议文件(三),2015 年 8 月 24 日)。

② 参见《法律委、法工委座谈会对〈刑法修正案(九)〉座谈会的意见的报告》(2015 年 4 月)。

③ 参见全国人大常委会法工委刑法室编:《地方人大和中央有关部门、单位对刑法修正案(九)草案的意见》(法工刑字[2015]1 号,2015 年 1 月 4 日);全国人大常委会法工委刑法室编:《刑法修正案(九)草案向社会公众征求意见的情况》(法工刑字[2015]2 号,2015 年 1 月 4 日)。

男性。这就意味着,若男性遭受非公然的性侮辱,因不符合刑法典第 237 条第 1 款和第 246 条的规定,就无法得到刑法的保护。男性的性权利应当与女性的性权利一样不可侵犯,应当受到法律尤其是刑法的同等保护。既然强调男女平等,就应彻底一些,不宜将强制侮辱罪的对象限制为女性。①另一方面,从严密法网的角度看,我国也很有必要将强奸罪的对象由"妇女"扩大至"他人"。虽然在《刑法修正案(九)》扩大了强制猥亵犯罪的对象之后,对于实践中发生的强制男性的行为,今后可依照修改之后的强制猥亵罪定罪处罚。但笔者认为,对强奸男性行为作这种刑法评价,并不全面和科学。这是因为,强制猥亵行为不能全面评价强奸行为,猥亵是采取性交以外的方式实施的。以强制猥亵罪评价强奸男性行为,只能对强奸行为的一部分进行评价,而不能评价其行为的全部。同时,强制猥亵罪的处罚要明显轻于强奸罪,以强制猥亵罪评价强奸男性行为,有轻纵犯罪分子之嫌。

第二,扩大强制侮辱罪、强奸罪的对象范围是平衡强制猥亵罪与相关犯罪之间关系的需要。一方面,《刑法修正案(九)》扩大强制猥亵罪的对象范围但并未扩大强制侮辱罪、强奸罪的对象范围,将使得强制猥亵犯罪目的与强制侮辱罪、强奸罪的目的界限更加模糊。在《刑法修正案(九)》修法之后,强制猥亵罪的对象由"妇女"扩大为"他人",而强制侮辱罪的对象仍然是"妇女"。这就形成了一个立法空白,即对已满 14 周岁男性(特别是已满 14 周岁不满 18 周岁的未成年人)实施的非以性刺激、性满足为目的但带有明显性色彩的行为,如针对男性性器官实施的抠摸、搂抱、鸡奸、手淫等行为,是否构成强制猥亵罪?按照严格的罪刑法定原则和以往司法实践的做法,该类行为通常不构成强制猥亵罪。不过,基于以下四个方面的理由,笔者认为,《刑法修正案(九)》修法后,我国对此类行为以强制猥亵罪进行处理几乎不可避免:一是我国刑法理论和司法实践对于"猥亵"内涵历来存在较大争议,许多论者主张对"猥亵"作扩大理解,反对将猥亵的目的限定为"性刺激、性满足"。二是从法益保护的角度,对此类行为适用强制猥亵罪具有相当的合理

① 参见《地方人大和中央有关部门、单位对〈刑法修正案(九)(草案)〉的意见》(全国人大常委会法制工作委员会刑法室,法工刑字[2015]1 号,2015 年 1 月 4 日)。

性。例如,已满 14 周岁不满 18 周岁的男性未成年人在法律上属于弱势群体,法律有予以特别保护的必要。针对这类群体性权利予以保护的必要性绝不亚于对同龄的女性。三是对此类行为适用强制猥亵罪并不明显违反罪刑法定原则。我国没有在刑法上明确规定"猥亵"的法律含义。客观地说,立法机关之所以不做具体规定,既是因为猥亵的行为方式难以具体把握,也是因为猥亵行为具有变易性。"随着人们的性道德观念和社会的性风尚的变化,猥亵行为的外延会发生变化。"①在立法未作明确规定且其含义并不明确的情况下,将"猥亵"行为扩大解释为包含"性刺激、性满足"以外目的的行为,并不明显违反罪刑法定原则。四是我国司法机关在面临重大违法犯罪行为时有扩大适用刑法的冲动。② 只要司法实践中出现具有广泛社会影响的重大相关案件,特别是针对不满 18 周岁的未成年人实施的性侵行为,司法机关总是会不自觉地扩大强制猥亵罪的适用。

另一方面,《刑法修正案(九)》扩大强制猥亵罪的对象范围但未扩大强制侮辱罪、强奸罪的对象范围,将使得强制猥亵犯罪目的与强制侮辱罪、强奸罪的行为方式之界限更加模糊。《刑法修正案(九)》扩大强制猥亵罪的对象范围后,将给其行为方式的认定带来明显影响。其中最核心的一点是《刑法修正案(九)》修法后,猥亵行为不再局限于"性交以外的淫秽行为",而应当认为其范围已经扩大为同时包含了部分性交、部分侮辱行为:一是强制猥亵罪的猥亵行为将包含部分性交行为(即部分强奸行为)。这主要针对实践中发生的女性以暴力、胁迫等强制手段与男性发生性行为的情形。对此,笔者认为,对这类行为无疑应当以强制猥亵罪定罪处罚。这是因为,从法益保护的角度看,该行为的危害性明显要大于采用强迫性交以外的方法强制猥亵男性的行为。同时,将这类行为纳入猥亵范围具有刑法解释上的合理性。从概念的外延上看,奸淫行为的概念要小于猥亵行为的概念,即猥亵行为可以包括奸淫行为,但奸淫行为不能涵盖所有的猥亵行为。正因为如此,在《刑法修正案(九)》修法之前,对于成年女性采用引诱、强制手段与男童发生

① 参见张明楷、黎宏、周光权:《刑法新问题探究》,清华大学出版社 2003 年版,第 264 页。
② 这方面的典型例证是寻衅滋事罪的扩大适用。按照一般的理解,寻衅滋事是无事生非、无理取闹。但我国司法机关关于方舟子被伤案(造成方舟子轻微伤)等案例表明,我国司法机关明确将由纠纷上升为伤害的行为解释为寻衅滋事,并得到了有关司法解释的确认。

性关系的行为的定性,有学者认为对这种行为"比较适宜的还是以猥亵儿童罪进行处罚。在特定情况下,猥亵行为也应当包括发生性交的行为"①;"在猥亵对象为不满14周岁的男童的场合,包括奸淫行为在内"。② 事实上,将猥亵行为解释为除性行为之外的侵犯性权利的行为源于人们对事实的归纳。但刑法学是规范学而不是事实学,刑法用语含义的解释只能根据刑法的规定来确定而不能根据已经发生的事实或者"人之常情"来确定③。尽管由于强奸罪的特殊法条属性使得在以妇女为犯罪对象时强制猥亵罪的行为方式限于性行为之外的侵权行为,但这只是由于法律的特殊规定造成的,并不意味着强制猥亵罪的行为方式排斥不正当的性行为;同样,尽管实践中发生的强制猥亵案件犯罪人采取的是性侵之外的行为方式,但也并不能排除以性侵方式实施的猥亵案件的发生。基于此,笔者认为,强制猥亵罪的猥亵行为包含了女性针对已满14周岁男性实施的奸淫行为。二是强制猥亵罪的猥亵行为包含了部分强制侮辱行为。这主要是针对已满14周岁男性实施的强制侮辱行为。按照修法后的刑法典之规定,强制侮辱妇女的行为可构成强制侮辱罪,但强制侮辱已满14周岁男性的行为则不属于强制侮辱罪的管辖范围。对此类行为,刑法要么只能以侮辱罪进行处理,但在处理上面临实体、程序和处罚力度的限制,要么以强制猥亵罪进行处理。相比之下,以强制猥亵罪进行处理在处罚力度上可保持与强制侮辱罪的一致,难点在于"猥亵"与"侮辱"的行为内涵是否一致、以强制猥亵罪处理是否符合罪刑法定原则等。而如前所述,这些问题都不足以阻碍司法机关扩大强制猥亵罪适用的冲动。可见,《刑法修正案(九)》修法后,强制猥亵行为与强奸行为、强制侮辱行为之间关系将发生明显变化,强制猥亵罪、强奸罪与强制侮辱罪之间也不可避免地发生交叉和重合,影响这三种犯罪之间的合理界分。从这个角度看,笔者认为,我国应当将强奸罪、强制侮辱罪的对象都由"妇女"修改为"他人"。这样既能保持猥亵行为与强奸行为、强制侮辱行为之间的一致性,而且有助于加强对男性性权利的刑法保护,可谓一举两得。

---

① 参见王作富主编:《刑法分则实务研究(中)》,中国方正出版社2012年版,第862页。
② 参见黎宏:《刑法学》,法律出版社2012年版,第661页。
③ 参见张明楷、黎宏、周光权:《刑法新问题探究》,清华大学出版社2003年版,第280页。

四、虐待被监护、看护人罪的增设问题

（一）修法背景

近年来，虐待儿童、老人等被监护人、看护人的恶性案件频发，引起社会各界的广泛关注。其中，特别值得一提的是浙江温岭幼儿园的教师虐待幼儿园的儿童案件①、黑龙江省青冈县敬老院 3 名老人被护工割除生殖器案件②。但我国 1997 年刑法典关于虐待犯罪的规定具有明显的局限性、不合理性。例如，虐待罪的主体和对象仅限于共同生活的家庭成员，对幼儿园、学校、福利院、敬老院发生的虐待行为，无法定罪处罚。社会各界要求进一步扩大虐待犯罪范围的呼声高涨。调查显示，95.6％网民支持把虐待未成年人、老年人、患病的人、残疾人的行为入罪。③ 为了惩治愈演愈烈的虐待被监护人、被看护人的行为，维护被监护人、被看护人的人身权利和生命健康，《刑法修正案（九）》专门增设了虐待被监护、看护人罪。

（二）修法内容

《刑法修正案（九）》第 19 条规定："在刑法第 260 条后增加一条，作为刑法第 260 条之一：'对未成年人、老年人、患病的人、残疾人等负有监护、看护职责的人虐待被监护、看护的人，情节恶劣的，处三年以下有期徒刑或者拘役；单位犯前款罪的，对单位判处罚金，并对其直接负责的主管人员和其他直接责任人员，依照前款的规定处罚；有第一款行为，同时构成其他犯罪的，

---

① 2012 年 10 月 24 日，浙江温岭某幼儿园教师颜某某出于"一时好玩"，强行揪住某儿童的双耳，将其提起距离地面近 20 厘米，致该儿童嚎啕大哭，并让另一名教师为其拍照。后来发现其 QQ 空间内有大量虐待儿童的照片，包括扔儿童进垃圾桶、强迫男童露阴等。10 月 25 日，温岭市公安局对其刑事立案，颜某某被采取刑事强制措施，10 月 29 日，温岭警方以颜某某涉嫌寻衅滋事罪为由向温岭市检察院提请批准逮捕，该检察院审查后认为需要补充侦查。11 月 16 日，温岭公安局以"根据罪刑法定原则，颜某某不构成犯罪，依法撤销刑事案件"，对其作出行政拘留十五日的处罚。
② 2014 年 7 月 23 日 15 时许，黑龙江省青冈县祯祥镇敬老院院长在巡视检查过程中，发现有 3 名院民床单上有血迹，仔细查看后发现有 3 位男性院民睾丸被割除。该院长立即拨打 120 急救电话，用救护车将受伤者送往县医院救治。经医院检查，1 位院民睾丸双侧被割除，2 位院民睾丸单侧被割除。县医院在对伤者进行紧急处置后，于当晚将 3 位人送往哈尔滨科学大学第四附属医院救治。养老院当日报警，绥化市和青冈县两级公安部门迅速抓获了犯罪嫌疑人。7 月 24 日，在公安人员对祯祥镇敬老院进行排查时，发现还有 1 名养老者双侧睾丸被割除。
③ 参见李适时：《关于〈中华人民共和国刑法修正案（九）（草案）〉的意见说明》，载"中国人大网"2014 年 11 月 9 日。

依照处罚较重的规定定罪处。'"根据这一规定,虐待被监护、看护人罪的适用条件主要包括四个方面:(1) 行为主体是特殊主体,仅限于对未成年人、老年人、患病的人、残疾人等负有监护、看护职责的人;(2) 行为的方式是虐待,这与虐待罪的行为方式相同;(3) 行为的对象是被监护人、看护人;(4) 行为必须达到情节恶劣的程度才能入罪。

(三) 修法争议

《刑法修正案(九)》草案一审稿关于虐待未成年人、老年人、患病的人、残疾人的行为入罪的规定公布后在社会上产生了广泛的影响和争议,主要体现在:

第一,关于虐待未成年人、老年人、患病的人、残疾人的行为独立成罪的问题。对此,赞同把虐待未成年人、老年人、患病的人、残疾人的行为增设新罪名的居多,据网络调查显示,95.6%网民支持入罪。[1] 但也有人提出质疑意见,大多数代表、委员、学者认为,虐待未成年人、老年人、患病的人、残疾人的行为入罪,凸显了我国刑事法律加强对公民人身权利的保护。但持不同意见的代表、委员学者则认为,我国刑法典、《未成年人保护法》中已经有相关的规定,例如虐待罪、猥亵儿童罪、故意伤害罪等,因而不必单设罪名。虽然有一定的争议,国家立法机关考虑到近年来社会中这类恶性案件的频发,刑法的保护又存在局限性,还是采纳了多数委员、学者、司法实务机关和网民的意见,在草案和审议稿中以及《刑法修正案(九)》正式通过之文本中,将虐待未成年人、老年人、患病的人、残疾人的行为入罪。[2]

第二,关于虐待被监护人、被看护人行为入罪的情节限制问题。所谓入罪情节,是指行为人的行为是否构成犯罪的情节。也就是说行为人的行为没有达到入罪的标准,就不能定罪处罚;只有达到了入罪的情节才可定罪处罚。在立法过程中,对于虐待未成年人、老年人、患病的人、残疾人的行为入罪的情节,也有不同主张。对此主要有两种不同的意见:一部分代表、委员、学者和司法实务机关的人员认为,虐待未成年人、老年人、患病的人、残疾人

---

① 参见李适时:《〈关于中华人民共和国刑法修正案(九)(草案)〉的意见说明》,载"中国人大网"2014 年 11 月 9 日。
② 参见《中华人民共和国刑法修正案(九)(草案三次审议稿)参阅资料》(第十二届全国人大常委会第十六次会议参阅资料(一),2015 年 8 月 24 日)。

的行为引起了社会的公愤,只要行为人的虐待行为"情节严重"就可以入罪,社会民意大多持此种观点。另一部分代表、委员、学者和司法实务机关的人员认为,应与刑法第 260 条保持一致,即要坚持"情节恶劣"这一标准。在充分考虑各方面意见的基础上,国家立法机关在《刑法修正案(九)》第 19 条入罪的情节上延续了刑法典第 260 条关于虐待罪的立法,将"情节恶劣的"作为入罪标准。①

第三,关于虐待被监护、看护人罪的刑罚幅度问题。刑罚幅度即是刑罚裁量的尺度。所谓刑罚幅度,是指刑罚的最低起点和刑罚的最高终点,最高点与最低点之间的距离。刑罚幅度的适用是人民法院在认定行为人的行为构成犯罪的基础上,依据刑事法律规定的标准,确定是否判处刑罚、判处何种刑罚、判处多重的刑罚。在《刑法修正案(九)(草案)》公布后,关于虐待被监护、看护人罪的刑罚幅度有不同的意见。有代表、委员认为虐待被监护人、被看护人的行为,社会评价和影响很恶劣,建议对虐待未成年人、老年人、患病的人、残疾人的行为从重处罚,但没有给出具体的刑罚幅度。一些专家学者们建议将本罪的刑罚幅度与虐待罪的刑罚幅度区别开来,设置为 3 年以下有期徒刑或者 5 年以下有期徒刑、3 年以上 7 年以下有期徒刑,同时增设罚金刑。②

第四,关于虐待被监护、看护人行为入罪的案件诉讼类型问题。这主要涉及对虐待被监护、看护人入罪后,是按自诉案件处理还是按公诉案件处理? 对此,大部分代表、委员、学者和司法实务部门的人认为,虐待未成年人、老年人、患病的人、残疾人的行为在当下引起了恶劣的社会影响。而该罪被害人是未成年人、患病的人、残疾人和老年人,有的行动不便、意志表达不清或者受到威胁、恐吓等,不宜作为自诉案件来处理。也有一小部分代表、委员、学者和司法实务界人士认为,可以比照刑法典第 260 条,将虐待罪

---

① 参见《中华人民共和国刑法修正案(九)(草案三次审议稿)参阅资料》(第十二届全国人大常委会第十六次会议参阅资料(一),2015 年 8 月 24 日)。
② 参见《中华人民共和国刑法修正案(九)(草案三次审议稿)参阅资料》(第十二届全国人大常委会第十六次会议参阅资料(一),2015 年 8 月 24 日)。

的标准归入自诉案件的范畴。①

（四）修法研讨

针对虐待被监护、看护人罪的前述立法争议，笔者认为，入罪情节的"情节严重"与"情节恶劣"之分只是立法用语的差别，在实践中这两个概念的内涵并无差别。对于虐待被监护、看护人的行为能否独立成罪、法定刑如何设置以及能否将其规定为告诉才处理的案件，笔者认为，虐待被监管、看护人行为具有独立成罪的必要，且不能将其规定为告诉才处理的案件。

第一，虐待被监护、看护人行为具有独立成罪的必要性。在刑法理论上，判断一种危害行为是否具有独立成罪的价值，主要是基于两方面的考虑：一是从法益保护的角度看，对该危害行为所侵害的法益是否有予以刑法保护的必要；二是从行为样态的角度看，该危害行为的犯罪构成是否可以为其他相关犯罪所涵盖。就这两个方面而言，笔者认为，虐待被监管人、看护人行为具有独立成罪的必要性。这具体体现在：（1）虐待被监护、看护人的行为侵害的法益具有特殊性。这主要是针对该行为与虐待罪、故意伤害罪等相关犯罪之间的法益关系来说的。一般而言，虐待被监护、看护人因虐待者与被虐待者之间存在监护与被监护、看护与被看护的关系，其行为侵犯的法益属于复合法益，包括被虐待者的人身权利（主要是生命和健康权利）和虐待者与被虐待者之间的监护、看护关系。虐待被监护、看护人所侵害的这一法益，不同于虐待罪所侵害的家庭关系和被虐待者的人身权利这一复合法益，也不同于故意伤害罪、故意杀人罪所侵害的他人身体健康权利和生命权利，具有法益的特殊性。（2）虐待被监护、看护人的行为类型具有特殊性。按照《刑法修正案（九）》的规定，虐待被监护、看护人罪是对未成年人、老年人、患病的人、残疾人等负有监护、看护职责的人虐待被监护、看护的人，情节恶劣的行为。根据该规定，虐待被监护、看护人罪的行为类型具有两方面的特殊性：一是与故意杀人罪、故意伤害罪相比，虐待被监护、看护人罪的主观方面没有直接杀害或者伤害他人的意图，并且反映在其行为方式上也不具有直接剥夺他人生命或者损害他人健康的性质。同时，虐待者与被虐待

---

① 参见《中华人民共和国刑法修正案（九）（草案三次审议稿）参阅资料》（第十二届全国人大常委会第十六次会议参阅资料（一），2015 年 8 月 24 日）。

者之间必须具有监护、看护关系。二是与虐待罪相比,刑法典第 260 条的虐待罪仅限于发生在家庭成员之间,他们之间的家庭关系可在一定程度上消解虐待行为所可能给被害人造成的身心伤害。而虐待被监护、看护人罪则不仅限于家庭成员之间。考虑到虐待被监护、看护人的行为与刑法典第 260 条的虐待罪在构成要件上存在明显区别,将虐待被监护、看护人行为纳入虐待罪的范围,将导致虐待罪的罪刑失衡,即按照《刑法修正案(九)》第 19 条的规定,虐待罪的法定刑将同时提升。鉴此,笔者认为,《刑法修正案(九)》将虐待被监护、看护人的行为单独成罪是合理而必要的。

第二,虐待被监护、看护人罪的法定刑应高于虐待罪。关于法定刑,《刑法修正案(九)》对虐待被监护、看护人罪规定的是"三年以下有期徒刑或者拘役"。该法定刑略高于刑法典第 260 条第 1 款规定的虐待罪的法定刑(即"二年以下有期徒刑、拘役或者管制"),但要低于该条第 2 款规定的法定刑(即"犯前款罪,致使被害人重伤、死亡的,处二年以上七年以下有期徒刑")。笔者认为,《刑法修正案(九)》关于虐待被监护、看护人罪法定刑的立法基本上是妥当的。这主要体现在两方面:一方面,在基本犯的层面,虐待被监护、看护人罪的法定刑略高于虐待罪的法定刑是合理的。这是因为,虐待罪的行为人与被害人之间具有家庭关系,这种家庭关系使得实践中发生的大多数虐待案件都具有可宽恕的动机(如父母为了逼迫未成年人的孩子学习、成长而使用暴力),同时也有助于消解虐待行为对被害人的心理伤害。从这个角度看,虐待被监护、看护人罪的法定刑略高于虐待罪是必要而合理的。另一方面,在加重结果犯罪的层面,虐待被监护、看护人行为的处罚也要高于虐待罪。如前所述,在结果加重犯的场合,虐待罪的法定刑是"二年以上七年以下有期徒刑"。《刑法修正案(九)》没有规定虐待被监护、看护人罪的结果结果犯情形,但在刑法典第 260 条之一条第 3 款,其规定"有第一款行为,同时构成其他犯罪的,依照处罚较重的规定定罪处罚"。这里所谓"其他犯罪",在实践中,主要是指故意伤害罪、故意杀人罪或者过失致人死亡罪。由于虐待被监护、看护人罪的基本犯法定刑是"三年以下有期徒刑或者拘役",与故意伤害致人轻伤、情节较轻的过失致人死亡等情形相当,因此只有虐待被监护、看护人致人重伤、死亡的情形才可能涉及触犯"其他犯罪"的情形。

而我国刑法典对故意伤害致人重伤①、故意杀人②、一般情形的过失致人死亡③等犯罪所规定的法定刑都要高于虐待罪加重处罚的法定刑,体现了不同犯罪法定刑之间的均衡性。

第三,虐待被监护、看护人罪不宜规定为告诉才处理的犯罪。这是因为虐待被监护、看护人罪与虐待罪之间的法条关系决定了虐待被监护、看护人的行为只能发生在家庭成员之外。家庭关系这一基础的缺失,使得虐待被监护、看护人罪的告诉才处理的基础消失。毕竟,我国将刑法典第260条第1款的虐待罪规定为告诉才处理的犯罪是担心将其规定为公诉罪可能会不当地侵害被害人的家庭关系,进而对被害人的身心和成长造成其他的伤害。但虐待被监护、看护人罪不存在家庭关系这一纽带,将其规定为告诉才处理的犯罪反而可能不利于保护年幼、年老、身体残疾等人的权利,因此把《刑法修正案(九)》第19条规定的虐待被监护、看护人罪归为公诉案件更为合理和科学。

■ 五、虐待罪的修改问题

（一）修法背景

虐待罪是虐待家庭成员的行为。我国刑法典设立虐待罪是为了保护家庭关系中处于弱势地位的成员的身心健康和家庭亲属关系。考虑到家庭亲属关系较之于一般社会关系具有特殊性,且受虐待者最终仍要回归家庭,刑法典将一般情形下的虐待罪设置为告诉才处理的犯罪。不过,近年来我国司法实践中发生的虐待案件表明,许多虐待犯罪的受害人因各种原因无法进行告诉。例如,广东佛山王某虐待妻子案件,王某把妻子李某关在家中的地下室长达8个月之久,并多次威吓李某要听话,否则杀了李某全家,最后被邻居发现并报案。④ 类似被害人因受威吓等原因无法告诉的情形还很多。

---

① 故意伤害致人重伤的法定刑是"三年以上十年以下有期徒刑",其法定刑要高于虐待罪加重处罚情形的法定刑("二年以上七年以下有期徒刑")。

② 故意杀人罪的法定刑是"死刑、无期徒刑或者十年以上有期徒刑;情节较轻的,处三年以上十年以下有期徒刑"。

③ 过失致人死亡罪的一般法定刑是"三年以上七年以下有期徒刑"。

④ 参见李锡海:《人性的性欲与犯罪》,载《青岛科技大学学报》2013年第1期。

为了更好地保护虐待案件中受害人的人身权利,我国需要对虐待罪的诉讼
程序进行一定的改革。《刑法修正案(九)》在广泛调研的基础上对虐待罪的
告诉才处理问题进行了修改。其草案一审稿第17条规定:"将刑法第二百六
十条第三款修改为:'第一款罪,告诉的才处理,但被虐待的人没有能力告
诉,或者因受到强制、威吓无法告诉的除外。'"在之后的审议过程中,国家立
法机关根据各方意见将该条用语中的"被虐待的人"修改为"被害人"。

(二) 修法内容

《刑法修正案(九)》第18条对刑法典第260条第3款进行了修改,在原
来规定告诉才处理的基础上,规定"第一款罪,告诉的才处理,但被害人没有
能力告诉,或者因受到强制、威吓无法告诉的除外。"根据该规定,一般的虐
待案件(仅指未造成被害人重伤、死亡结果的情形),采取的是被害人告诉才
处理的做法,但"被害人没有能力告诉"或者"因受到强制、威吓无法告诉"的
情形除外,即对这两类案件可采取公诉的形式。《刑法修正案(九)》的这一
规定扩大了虐待案件的公诉范围。

(三) 修法争议

关于虐待罪的修改,在《刑法修正案(八)》修法过程中,主要有两个方面
的争议:

第一,关于虐待罪修改的用语问题。对于虐待罪的修改,《刑法修正案
(九)》草案一审稿的立法修改是增加了"但被虐待的人没有能力告诉,或者
因受到强制、威吓无法告诉的除外"的规定,其中将告诉的主体表述为"被虐
待的人"。在征求意见的时候,有观点认为,应当注意与刑法典第98条的规
定相协调。刑法典第98条将亲告罪中告诉行为主体界定为"被害人";刑法
典第260条第2款也将虐待行为的对象称为"被害人",而非"被虐待的人"。
因此,建议将上述修正条文中"被虐待的人"修改为"被害人"。[①] 当然,也有
其他学者和委员提出类似的建议。全国人大常委会最后在听取各方意见的
情况下,在《刑法修正案(九)》第三次审议稿时候把"被虐待的人"修改为"被
害人"。

---

① 参见《中华人民共和国刑法修正案(九)(草案三次审议稿)参阅资料》(第十二届全国人大常委会第十六次会
议参阅资料(一),2015年8月24日)。

第二,关于虐待罪修改的合理性问题。这主要涉及两方面的问题:一是《刑法修正案(九)》第18条的规定与刑法典第98条规定之间的关系问题。有观点认为,刑法典第98条对告诉才处理作出了明确规定,规定"本法所称告诉才处理,是指被害人告诉才处理。如果被害人因受强制、威吓无法告诉的,人民检察院和被害人的近亲属也可以告诉。"但是,按照《刑法修正案(九)》第18条的规定,"被害人没有能力告诉,或者因受到强制、威吓无法告诉的",属于告诉才处理的例外。该规定与刑法典第98条的规定之间存在的交叉,容易导致实践适用的困难。二是被害人没有告诉能力的情形和范围问题。在《刑法修正案(九)(草案)》征求意见阶段,有学者、全国人大常委会委员和司法实务界人员提出应当列举没有告诉能力的情形和范围,他们认为,以下人员受到虐待,可以认定为没有告诉能力:被害人受到长期虐待而患有精神分裂症;被害人是精神病患者;被害人智力系有障碍的人员;被害人年老体弱行动不便;被害人患有老年痴呆症;急性短暂性精神病患者。身体残疾或者有缺陷的,也应属于没有告诉能力的,如被害人是盲、聋、哑人。①

(四) 修法研讨

针对《刑法修正案(九)》修法过程中关于虐待罪告诉才处理问题修改的争议,笔者认为,应从以下两个方面进行把握:

第一,《刑法修正案(九)》对虐待罪告诉才处理的修改是必要而适当的。一方面,《刑法修正案(九)》对虐待罪告诉才处理的修改是必要的。刑法中规定的告诉才处理,是指被害人告诉才处理,被害人没有告诉的,公安机关、人民检察院、人民法院不主动去处理。这里的告诉是被害人向人民法院提起诉讼,如果没有被害人向人民法院提起诉讼,人民法院则不主动审理。法律这样规定主要是考虑到虐待案件是发生在家庭成员之间,因此充分考虑虐待案件中被害人的意愿。如果被害人不控告,司法机关不主动干预,这样有利于社会的安定与团结。但实践中的情况非常复杂,被害人受各种因素影响不能告诉或者不敢告诉的情形也常有出现。《刑法修正案(九)》根据实践需要对虐待罪告诉才处理问题进行修改,十分必要。另一方面,《刑法修

---

① 参见赵秉志等:《关于〈刑法修正案(九)(草案)〉的修法建议》,载赵秉志主编:《刑法论丛》(第37卷),法律出版社2015年版,第10页。

正案（九）》对虐待罪告诉才处理问题的修改是适当的。从内容上看，刑法典第 98 条和《刑法修正案（九）》第 18 条的规定存在一定的重合。刑法典第 98 条后半段规定的是"如果被害人因受强制、威吓无法告诉的，人民检察院和被害人的近亲属也可以告诉"。而《刑法修正案（九）》第 18 条规定的是"被害人没有能力告诉，或者因受到强制、威吓无法告诉的除外"。两者在告诉才处理的例外情形上都规定了"因受强制、威吓无法告诉"，《刑法修正案（九）》第 18 条在此基础上又增加了"被害人没有能力告诉"的规定。笔者认为，这两个条文规定的内容虽然有所重合，但侧重点并不相同。其中，刑法典第 98 条强调的是对告诉才处理例外情形的处理程序，即"人民检察院和被害人的近亲属也可以告诉"。显然，由被害人的近亲属告诉仍属于自诉的范畴，而由人民检察院告诉则是将虐待案件由自诉转为公诉案件处理。《刑法修正案（九）》第 98 条强调的是告诉才处理的例外情形（即包括了两种情形），它未对不属于告诉才处理的两种情形的诉讼程序作出明示。对此，依据刑法典第 98 条的规定，人民检察院和被害人的近亲属告诉，有关组织和单位也可以向人民检察院检举和揭发，由人民检察院查实后提起告诉。由此可见，刑法典第 98 条和《刑法修正案（九）》第 18 条的规定并不完全重合，更不矛盾。

第二，《刑法修正案（九）》没有列举"被害人没有能力告诉"的情形是妥当的。针对《刑法修正案（九）》修法过程中有意见要求明确列举"被害人没有能力告诉"的情形，笔者认为，这没有必要。从《刑法修正案（九）》第 18 条的规定上看，其所规定的虐待罪告诉才处理的两种例外情形具有闭合性。从逻辑上看，就告诉问题而言，被害人只能出现两种情况，即被害人能告诉和被害人不能告诉。被害人不能告诉又有两种情形：一是被害人因自身原因不能告诉；二是被害人因自身以外原因不能告诉。前者是《刑法修正案（九）》第 18 条所称的"被害人没有能力告诉"，后者是该条所称的被害人"因受强制、威吓无法告诉"。在实践中，被害人因自身原因不能告诉的情形很多，既可能是身体方面的原因（如被害人身体残疾、行动不便等），也可能是心理方面的原因（如被害人存在心理疾病、精神障碍等），还可能是能力方面的原因（如被害人无取证能力等）。刑法立法无法一一列举，对此如采取有限地列举的方式将可能不当地剥夺被害人的权利,如采取兜底条款的方式列举将使得列举本身不具有实际意义。在此情况下,刑法立法对此只作概括性的规定,并由最高司法机关根据司法实践的需要适时进行司法解释,更为稳妥可行。

第六章　扰乱社会秩序犯罪修正的争议问题

　　维护社会秩序是刑法立法的重要任务，也是《刑法修正案（九）》的重要立法内容。根据全国人民代表大会法律委员会的报告，《刑法修正案（九）》草案一审稿主要从五个方面进一步完善了惩治扰乱社会秩序犯罪的规定：一是修改危险驾驶罪，增加了危险驾驶应当追究刑事责任的两种情形；二是修改抢夺罪，将多次抢夺的行为规定为抢夺罪的入罪门槛之一①；三是区分窃听、窃照专用器材和间谍器材，将生产、销售窃听、窃照专用器材的行为规定为犯罪；四是将多次扰乱国家机关工作秩序，经处罚后仍不改正，造成严重后果的行为和多次组织、资助他人非法聚集，扰乱社会秩序，情节严重的行为规定为犯罪；五是修改完善组织、利用会道门、邪教组织破坏法律实施罪，加大对情节特别严重行为的惩治力度，同时对情节较轻的规定相应的刑罚。② 此外，《刑法修正案（九）》关于生产、运输易制毒化学品的修法和草案三审稿增设暴力袭警规定，也属于扰乱社会秩序犯罪的范畴。对这些规定，在《刑法修正案（九）》修法过程中，各有关方面也存在一些认识上的分歧。

一、危险驾驶罪的行为增补问题

（一）修法背景

　　我国 2011 年通过的《刑法修正案（八）》增设了危险驾驶罪，将醉酒驾驶

---

① 在我国刑法典中，抢夺罪属于侵犯财产权罪一章，主要侵犯的是公私财产权。不过，该罪对社会管理秩序也有一定危害。在《刑法修正案（九）》草案说明中，国家立法机关也将该罪的修改放在扰乱社会秩序犯罪中一并进行说明。

② 参见李适时：《关于〈中华人民共和国刑法修正案（九）（草案）〉的说明》（第十二届全国人大常委会第十一次会议文件（四），2014 年 10 月 26 日）。

和情节恶劣的追逐竞驶行为入罪。之后的司法实践表明,危险驾驶罪的增设特别是醉驾入刑对于减少醉酒驾驶行为产生了良好的社会效果,受到各方面的一致肯定。不过,除了醉酒驾驶和追逐竞驶,实践中的其他一些危险驾驶行为也引发了社会的关注,其中的一个典型就是"双超",即超速超载行驶。在司法实践中,"双超"既包括客运超速超载,也包括货运超速超载。对于"双超"的严重社会危害性,各方面都有目共睹:超载运输严重破坏公路设施;对公路桥梁的安全构成严重威胁;容易引发道路交通事故;对执法人员人身安全构成威胁等。[①] 据公安部交管局统计,2010 年全国生产经营性道路交通事故起数、死亡人数,分别占总量的 32.0%和 42.9%。其中,7.0%的事故死亡人数系营运客车肇事导致,29.8%的事故死亡人数系一般货运车辆肇事导致。[②] 在《刑法修正案(九)》立法研拟过程中,有部门提出要适当扩大危险驾驶行为的入罪范围。在此背景下,《刑法修正案(九)》在《刑法修正案(八)》的基础上针对危险驾驶罪又增加了两种行为类型。

2014 年 10 月提交全国人大常委会进行第一次审议的《刑法修正案(九)(草案)》第 7 条在原危险驾驶罪的基础上新增了两类危险驾驶行为,即"在公路上从事客运业务,严重超过额定乘员载客,或者严重超过规定时速行驶的"和"违反危险化学品安全管理规定运输危险化学品的"。在草案审议过程中,有的全国人大常委会委员、部门和地方提出,实践中有的接送学生的校车管理不规范,严重超员、超速从而发生恶性事故,严重危及学生的人身安全,社会影响恶劣,应当增加规定为犯罪;公路客运、旅游客运等从事旅客运输业务的机动车超员、超速的,极易造成重大人员伤亡,应明确规定为犯罪;对客运车辆、危险化学品运输车辆危险驾驶犯罪负有直接责任的机动车所有人、管理人也应增加规定追究刑事责任。全国人大法律委员会经同有关部门研究,建议将草案第 7 条第 1 款第 3 项、第 4 项修改为:"(三)从事校车业务或者旅客运输,严重超过额定乘员载客,或者严重超过规定时速行驶的;(四)违反危险化学品安全管理规定运输危险化学品,危及公共安全的"。

---

① 参见周鲁奇:《超限超载的危害及治理对策》,载《管理观察》2013 年第 20 期。
② 参见彭文华:《危险驾驶行为入罪的必要性与可行性——以〈刑法修正案(九)〉的相关规定为视角》,载《法学论坛》2015 年第 5 期。

同时,增加一款规定,作为第 2 款:"机动车所有人、管理人对前款第三项、第四项行为负有直接责任的,依照前款的规定处罚"。① 该规定之后一直保留至《刑法修正案(九)》草案通过。

(二)修法内容

《刑法修正案(九)》第 8 条规定:"将刑法第一百三十三条之一修改为:'在道路上驾驶机动车,有下列情形之一的,处拘役,并处罚金:(一)追逐竞驶,情节恶劣的;(二)醉酒驾驶机动车的;(三)从事校车业务或者旅客运输,严重超过额定乘员载客,或者严重超过规定时速行驶的;(四)违反危险化学品安全管理规定运输危险化学品,危及公共安全的。''机动车所有人、管理人对前款第三项、第四项行为负有直接责任的,依照前款的规定处罚。''有前两款行为,同时构成其他犯罪的,依照处罚较重的规定定罪处罚。'"

该条对刑法典中的危险驾驶罪主要作了三方面的修正:(1)新增了两类新的危险驾驶行为。修改后的危险驾驶罪在行为类型上得到了扩充,主要是增加了两类新的危险驾驶行为:一是从事校车业务或者旅客运输,严重超过额定乘员载客,或者严重超过规定时速行驶。从内涵上看,该行为的成立需同时具备"从事校车业务或者旅客运输"和"严重超载或者严重超速"的条件。其中,校车主要是指中小学的校车,同时也包括高等院校的校车。而"旅客运输"主要针对的长途汽车的旅客运输和旅行社从事的旅客运输等。旅客运输一般都具有人数多的特点,对驾驶安全的要求更高。二是违反危险化学品安全管理规定运输危险化学品,危及公共安全的。其中,违反危险化学品安全管理规定主要是指违反我国国务院颁发的《危险化学品安全管理条例》。我国《危险化学品安全管理条例》第 5 章"运输安全"对危险化学品的运输许可、从业人员、安全防护措施、核定载质量等作了明确规定。(2)扩大了危险驾驶罪的行为主体。《刑法修正案(九)》第 8 条第 2 款的规定:"机动车所有人、管理人对前款第三项、第四项行为负有直接责任的,依照前款的规定处罚。"根据该规定,危险驾驶罪的行为主体不仅包括机动车的驾驶人,还可以在一定条件下包括机动车的所有人和管理人。(3)明确了构成不

---

① 参见《全国人民代表大会法律委员会关于〈中华人民共和国刑法修正案(九)〉〈草案〉修改情况的汇报》(2015 年 6 月 17 日)。

同犯罪的处理原则。《刑法修正案(九)》第 8 条第 3 款规定:"有前两款行为,同时构成其他犯罪的,依照处罚较重的规定定罪处罚。"

(三)修法争议

作为《刑法修正案(八)》修改的主要热点之一,危险驾驶罪的增设较好地实现了刑法的规制和预防功能。但现实生活中的危险驾驶行为很多,《刑法修正案(九)》根据实践需要,增补了两种新的危险驾驶行为。在修法过程中,对危险驾驶罪的修改,人们主要存在三方面的不同意见:

第一,新增两种危险驾驶行为入刑的合理性问题。在草案一次审议稿征求各方面意见过程中,针对公路客运超载超速的规定,有意见建议删去"在公路上"的限定条件;将"在公路上从事客运业务"修改为"从事旅客运输";明确规定"严重超速"的幅度;增加"情节严重"的入罪门槛。甚至有意见认为,对超载、超速行为加强行政执法力度就可以解决,建议删除该项规定。针对危险化学品运输的规定,有意见建议将其中的"规定"限定为"国家规定";将"危险化学品"修改为"危险品";也有意见建议增加"情节严重"的入罪门槛。还有意见针对这两项规定提出,这两项规定的应受处罚的对象是驾驶员还是雇主不清楚,有意见提出实践中存在雇主强令机动车驾驶员危险驾驶的行为,建议扩大危险驾驶罪的主体。①

第二,"毒驾"入刑问题。在此次修改过程中,国家立法工作机关曾拟将"毒驾"纳入危险驾驶罪,规定"吸食、注射毒品后驾驶机动车的"构成危险驾驶罪,并增加一款作为该罪的第 4 款,规定"毒驾"罪犯在刑罚执行完毕后依法采取强制隔离戒毒措施。对此,支持者赞成将"毒驾"入刑,但同时提出了具体意见,包括罪与非罪界限需要进一步厘清,如毒品的范围、与麻醉药品、精神药品如何区分等;"毒驾"入刑需限定入刑条件。反对意见则主张,"毒驾"入刑应当慎重,认为现有的毒品快速检测技术不成熟,毒品种类繁多,哪些毒品入罪,吸食、注射毒品后多长时间不能开车等,需要进一步研究。② 例如,有观点认为,目前我国检测毒驾的技术并不成熟、均衡,难以有效解决定

---

① 参见全国人大常委会法工委刑法室编:《地方人大和中央有关部门、单位对刑法修正案(九)草案的意见》(法工刑字[2015]1 号,2015 年 1 月 4 日)。

② 参见全国人大法律委员会:《关于〈中华人民共和国刑法修正案(九)(草案)〉审议结果的报告》(2015 年 8 月 17 日)。

罪标准问题,而采取零容忍确实不符合刑法相关规定(如第 13 条"但书"的规定)的精神,故在对毒驾尚存行政规制的情形下,将"毒驾"入罪是难以达到刑法目的,甚至可能引起诸多消极效果的,导致得不偿失。①

第三,关于其他危险驾驶行为的入刑问题。在修法过程中,有意见认为应当进一步扩大危险驾驶的行为范围,增加规定:疲劳驾驶;在公路上从事货运业务,严重超过额定载货量,或者严重超过规定时速行驶,且被行政机关处罚三次以上,仍不改正;驾驶中使用与驾驶无关的通讯工具、电子产品;无牌照、套牌照驾驶机动车辆;行驶中随意向车窗外投掷垃圾;在高速路行车道上倒车、逆行等行为。②

(四) 修法研讨

对于《刑法修正案(九)》新增危险驾驶罪行为类型的规定和修法过程中的争议,笔者认为,我国在《刑法修正案(九)》新增的两类危险驾驶行为入刑具有必要性,同时我国应进一步将毒驾和其他一些严重的危险驾驶行为入罪。

第一,《刑法修正案(九)》新增的两类危险驾驶行为具备入刑的必要性。从《刑法修正案(九)》新增两类危险驾驶行为的类型上看,它们具有两个显著特点:一是这两类行为对公共安全都具有重大危险性。危险驾驶罪的核心是驾驶行为对公共安全的危险性。《刑法修正案(八)》规定的醉酒驾驶和追逐竞驶如此,《刑法修正案(九)》新增的两类危险驾驶行为亦如此。其中,《刑法修正案(九)》新增的"从事校车业务或者旅客运输"都存在"运输乘客多"的特点。这类运输一旦发生事故,后果通常都十分严重。同理,"运输危险化学品"因化学品本身的特殊危险性而使得该类行为一旦发生事故,对公共安全也会造成重大侵害。因此,无论是"从事校车业务或者旅客运输"还是"运输危险化学品",其行为本身的危险性都较高,需要运输者给予更大的关注。二是这两类行为的入刑条件都有着严格限定。根据《刑法修正案(九)》的规定,"从事校车业务或者旅客运输"行为的入刑条件是"严重超过

---

① 参见彭文华:《危险驾驶行为入罪的必要性与可行性——以〈刑法修正案(九)〉的相关规定为视角》,载《法学论坛》2015 年第 5 期。

② 参见全国人大法律委员会《关于〈中华人民共和国刑法修正案(九)〉(草案二次审议稿)主要问题的修改情况的汇报》(2015 年 8 月 16 日)。

额定乘员载客"或者"严重超过规定时速行驶"。立法者在此处都使用了"严重"一词而对超员、超速行为进行了限定,体现了立法的慎重态度。同样,"运输危险化学品"行为入刑也必须具备两个条件,即"违反危险化学品安全管理规定"和"危及公共安全"。这两个条件的限制可以将合法的危险化学品运输行为和一般违法的危险化学品运输行为排除出危险驾驶罪的治理范围。因此,笔者认为,《刑法修正案(九)》新增两类危险驾驶行为是合理的,它们都具备入刑的必要性。

第二,我国应将毒驾行为入刑。这主要有两方面的考虑:一是毒驾的社会危害性毋庸置疑。过度的吸毒行为能够致幻,吸毒后驾驶机动车非常危险,我国多地都发生过行为人吸毒后驾驶机动车造成严重交通事故的案件。毒驾入刑具备基本的社会危害性基础。二是检测问题不应成为毒驾入刑的障碍。从国外立法例看,许多国家刑法都明确规定毒驾行为是犯罪,而基本不存在毒品检测问题。事实上,毒品不是不能检测,而只是对一些毒品不能快速检测。对此,我国既可以通过技术革新、引进国外境外技术和器材等方式逐步解决,也可以采取现场行为判断和慢速检测相结合的方式进行。如果现场发现疑似吸毒驾驶员,从维护交通安全的需要考虑将其带离,然后对其进行毒品检测,也能实现对毒驾行为的治理。总体而言,我们不能以司法程序存在一定困难就直接否认毒驾入刑的立法。

第三,其他一些严重情节的危险驾驶行为也有入刑的必要。笔者认为,判断一种危险驾驶行为应否入刑,既要考虑行为的危害程度,也要考虑行为的多发性。在实践中,除了《刑法修正案(九)》规定的四种危险驾驶行为和前述的毒驾行为,还有许多情节严重的危险驾驶行为,如大货车严重超载超速行为,也同时具有严重的危害性和多发性,对此可在进一步调查研究的基础上,适时将其纳入危险驾驶罪予以犯罪化处理。

■ 二、抢夺罪的修改问题

(一)修法背景

2013 年 12 月 28 日全国人大常委会通过了关于废止有关劳动教养法律

规定的决定。根据决定,劳教制度废止前,依法作出的劳教决定有效;在劳教制度废止后,对正在被依法执行劳教的人员,解除劳动教养,剩余期限不再执行。为了做好劳动教养制度废除后法律上的衔接,《刑法修正案(八)》在立法上通过降低盗窃罪的入罪门槛等措施适度扩张刑法的适用范围。在此基础上,《刑法修正案(九)》再次将做好劳动教养制度废除后的法律衔接作为立法的重要考虑因素,从多方面完善刑法立法。其中,修改抢夺罪的入罪门槛就是其中一个重要例证。2014 年 11 月对外公布的《刑法修正案(九)(草案)》一审稿第 19 条规定:"将刑法第二百六十七条第一款修改为:'抢夺公私财物,数额较大的,或者多次抢夺的,处三年以下有期徒刑、拘役或者管制,并处或者单处罚金;数额巨大或者有其他严重情节的,处三年以上十年以下有期徒刑,并处罚金;数额特别巨大或者有其他特别严重情节的,处十年以上有期徒刑或者无期徒刑,并处罚金或者没收财产。'"其修改的内容是针对抢夺罪增加了"多次抢夺"的规定。该规定一直沿用至《刑法修正案(九)》表决通过。

(二) 修法内容

《刑法修正案(九)》第 20 条规定:"将刑法第二百六十七条第一款修改为:抢夺公私财物,数额较大的,或者多次抢夺的,处三年以下有期徒刑、拘役或者管制,并处或者单处罚金;数额巨大或者有其他严重情节的,处三年以上十年以下有期徒刑,并处罚金;数额特别巨大或者有其他特别严重情节的,处十年以上有期徒刑或者无期徒刑,并处罚金或者没收财产。'"与刑法典原第 267 条第 1 款的规定相比,该规定增加规定了"或者多次抢夺"的内容。

(三) 修法争议

在《刑法修正案(九)》修法过程中,人们对抢夺罪的修改总体上意见不大。只有个别意见认为,多次抢夺属于屡教不改、性质恶劣的情形,建议单设刑罚,加大惩处力度。[①]　如有全国人大常委会委员提出,抢夺行为的社会危害性较大,建议对"多次抢夺的"加大处罚力度,直接适用抢夺罪的第二档

[①] 参见全国人大常委会法工委刑法室编:《刑法修正案(九)草案向社会公众征求意见的情况》(法工刑字[2015]2 号,2015 年 1 月 9 日)。

刑罚。① 也有社会意见认为多次抢夺属于屡教不改、性质恶劣的情形,建议单设刑罚,加大惩处力度。② 但这些意见都没有被国家立法机关采纳。最终通过的《刑法修正案(九)》保留了第一次审议稿的规定。

(四) 修法研讨

针对修法过程中关于"多次抢夺"的上述争议,笔者认为,《刑法修正案(九)》的现有立法是正确的。这主要体现在两个方面:

第一,《刑法修正案(九)》将"多次抢夺"增列为抢夺罪的入罪标准之一,本身已体现了对"多次抢夺"行为的严惩。从立法精神上看,《刑法修正案(九)》第20条增设"多次抢夺"的规定是为了弥补原刑法典第267条抢夺罪单一入罪门槛(即"数额较大")的不足,力图解决数额虽未达到较大的标准但抢夺次数较多情形的处理问题。在理解上,"多次抢夺"是指行为人实施了三次以上的抢夺行为,且三次以上抢夺的财物数额都没有达到"数额较大"的程度。在《刑法修正案(九)》修法之前,对这种行为不能依照我国刑法典关于抢夺罪的规定对其进行定罪处罚。当然,如果行为人进行了多次抢夺,其中有一次抢夺的财物数额达到了数额较大的标准,对行为人就应当适用抢夺"数额较大"的规定。毕竟,行为人的某次抢夺行为符合"数额较大"的标准,行为人的这一次行为即可单独构成抢夺罪,其他抢夺行为则是作为抢夺罪的从重考量因素。可见,《刑法修正案(九)》将"多次抢夺"作为抢夺罪的定罪标准之一,体现我国刑法对多次抢夺行为的从严评价。这与我国《刑法修正案(八)》将"多次盗窃"行为入刑的做法如出一辙。

第二,"多次抢夺"不具备单设加重刑罚的基础。这主要有两个方面的理由:一是"多次抢夺"的危害性与"多次抢劫"等加重处罚情节不同。我国刑法典有个别立法条文将"多次"作为了犯罪的加重处罚情节。例如,刑法典第263条的抢劫罪中,"多次抢劫"就属于抢劫罪的加重处罚情节,可判处"十年以上有期徒刑、无期徒刑或者死刑"。但笔者认为,"多次抢夺"与"多次抢劫"在法益保护上具有明显不同。刑法理论上一般认为,抢夺是对物的

---

① 参见全国人大常委会法工委刑法室《刑法修正案(九)草案各方面意见分解材料》(2015年5月)。
② 参见全国人大常委会法工委刑法室《刑法修正案(九)草案各方面意见分解材料》(2015年5月)。

暴力,判断抢夺行为的社会危害性关键在于其行为对他人财物造成的侵犯,主要的衡量标准是财物的数额;而抢劫同时侵害了他人人身权利和财产权,是对人和物的暴力,判断的标准是对人身和财产的侵害程度。鉴于财产权与人身权在性质上存在的差异,"多次抢夺"与"多次抢劫"的危害性具有明显差异,不具备单设刑罚的基础。二是我国刑法典第 267 条已为"多次抢夺"构成情节严重、情节特别严重的抢夺规定了加重法定刑。根据我国刑法典第 267 条的规定,抢夺罪的两个加重处罚情节分别是"数额巨大或者有其他严重情节"和"数额特别巨大或者有其他特别严重情节",其对应的法定刑分别是"三年以上十年以下有期徒刑"和"十年以上有期徒刑或者无期徒刑"。如果行为人抢夺的次数很多,分别达到情节严重、情节特别严重的程度,可依照刑法典第 267 条规定的两档加重法定刑处理,而没有必要为"多次抢夺"单设加重的刑罚。

三、袭警行为的刑法规制问题

(一) 修法背景

近年来,袭警问题一直是困扰我国有关部门的难题,也严重侵害了民警的人身权利。据统计,2010 年至 2014 年,民警因同犯罪分子作斗争(遭受暴力袭击)牺牲 111 人。因遭受暴力袭击负伤 8880 人,占因公负伤民警总数的 42.8%。[1] 2013 年,全国暴力抗法袭警案件占全部侵权案件的 75.6%,造成了 23 名民警牺牲、44 名民警重伤。[2] 而从行为方式上看,袭警行为已经由单纯逃避或对抗执法处罚演变为直接针对公安机关和民警的暴力袭击;由口头挑衅、谩骂、侮辱、抢夺枪支及警用装备演变为直接使用凶器、武器、爆炸装置袭击伤害民警,造成民警伤亡,一些袭警案件还呈现出明显的预谋性、聚众性、报复性的趋势。[3] 违法犯罪分子气焰嚣张,手段残忍,情节和行为后果极为严重。民警执法的难度和危险性与之前相比明显增大。但我国刑法

---

① http://news.ifeng.com/a/20150406/43489120_0.shtml。
② 参见《十二届全国人大常委会第十六次会议闭幕 刑法修正案(九)表决通过袭警按妨害公务罪从重处罚》,载《人民公安报》2015 年 8 月 30 日。
③ 参见赵秉志主编:《〈中华人民共和国刑法修正案(九)〉理解与适用》,中国法制出版社 2015 年版,第 251 页。

典第 277 条妨害公务罪的行为方式仅限于暴力、威胁两种手段,似乎难以涵盖所有的袭警行为。鉴此,我国有关部门向国家立法机关提出要加强对袭警行为的刑法治理。在此背景下,《刑法修正案(九)》对袭警行为作出了专门规定。

(二) 修法内容

《刑法修正案(九)》第 21 条规定:"在刑法第二百七十七条中增加一款作为第五款:'暴力袭击正在依法执行职务的人民警察的,依照第一款的规定从重处罚。'"据此,暴力袭警行为成为我国刑法典第 277 条妨害公务罪的法定从重情节。不过,值得指出的是,《刑法修正案(九)》对"暴力袭警"的内涵作了三方面的严格限定:(1) 必须是使用暴力手段袭击,具体包括拳打脚踢,使用枪支、刀具、爆炸物、电击、棍棒等具有杀伤力的工具进行攻击,以及驾驶机动车辆撞击,投掷石块、驱使动物攻击等方式。手段方式不限,只要达到暴力的程度就属于暴力袭击。对于口头威胁、侮辱、谩骂胁迫或者较为轻微的推搡等方式妨碍人民警察执行职务的,不适用于该款规定。如果符合刑法典第 277 条第 1 款规定的,可以适用第 1 款的规定。[①] (2) 暴力袭击的对象针对的是在依法执行职务的人民警察。根据《人民警察法》第 2 条的规定,人民警察包括公安机关、国家安全机关、监狱、劳动教养管理机关[②]的人民警察、人民法院、人民检察院的司法警察。其中公安机关民警还包括铁路、交通、林业、民航、海关等专业警种的人民警察。军人、人民武装警察不包括在内[③],法官、检察官等政法干警也不包括在内。对于袭击协助人民警察执行职务的警务辅助人员、保安人员以及见义勇为群众的行为,不适用于该款规定。(3) 必须袭击依法执行职务的人民警察。对于袭击非执行职务期间的人民警察的,也不适用该款规定。这里的执行职务不应限于工作时间。因为根据《人民警察法》第 19 条规定,人民警察在非工作时间,遇有其职责范围内的紧急情况,应当履行职责。因此,人民警察在非工作时间也有依

---

① 参见赵秉志主编:《〈中华人民共和国刑法修正案(九)〉理解与适用》,中国法制出版社 2015 年版,第 255 页。
② 劳动教养制度废止后,劳动教养管理机关已经更名,有关表述有待法律修改时予以确定。
③ 笔者认为,列入武装警察部队序列的公安边防、消防、警卫部门人员也应视为公安机关人民警察。

法履行职责的可能。在这种情况下，袭击人民警察，应该适用该款规定。[1]对于人民警察在非工作时间，也未依法履行职务的情况下，袭击人民警察的，不适用该款规定。如果符合故意杀人、故意伤害罪的犯罪构成的，按相关罪名论处。对于存在滥用职权、滥用武器警械的民警，不应认定为依法执行职务，不适用该款规定。[2]

（三）修法争议

袭警行为较之一般的妨害公务行为具有更严重的危害性。《刑法修正案（九）》从保护警察人身权利的角度，规定对暴力袭警行为应依法从重处罚。关于袭警行为的刑法治理，在修法过程中，有关部门和各方面主要有三种不同意见：

第一种意见主张在刑法典中设立一个专门的袭警罪，认为设立专门的袭警罪非常必要，并主张对为报复或阻碍警察办案而在警察非执行职务期间暴力袭警的行为也明确规定为犯罪。[3] 刑法理论上也有观点赞同设立专门的袭警罪，理由包括：专门规定袭警罪不会造成警察权的滥用；规定袭警罪是维护国家法律权威的需要；规定袭警罪是保障人民警察特殊职责的要求，因为袭警行为具有比一般妨害公务行为更严重的社会危害性，将袭警行为以普通的妨害公务罪论处，无法体现此类行为严重的社会危害性，与罪刑相适应的刑法基本原则相悖；专门规定袭警罪具有重要的宣示和教育作用。[4]

---

[1] 如根据《人民警察法》第 6 条规定，公安机关的人民警察按照职责分工，依法履行下列职责：(一)预防、制止和侦查违法犯罪活动；(二)维护社会治安秩序，制止危害社会治安秩序的行为；(三)维护交通安全和交通秩序，处理交通事故；(四)组织、实施消防工作，实行消防监督；(五)管理枪支弹药、管制刀具和易燃易爆、剧毒、放射性等危险物品；(六)对法律、法规规定的特种行业进行管理；(七)警卫国家规定的特定人员，守卫重要的场所和设施；(八)管理集会、游行、示威活动；(九)管理户政、国籍、入境出境事务和外国人在中国境内居留、旅行的有关事务；(十)维护国(边)境地区的治安秩序；(十一)对被判处拘役、剥夺政治权利的罪犯执行刑罚；(十二)监督管理计算机信息系统的安全保护工作；(十三)指导和监督国家机关、社会团体、企业事业组织和重点建设工程的治安保卫工作，指导治安保卫委员会等群众性组织的治安防范工作；(十四)法律、法规规定的其他职责。公安机关人民警察开展刑事司法活动应当严格遵守《刑事诉讼法》、《公安机关办理刑事案件程序规定》等法规，开展行政执法活动，应当严格遵守《治安管理处罚法》、《公安机关办理行政案件程序规定》等法规。

[2] 参见赵秉志主编：《〈中华人民共和国刑法修正案(九)〉理解与适用》，中国法制出版社 2015 年版，第 231 页。

[3] 参见全国人大法律委员会《关于〈中华人民共和国刑法修正案(九)〉(草案二次审议稿)主要问题的修改情况的汇报》(2015 年 8 月 16 日)。

[4] 参见赵秉志主编：《〈中华人民共和国刑法修正案(九)〉理解与适用》，中国法制出版社 2015 年版，第 253 页。

第二种意见主张将袭警作为妨害公务罪的一种从重情形加以明文规定，认为修正案的方案考虑了各方面意见，比较周全，尺度把握得好，但同时建议将原草案"暴力袭击正在执行职务的人民警察的"增加"依法"，即修改为"暴力袭击正在依法执行职务的人民警察的"。① 刑法理论上也有观点反对袭警行为单独成罪，理由包括：对袭警行为予以专门规定，容易造成警察权的滥用；对袭警行为予以专门规定，容易造成罪名的重叠，破坏罪刑关系的均衡性和协调性②；专门规定袭警罪不符合我国的刑法传统。我国目前在法系上偏向于大陆法系国家，大陆法系国家相关立法很少有专门规定袭警罪的例子，只是英美法系国家才有专门规定袭警罪的传统。③

第三种意见反对在刑法典中对袭警行为作专门规定。在草案征求意见过程中，有的专家指出，我国目前警察执法水平有待进一步提高，存在特权思想，执法蛮横、不文明执法等情况普遍存在，警民关系尚不和谐，这种情况下不能过于突出对警察的特殊保护，不宜规定专门的袭警罪。刑法典已将袭警作为妨害公务罪的一种情形纳入该罪，已比较周全，尺度把握得很好，没有必要在刑法典中再专门规定袭警行为。④

（四）修法研讨

关于暴力袭警行为的处理，笔者赞同《刑法修正案（九）》的修法规定，即我国刑法典中没有单独设立袭警罪的必要，但在目前情况下可以将暴力袭警行为作为妨害公务罪的从重处罚情节明文规定。

第一，我国刑法中没有单独设立袭警罪的必要。目前我国刑法典中与袭警行为相关的罪名主要有妨害公务罪、寻衅滋事罪、故意伤害罪、故意杀人罪等。其立法具有以下三个特点：一是在行为方式上，这些罪名可以涵盖的袭警行为方式，重点是暴力（妨害公务罪、故意伤害罪、故意杀人罪、寻衅

---

① 参见全国人大法律委员会《关于〈中华人民共和国刑法修正案（九）（草案）〉审议结果的报告》（2015 年 8 月 17 日）。

② 因为袭警行为只是妨害公务的一种特殊表现形式，若仅仅因为袭警现象增多就设立袭警罪，那么随着社会的变迁，袭击人大代表、法官、税务人员等现象同样可能增多，是不是也应该增设袭击人大代表罪、袭击法官罪、袭击税务人员罪？

③ 参见田宏杰：《我国不应增设袭警罪》，载《瞭望新闻周刊》2005 年第 44 期。

④ 参见《〈中华人民共和国刑法修正案（九）（草案三次审议稿）〉参阅资料》（第十二届全国人大常委会第十六次会议参阅资料（一），2015 年 8 月 24 日）。

滋事罪),同时包括威胁(妨害公务罪)、追逐、拦截、辱骂、恐吓(寻衅滋事罪)和其他行为方式(妨害国家安全工作任务造成严重后果的场合)。二是在行为程度上,以暴力、威胁方式实施的袭警行为入刑(妨害公务罪)没有行为程度的特定要求,但其他袭警行为入罪,则都要求达到一定的严重程度(如轻伤、情节恶劣、造成严重后果等)。三是在刑事处罚上,对于一般的袭警行为(即妨害公务罪),最高可处 3 年有期徒刑;对于其他的袭警行为(包括寻衅滋事、故意伤害、故意杀人等),刑法处罚相对严厉,最高可判处死刑。可见,我国刑法已经有多个罪名可用以规制暴力袭警行为,在此背景下,我国没有必要再单独设立袭警罪。特别是,由于我国社会一些领域积压了不少矛盾和问题,违法犯罪行为也有一定的高发多发趋势,当前社会公众对警察履行职责的积极性、公正性存在一些不满情绪,再加上部分地区存在一定的警察不文明执法等现象,警民关系受到不少考验。在此情形下,单独设立袭警罪的社会环境显然也不具备,公众对通过增设袭警罪以加大警察执法权也存在一定的抵触情绪。基于此,在《刑法修正案(九)》的修法过程中,国家立法机关经研究后也认为,在实践中我国对袭警行为一直是按照刑法典第 277 条妨害公务罪的规定处理的,其他国家也多是按妨害公务罪规制袭警行为,因而不需要将袭警行为单独设罪。[①]

第二,《刑法修正案(九)》将暴力袭警行为作为妨害公务罪的从重情节规定具有合理性。我国刑法典没有单独设立袭警罪的必要,这是对我国刑法立法罪名设置情况进行分析后得出的结论。但在现实性上,警察执行的职务与其他公务行为相比毕竟存在一些明显的区别。根据《人民警察法》第 2 条第 1 款的规定,人民警察的任务是维护国家安全,维护社会治安秩序,保护公民的人身安全、人身自由和合法财产,保护公共财产,预防、制止和惩治违法犯罪活动。同时,《人民警察法》第 6 条规定了警察的 12 项职责,主要涉及的都是与违法犯罪行为作斗争。警察职责的这种特殊性决定了警察自身的安全较容易受到侵害,有在立法上予以专门保护的必要。在《刑法修正案(九)》的立法过程中,国家立法机关经研究后认为,针对当前社会矛盾多发,

---

① 参见全国人大法律委员会《关于〈中华人民共和国刑法修正案(九)〉(草案二次审议稿)主要问题的修改情况的汇报》(2015 年 8 月 16 日)。

暴力袭警案件时有发生的实际情况,在妨害公务罪中将袭警行为明确列举出来予以从重处罚,可以更好地起到震慑和预防犯罪的作用。[①]笔者认为,《刑法修正案(九)》的这一规定是妥当的。

四、非法生产、销售专用间谍器材或者窃听、窃照专用器材罪的 完善问题

(一) 修法背景

近年来,随着科技的进步,窃听、窃照专用器材花样不断翻新,种类不断增多。公安部自 2013 年 8 月起组织开展为期三个月的打击整治非法调查类违法犯罪专项行动,重点打击非法生产、销售、使用窃听窃照器材,非法买卖公民个人信息,以及打着商业咨询、经济咨询幌子的私家侦探社和非法调查公司等犯罪类型,共抓获犯罪嫌疑人 2272 名,打掉犯罪团伙 456 个,破获各类刑事案件 20284 起,扣押、收缴非法调查类器材 681 台,收缴赃款赃物价值1344.5 万元。[②] 在《刑法修正案(九)》修法之前,我国刑法与窃听、窃照器材相关的罪名是刑法典原第 283 条,规定的是"非法生产、销售窃听、窃照等专用间谍器材的,处三年以下有期徒刑、拘役或者管制"。在实践中,根据有关规定,由公安机关负责对生产、销售间谍专用器材罪进行立案侦查,而专用间谍器材的确认,则由国家安全部门负责。公安机关对侦查过程中查获的犯罪嫌疑人,能否认定构成本罪,很大程度上取决于国家安全部门对犯罪嫌疑人生产、销售的具有窃听、窃照功能的器材是否属于间谍专用器材的鉴定。而一些被伪装成领带、腰带、打火机、钢笔、纽扣等日常生活用品的窃听、窃照器材难以证明为间谍专用器材。为了更好地规范非法生产、销售窃听、窃照等专用器材的行为,需要刑法立法作出调整和应对。

(二) 修法内容

《刑法修正案(九)》第 24 条规定,将刑法第 283 条修改为:"非法生产、销

---

① 参见全国人大法律委员会《关于〈中华人民共和国刑法修正案(九)〉(草案二次审议稿)主要问题的修改情况的汇报》(2015 年 8 月 16 日)。

② 参见《创建新形势下的打击犯罪新机制——本刊专访公安部刑事侦查局局长刘安成》,来源:http://www.phcppsu.com.cn/news/show.aspx?id=5374。

售专用间谍器材或者窃听、窃照专用器材的,处三年以下有期徒刑、拘役或者管制,并处或者单处罚金;情节严重的,处三年以上七年以下有期徒刑,并处罚金。""单位犯前款罪的,对单位判处罚金,并对其直接负责的主管人员和其他直接责任人员,依照前款的规定处罚。"与原有规定相比,《刑法修正案(九)》对刑法典原第 283 条在罪状、法定刑方面都有所调整:一是在罪状方面扩大了刑法适用的范围,将原来的"间谍专用器材"扩大为"间谍器材或者窃听、窃照专用器材"。二是增设了单位犯罪,规定单位可以构成本罪。三是提高了法定刑幅度,增设了一档"三年以上七年以下有期徒刑,并处罚金"的规定。

(三) 修法争议

关于该罪的修改,在《刑法修正案(九)》修法过程中,有的单位提出,草案将间谍器材和一般民用的器材放在同一层面上规范,扩大了打击面,建议删除。但多数意见和建议主要集中在"窃听、窃照专用器材"是否应纳入本罪适用范围的问题。有的提出,窃听、窃照专用器材的范围太宽泛,实际生活中广泛应用,对生产、销售窃听、窃照专用器材重点在于加强行政管理,对这种行为进行刑事处罚明显过重。有代表提出,现在普遍使用的智能手机等电子器材都有拍照、录音等功能,建议对窃听、窃照专用器材有一个界定,防止打击范围太大。有委员建议对生产、销售窃听、窃照专用器材的行为不规定为犯罪。有委员建议,在"专用间谍器材"前面加上"间谍活动特殊需要的专业间谍器材",把用智能手机拍照的行为排除在外。有的提出,对生产、销售窃听、窃照专用器材的行为可以适用刑法典第 225 条非法经营罪的规定处罚,没有必要修改刑法第 283 条的规定。①

(四) 修法研讨

关于《刑法修正案(九)》第 24 条修正的非法生产、销售窃听、窃照专用器材行为,笔者持赞成态度。这主要有以下两个方面的考虑:

第一,窃听、窃照专用器材不同于一般的具有窃听、窃照功能的器材。在我国,公安机关负责对窃听窃照专用器材的认定工作。关于窃听、窃照专

---

① 参见全国人大常委法工委刑法室:《刑法修正案(九)草案各方面意见分解材料》(2015 年 5 月)。

用器材的技术标准,国家工商总局 2014 年 12 月 23 日会同公安部、国家质检总局出台了《禁止非法生产销售使用窃听窃照专用器材和"伪基站"设备的规定》第 3 条规定:"本规定所称窃听专用器材,是指以伪装或者隐蔽方式使用,经公安机关依法进行技术检测后作出认定性结论,有以下情形之一的:(一)具有无线发射、接收语音信号功能的发射、接收器材;(二)微型语音信号拾取或者录制设备;(三)能够获取无线通信信息的电子接收器材;(四)利用搭接、感应等方式获取通讯线路信息的器材;(五)利用固体传声、光纤、微波、激光、红外线等技术获取语音信息的器材;(六)可遥控语音接收器件或者电子设备中的语音接收功能,获取相关语音信息,且无明显提示的器材(含软件);(七)其他具有窃听功能的器材。"第 4 条规定:"本规定所称窃照专用器材,是指以伪装或者隐蔽方式使用,经公安机关依法进行技术检测后作出认定性结论,有以下情形之一的:(一)具有无线发射功能的照相、摄像器材;(二)微型针孔式摄像装置以及使用微型针孔式摄像装置的照相、摄像器材;(三)取消正常取景器和回放显示器的微小相机和摄像机;(四)利用搭接、感应等方式获取图像信息的器材;(五)可遥控照相、摄像器件或者电子设备中的照相、摄像功能,获取相关图像信息,且无明显提示的器材(含软件);(六)其他具有窃照功能的器材。"根据该规定,窃听、窃照专用器材应具有伪装性、隐蔽性等特点,目的就是在不为他人知悉的情况下进行听取、拍照、拍摄等。行为人使用行为的隐蔽性,并不代表器材本身的隐蔽性,对辅助具有录音、录像、拍照功能的器材,由于录音、录像、拍照不是其主要功能,因此不宜认定为窃听、窃照专用器材。①

第二,我国刑法典已将非法使用窃听、窃照专用器材行为入罪,非法生产、销售窃听、窃照专用器材行为入罪具有必要性。我国刑法典第 284 条规定:"非法使用窃听、窃照专用器材,造成严重后果的,处二年以下有期徒刑、拘役或者管制。"这里的窃听、窃照专用器材是指具有窃听、窃照功能,并专门用于秘密听取、获得他人谈话、通话内容或者对他人活动、形象进行秘密拍摄、拍照活动的器材,如专用于窃听、窃照的窃听器,微型录音机、微型照相机等。②

---

① 参见赵秉志主编:《〈中华人民共和国刑法修正案(九)〉理解与适用》,中国法制出版社 2015 年版,第 221 页。
② 参见郎胜主编:《中华人民共和国刑法释义》,法律出版社 2011 年版,第 509 页。

它与《刑法修正案(九)》第 24 条规定的窃听、窃照专用器材的范围是一致的。而与非法使用窃听、窃照专用器材行为相比,非法生产、销售窃听、窃照专用器材的行为显然具有更大的社会危害性,《刑法修正案(九)》第 24 条明确规定非法生产、销售窃听、窃照专用器材的行为构成犯罪也更具必要性。

五、扰乱社会秩序犯罪的修改与增设问题

(一) 修法背景

当前我国正处在经济、社会转型时期,各类社会矛盾凸显,受各种因素影响,一些不法分子为了满足自己的私利采取极端方式、制造事端,严重扰乱了正常的社会秩序。这类行为在实践中有两种极端表现:

一是"医闹"行为。医疗秩序是社会公共秩序的一部分。近年来,不少地方频频出现在医疗机构聚众滋事、扰乱秩序等违法犯罪行为。此类行为多数是由于医疗纠纷引起,一些地区甚至出现了有偿帮助向医院索赔的"医闹"群体。① 扰乱医疗秩序在实践中主要表现为:在医院实施焚烧纸钱、摆设灵堂、摆放花圈,在就诊区域停放尸体,聚众围堵医疗机构、阻扰患者就医,毁坏财物以及侮辱、谩骂、殴打医务人员等。此类行为严重侵害医护人员和广大患者的利益,扰乱了社会公共秩序,造成恶劣的社会影响。为打击上述不法行为,有关部门陆续出台了《关于维护医疗机构秩序的通告》②、《关于依法惩处涉医违法犯罪维护正常医疗秩序的意见》③等规定,但是在刑法层面,

---

① 多表现为不法分子收取患者即家属财物后,聚集人员在医院实施围堵、制造负面影响等扰乱医疗秩序的行为,向医院施压、迫使医院接受患者即家属提出的条件和要求。
② 其中第 7 条第 1 项、第 7 项规定在医疗机构焚烧纸钱、摆设灵堂、摆放花圈、违规停尸、聚众滋事以及其他扰乱医疗机构正常秩序的行为,可由公安机关依据《中华人民共和国治安管理处罚法》予以处罚;构成犯罪的,依法追究刑事责任。
③ 其中第 2 条第 2 项规定,在医疗机构私设灵堂、摆放花圈、焚烧纸钱、悬挂横幅、堵塞大门或者以其他方式扰乱医疗秩序,尚未造成严重损失,经劝说、警告无效的,要依法驱散,对拒不服从的人员要依法带离现场,依照治安管理处罚法第 23 条的规定处罚;聚众实施的,对首要分子和其他积极参加者依法予以治安处罚;造成严重损失或者扰乱其他公共秩序情节严重,构成寻衅滋事罪、聚众扰乱社会秩序罪、聚众扰乱公共场所秩序、交通秩序罪的,依照刑法的有关规定定罪处罚。在医疗机构的病房、抢救室、重症监护室等场所及医疗机构的公共开放区域违规停放尸体,影响医疗秩序,经劝说、警告无效的,依照治安管理处罚法第 65 条的规定处罚;严重扰乱医疗秩序或者其他公共秩序,构成犯罪的,依照前款的规定定罪处罚。

对聚众扰乱医疗秩序行为并没有明确规定①,对实施上述违法犯罪的行为,主要依据寻衅滋事、敲诈勒索、故意伤害、故意毁坏财物等犯罪论处或者按照违反治安管理处罚的行为给予处罚,但上述处罚未能体现出聚众扰乱医疗秩序的特点,而有关部门出台的规范性文件虽然指出可以适用聚众扰乱社会秩序罪等犯罪,但文件效力较低,在惩处此类行为方面的作用有限。在草案审议稿过程中,有的常委会组成人员和人大代表提出,实践中个别人以医患矛盾为由,故意扰乱医疗单位秩序,严重侵害医护人员的身心健康,损害社会公共利益,社会危害严重,应当明确规定追究刑事责任。全国人大常委会遂对刑法第 290 条第 1 款进行了修改,修改为:聚众扰乱社会秩序,情节严重,致使工作、生产、营业和教学、科研、医疗无法进行,造成严重损失的,对首要分子和其他积极参加的,追究刑事责任。②

二是"缠访"、"闹访"行为。缠访、闹访的形式多样,如在国家机关门前穿状衣,严重干扰了国家机关的工作秩序。而我国 1997 年刑法典第 290 条第 2 款对聚众扰乱社会秩序罪、聚众冲击国家机关罪规定较为严格的入罪条件。例如,聚众冲击国家机关罪不仅要求行为人实施了"聚众"行为,即首要分子组织、策划、纠集、指挥特定或不特定的人员 3 人以上在同一时间聚集于同一地点,而且还要求有"冲击"行为,即采取动态的干扰或阻挠,扰乱国家机关正常的秩序。但实践中一般扰乱国家机关秩序的行为可能不具备这两个条件,但同样具有严重的社会危害性。如 1 至 2 个行为人多次实施的滞留、围堵、静坐等行为照样会扰乱国家机关正常工作秩序。对此,依照 1997 年刑法典的规定则无法追究其刑事责任,而只能处以治安管理处罚,处罚太过轻微,效果亦不容乐观,需要刑法立法作出相应的调整。

从维护社会秩序的角度,《刑法修正案(九)》草案一审稿第 28 条规定:在刑法第 290 条中增加二款,作为第三款、第四款:"多次扰乱国家机关工作秩序,经处罚后仍不改正,造成严重后果的,处三年以下有期徒刑、拘役或者管制。""多次组织、资助他人非法聚集,扰乱社会秩序,情节严重的,依照前款

① 难以将"医疗"归入刑法典第 290 条中规定的工作、生产、营业、教学、科研等内容。
② 参见《全国人民代表大会法律委员会关于〈中华人民共和国刑法修正案(九)(草案)〉修改情况的汇报》(2015 年 6 月 17 日)。

的规定处罚。"

（二）修法内容

《刑法修正案（九）》第31条规定,将刑法第290条第1款修改为:"聚众扰乱社会秩序,情节严重,致使工作、生产、营业和教学、科研、医疗无法进行,造成严重损失的,对首要分子,处三年以上七年以下有期徒刑;对其他积极参加的,处三年以下有期徒刑、拘役、管制或者剥夺政治权利。"同时增加"多次扰乱国家机关工作秩序,经行政处罚后仍不改正,造成严重后果的,处三年以下有期徒刑、拘役或者管制",作为第3款;增加"多次组织、资助他人非法聚集,扰乱社会秩序,情节严重的,依照前款的规定处罚",作为第4款。

与原有规定相比,《刑法修正案（九）》第31条对刑法第290条的修改主要体现为以下几点:（1）将扰乱医疗秩序的行为入罪。根据《刑法修正案（九）》第31条规定,聚众扰乱社会秩序,情节严重,致使医疗无法进行,造成严重损失的,追究首要分子和其他积极参加的刑事责任。（2）将非聚众型扰乱国家机关工作秩序的行为入罪。《刑法修正案（九）》将多次扰乱国家机关工作秩序,经行政处罚后仍不改正,造成严重后果的行为规定为犯罪。根据该规定,扰乱国家机关工作秩序在具备以下三个条件的,可以入罪:多次实施扰乱国家机关工作秩序;经行政处罚后仍不改正;造成严重后果。这里的行政处罚主要是指治安管理处理。造成严重后果包括造成国家机关一定时间内无法正常工作,造成在国家机关中工作人员的人身、财产损害但又不构成故意伤害罪或者故意毁坏财物罪等。（3）规定了非法聚集扰乱社会秩序行为的组织者、资助者的刑事责任。《刑法修正案（九）》第31条将多次组织、资助他人非法聚集,扰乱社会秩序,情节严重的行为规定为犯罪。刑法典第290条、第291条分别规定了聚众扰乱社会秩序罪、聚众扰乱公共场所秩序、交通秩序罪。[①]

（三）修法争议

对于扰乱社会秩序类犯罪的修改和增设,在刑法修正过程中,人们主要有以下两个方面的意见和争议:

[①] 参见赵秉志主编:《〈中华人民共和国刑法修正案（九）〉理解与适用》,中国法制出版社2015年版,第225—226页。

第一,将"医闹"行为在刑法典中单独规定是否有必要。有观点认为,我国刑法典第 290 条第 1 款已经规定了"工作、生产、营业和教学、科研"。从内涵上看,"医疗"行为可以被涵盖在"工作"或者"营业"之中,没有单独规定的必要。但也有观点认为,将"医闹"行为在刑法典第 290 条第 1 款进行立法上的明确,有助于强化实践中对"医闹"行为的治理。还有观点认为,应当将该款中的"聚众"删除,对于个人扰乱社会秩序的,如医闹,情节严重的,也应当追究刑事责任;或者删除该款入罪门槛中的"造成严重损失"。①

第二,增设扰乱国家机关工作秩序罪是否必要。对于扰乱国家机关工作秩序罪的增设,在修法过程中,人们主要有两种意见:一种意见认为,本条涉及民众申诉、批评建议权的行使,必须慎重,否则极易引发新的矛盾和问题,应当对入罪条件进行必要的限制。对于有正当理由、符合国家规定的申诉、上访行为不应按照犯罪处理。另一种意见则主张将扰乱学校、医院等事业单位的工作秩序的行为纳入本条规定中。② 也有观点主张适当下调其入罪门槛,只要具备"经行政处罚后仍不改正"和"造成严重后果"两个条件之一即可入刑。③ 对此,《刑法修正案(九)》在提高这两种行为入罪门槛的基础上(分别要求"经行政处罚后仍不改正,造成严重后果"和"情节严重"),增设了该罪。

(四) 修法研讨

针对上述关于扰乱社会秩序犯罪的修法争议,笔者基本赞同《刑法修正案(九)》的立法规定。具体理由是:

第一,将"医闹"行为载入刑法有助于提高刑法立法的明确性。客观地说,"医疗"在我国是一个相对不确定的概念。在实践中,"医疗"行为既可能是一种工作(对于医生而言),也可能是一种教学活动(对于在医院中实践的医学院学生和老师而言)或者科研活动(对于医院中的科研人员),还可能是一种营业活动(对于民办医疗机构的经营者而言)。按照刑法解释的基本原理,将"医疗"行为解释为"工作"、"营业"、"教学"、"科研"并不违反罪刑法定

---

① 参见《十二届全国人大常委第十五次会议审议刑法修正案(九)草案二次审议稿的审议意见》(2015 年 7 月)。
② 参见全国人大常委会法工委刑法室编:《地方人大和中央有关部门、单位对刑法修正案(九)草案的意见》(法工刑字〔2015〕1 号,2015 年 1 月 4 日);全国人大常委会法工委刑法室编:《刑法修正案(九)草案向社会公众征求意见的情况》(法工刑字〔2015〕2 号,2015 年 1 月 4 日)。
③ 参见《十二届全国人大常委第十五次会议审议刑法修正案(九)草案二次审议稿的审议意见》(2015 年 7 月)。

原则。不过,考虑到刑法立法本身所有具有的一般预防功能,将"医疗"行为直接写入刑法典有助于提高人们对"医闹"行为的认识,也有助于强化司法机关对聚众型"医闹"的刑法治理。从这个角度看,《刑法修正案(九)》在刑法典第290条第1款中明确规定"医疗"行为,显然有其积极价值。

第二,《刑法修正案(九)》增设扰乱国家机关工作秩序罪具备正当性和合理性。这是因为:一方面,国家机关与其他单位存在一定区别,如国家机关代表着国家和政府的形象,国家机关管理的事务通常较多。同时,国家机关的工作性质与公司、企业、事业单位有所不同,后者有相当一部分可以纳入生产经营的范围。如果行为人多次扰乱造成严重后果的,可以依照我国刑法典第276条的破坏生产经营罪追究刑事责任。但对扰乱国家机关工作秩序的行为,在《刑法修正案(九)》之前,没有针对性较强的立法规定和制裁措施。另一方面,《刑法修正案(九)》对扰乱国家机关工作秩序行为入罪规定了较为严格的条件,包括行为次数上的多次、经行政处罚后仍不改正和造成严重后果,行为人扰乱国家机关工作秩序的行为只有同时具备这三个条件才可能被入罪。这可以将正当合理表达诉求的行为与扰乱国家机关工作秩序的犯罪行为区分开来,其入罪具有合理性。

六、组织、利用会道门、邪教组织或者利用迷信破坏法律实施罪的完善问题

(一)修法背景

会道门、邪教和迷信是当前危害我国民众身心健康、危害社会管理秩序的一类常见犯罪。特别是,近年来我国一些地方发生了多起严重的邪教犯罪,其中尤以山东招远发生的全能神邪教徒杀人案最为引人关注。在这个案件中,被告人张帆、张立冬、吕迎春、张航、张巧联及张某(张帆之弟,12周岁)均系"全能神"邪教组织成员。2014年5月28日15时许,五被告人及张某到"麦当劳"招远府前广场餐厅就餐。期间,张立冬、张巧联去附近商场购买了拖把、手机等物品。21时许,张帆、吕迎春授意张航、张巧联、张某向餐厅内的其他顾客索要联系方式,为发展"全能神"教徒做准备。当张航向被

害人吴某某索要手机号码时遭其拒绝,张航将此情况告知了张帆、吕迎春。张帆、吕迎春指使张航再次向吴某某索要号码,又遭拒绝。张帆、吕迎春遂共同指认吴某某为"恶灵",张帆开始咒骂"恶灵"、"魔鬼",上前抢夺吴某某手机制止其通话,并驱赶其离开餐厅,遭斥责后张帆遂持餐厅内座椅击打吴某某头部,吴某某反抗,二人厮打并倒地,张立冬即上前掐住吴某某的脖子,迫使其松手,吕迎春、张航也参与殴打。张帆脱身后,手撑餐桌反复跳起、连续踩踏吴某某头面部,叫嚣"杀了她!她是恶魔",随后将两支拖把递给张立冬和张某,指使张立冬、张航、张巧联、张某诅咒、殴打吴某某。张立冬立即抢起拖把连续猛击吴某某头面部,直至将拖把打断。在吕迎春指使下,张立冬又将吴某某从桌椅间拖出,用穿着皮鞋的右脚反复猛力踢、踩、跺吴某某头面部。张航亦使用椅子等工具殴打吴某某背部和腿部。吕迎春踢、踹吴某某腰臀部,并驱使张巧联、张某殴打吴某某。期间,吕迎春还用拳头击打上前劝阻的"麦当劳"餐厅工作人员,并威胁称"谁管谁死!滚",阻止他人施救,又与张帆冲向餐厅柜台,用柜台上的头盔砸向工作人员,阻止报警。公安人员接警赶到现场制止、抓捕仍在殴打吴某某的张立冬和张某时,遭张帆、吕迎春、张航、张巧联极力阻挠。"120"急救医生到场后确认吴某某已死亡。经法医鉴定,吴某某系生前头面部遭受有较大面积质地坚硬钝物打击并遭受有一定面积质地较硬钝物多次作用致颅脑损伤死亡。①

在此背景下,社会各界要求加大惩治利用会道门、邪教和迷信进行违法犯罪活动的行为。鉴此,《刑法修正案(九)》完善了对利用会道门、邪教组织和迷信进行犯罪的惩治。《刑法修正案(九)》草案一审稿第 30 条规定,将刑法第 300 条第 1 款修改为:"组织和利用会道门、邪教组织或者利用迷信破坏国家法律、行政法规实施的,处三年以上七年以下有期徒刑,并处罚金;情节特别严重的,处七年以上有期徒刑,并处罚金;情节较轻的,处三年以下有期徒刑、拘役或者管制,并处或者单处罚金。"在草案审议过程中,有的部门提出,邪教犯罪社会危害性大,建议提高该罪的刑罚,并建议明确利用邪教蒙骗他人致人重伤的刑事责任。全国人民代表大会法律委员会经研究,建议

---

① 参见山东省烟台市中级人民法院(2014)烟刑一初字第 48 号《刑事判决书》。

对草案有关会道门、邪教组织犯罪的规定进一步予以修改、完善：一是将法定最高刑由 15 年有期徒刑提高到无期徒刑，增加没收财产和剥夺政治权利的刑罚，对利用邪教等奸淫妇女、诈骗财物的，予以数罪并罚；二是增加规定对组织、利用邪教等蒙骗他人致人重伤的，依法追究刑事责任。[①]

（二）修法内容

《刑法修正案（九）》第 33 条将刑法典第 300 条修改为："组织、利用会道门、邪教组织或者利用迷信破坏国家法律、行政法规实施的，处三年以上七年以下有期徒刑，并处罚金；情节特别严重的，处七年以上有期徒刑或者无期徒刑，并处罚金或者没收财产；情节较轻的，处三年以下有期徒刑、拘役、管制或者剥夺政治权利，并处或者单处罚金。""组织、利用会道门、邪教组织或者利用迷信蒙骗他人，致人重伤、死亡的，依照前款的规定处罚。""犯第一款罪又有奸淫妇女、诈骗财物等犯罪行为的，依照数罪并罚的规定处罚。"

与原条文相比，《刑法修正案（九）》作了以下修改：（1）增加了财产刑，即对组织、利用会道门、邪教组织或者利用迷信破坏国家法律、行政法规实施，或者蒙骗他人致人重伤、死亡的，都可以判处罚金等财产刑。（2）对情节特别严重的情形增加规定了无期徒刑等刑罚处罚。《刑法修正案（九）》修法前的条文规定对实施利用会道门、邪教组织、迷信破坏法律实施的行为，情节特别严重的，处 7 年以上有期徒刑。修正案对实施此类行为、情节严重的情形，增加了无期徒刑、罚金、没收财产等刑种。这无形中加大了对此类犯罪的打击力度。（3）规定了情节较轻的情形。即"情节较轻的，处三年以下有期徒刑、拘役、管制或者剥夺政治权利，并处或者单处罚金"。（4）规定了致人重伤的情形。此前立法对于组织、利用会道门、邪教组织或者利用迷信蒙骗他人，致人死亡的，构成组织、利用会道门、邪教组织或者利用迷信破坏法律实施罪。而实施同样行为致人重伤的，此前立法并未作出明确规定，对于致人重伤的，只能依据故意伤害罪、过失致人重伤罪追究刑事责任，这在刑法典分则条文上显得不协调。（5）对原条文中关于同时实施强奸、诈骗行为的处罚规则进行修改。原条文规定组织、利用会道门、邪教组织或者利用迷

[①] 参见《全国人民代表大会法律委员会关于〈中华人民共和国刑法修正案（九）（草案）〉修改情况的汇报》（2015 年 6 月 17 日）。

信奸淫妇女、诈骗财物的,分别依照刑法第 236 条、第 266 条的规定即以强奸罪、诈骗罪定罪处罚。此次修正案规定,犯组织利用会道门、邪教组织或者利用迷信破坏法律实施罪又实施奸淫妇女、诈骗财物等犯罪行为的,依照数罪并罚的规定处罚。

(三) 修法争议

关于《刑法修正案(九)》该条的立法,在修法过程中,有关方面主要有以下两点不同意见:

第一,关于该罪的情节设置问题。有意见认为,应当将《刑法修正案(九)》草案涉及的刑法典第 300 条第 1 款中的"情节特别严重"修改为"情节严重"。也有意见认为,草案涉及的刑法典第 300 条第 1 款规定的情节较乱,应当按照由轻到重的顺序进行排列。[①]

第二,关于增加会道门、邪教、迷信相关的犯罪问题。在修法过程中,有意见认为,我国应当增加与会道门、邪教、迷信相关的犯罪,将传播邪教、积极参与会道门、邪教、迷信活动的行为规定为犯罪。[②]

(四) 修法研讨

针对《刑法修正案(九)》修法过程中关于组织、利用会道门、邪教组织或者利用迷信破坏法律实施罪修改的上述争议,笔者认为,应当从以下两个方面进行分析:

第一,组织、利用会道门、邪教组织或者利用迷信破坏法律实施罪的量刑情节设定基本合理,但在用词上仍可完善。一方面,在修法过程中关于将该罪情节由轻至重排列不可行。我国刑法典分则规定的具体犯罪有基本犯罪构成和修正犯罪构成之分,它们对应的法定刑分别是基本法定刑和加重、减轻法定刑。该罪中,法定刑的排列顺序涉及该罪基本法定刑的设置。目前《刑法修正案(九)》第 33 条将该罪的基本法定刑设定为"三年以上七年以下有期徒刑",并在此基础上设置加重法定刑和减轻法定刑。将该罪的法定刑由轻至重排列,则意味着将该罪的基本法定刑设定为最轻的那一档法定刑。这涉及到罪责刑相适应原则在该罪中的贯彻问题。笔者认为,《刑法修正案

---

① 参见《刑法修正案(九)(草案)分解材料》(十二届全国人大常委第十一次会议,2015 年 5 月)。
② 参见《刑法修正案(九)(草案)分解材料》(十二届全国人大常委第十一次会议,2015 年 5 月)。

（九）》目前的规定是合理的，体现了对组织、利用会道门、邪教组织或者利用迷信破坏法律实施行为适当从严的立法倾向。另一方面，将《刑法修正案（九）》该条中的"情节特别严重"修改为"情节严重"的建议是合理的。在情节轻重的排列上，我国刑法典分则针对不同的犯罪有不同的表述，但在三档式法定刑设置上基本上采取的是以下三种排列方式："情节较重、情节严重、情节特别严重"；"情节较轻、情节一般、情节严重"；"情节一般、情节严重、情节特别严重"。其中，"情节一般"的表述一般不会在立法上明示，而是采取不对情节进行描述的方式进行。本罪中，《刑法修正案（九）》第33条采取的也是三档制，但在表述上采取的是"情节一般（即不对情节进行描述）、情节特别严重、情节较轻"。笔者认为，将本罪的"情节特别严重"修改为"情节严重"更为合理，形成"情节一般、情节严重、情节较轻"的常见模式。否则，在缺乏"情节严重"的情况下，"情节特别严重"无从谈起。

第二，我国刑法不宜将传播邪教，积极参与会道门、邪教、迷信活动的行为单独成罪。这主要有两方面的考虑：一是会道门、邪教、迷信等在实践中通常都会披着一定的外衣。其中有不少是披着合法的宗教外衣，将传播会道门、邪教、迷信的行为单独入罪，涉及到对传播行为的定性，一旦处理不好可能会产生适得其反的效果。特别是当一种邪教、迷信会产生实际危害后果时，很多群众可能因受蒙蔽而相信其"教义"、"信条"，对传播行为进行刑法制裁，容易引发社会矛盾。二是实践中真正实施传播会道门、邪教、迷信行为的基本上都是一些受蒙蔽的群众，会道门、邪教、迷信的组织者、利用者即便有传播行为，因对其行为完全可以按照组织、利用会道门、邪教或者利用迷信破坏法律实施罪追究其刑事责任，而无追究其传播行为刑事责任的必要。而受蒙蔽的群众本身就是受害者，如再追究其传播会道门、邪教、迷信行为的刑事责任，对他们而言是雪上加霜，也是不合理的。

■ 七、盗窃、侮辱尸体罪的完善问题

（一）修法背景

盗窃、侮辱尸体罪是《刑法修正案（九）》修法之前我国刑法针对侵犯尸

体行为所设立的犯罪。但在实践中,也常出现一些盗窃、侮辱甚至故意毁坏尸体、尸骨、骨灰等行为,引发了死者家属的强烈关注。而关于尸骨、骨灰是否属于尸体,实践中也存在三种不同意见:一种观点认为,尸体是自然人死亡后遗留的躯体。尸骨、骨灰不能认为是尸体。第二种观点认为,尸体不仅包括自然人死亡后遗留的躯体,还包括尸骨、骨灰。第三种观点,认为尸体内的器官、骨骸(包括部分骨骼)应包括在尸体的范围内,而其他的毛发、骨灰等与尸体这一概念相差甚远,则不包括在尸体范围内。① 2002 年 9 月 18 日,最高人民检察院研究室《关于盗窃骨灰行为如何处理问题的答复》采取的是上述第一种意见,认为骨灰不属于刑法第 302 条规定的尸体,对盗窃骨灰的不能依照盗窃尸体罪处罚。2006 年 7 月 3 日卫生部等 7 家机关联合制定《尸体出入境和尸体处理的管理规定》第 2 条也规定,尸体是指人去世后的遗体及其标本(含人体器官组织、人体骨骼及其标本)。

但注重对尸体、尸骨等的刑法保护,在国外和有关地区也有相关立法。例如,德国刑法典第 168 条第 1 款规定,行为人无权从有权者的保管之中拿走死者的尸体、尸体的一部分、已死亡的胎儿,这种物体的一部分或者死亡者的遗骸或者对其进行辱骂的恶劣活动的,处 3 年以下的自由刑或者金钱刑。② 日本刑法典第 242 条规定,损坏、遗弃、隐匿或者取得尸体、遗骨、遗发或者藏置于棺内之物的,处 3 年以下惩役。凌辱尸体的,与前项同。③ 台湾地区刑法典第 247 条规定,损坏、遗弃、污辱或盗取尸体者,处 6 月以上 5 年以下有期徒刑。损坏、遗弃或盗取遗骨、遗发、殓物或火葬之遗灰者,处 5 年以下有期徒刑。前二项之未遂犯罚之。第 249 条规定,发掘坟墓而损害、遗弃、污辱或盗取尸体者,处 3 年以上 10 年以下有期徒刑。发掘坟墓而损害、遗弃、或盗取遗骨、遗发、殓物或火葬之遗灰者,处 1 年以上 7 年以下有期徒刑。④

正是考虑上述国内外两方面的因素,《刑法修正案(九)》修改了原刑法

---

① 参见黄艳芳:《对尸骸犯罪问题研究——从全国首例"非法经营人类头骨案"说起》,载《广西政法干部管理学院学报》2013 年第 1 期。

② 参见《德国刑法典》,冯军译,中国政法大学出版社 2000 年版,第 108—109 页。

③ 参见《日本刑法典》,张明楷译,法律出版社 1998 年版,第 169 页。

④ 参见台湾地区"中华民国刑法"(2005 年 1 月 7 日修正)。

典第 302 条的规定,扩大了原盗窃、侮辱尸体罪的对象和范围。

(二) 修法内容

《刑法修正案(九)》第 34 条将将刑法第 302 条修改为:"盗窃、侮辱、故意毁坏尸体、尸骨、骨灰的,处三年以下有期徒刑、拘役或者管制。"该修正案对刑法典第 302 条的修改主要体现在两个方面:一是在行为方面,在盗窃、侮辱的基础上增加了故意毁坏行为。二是在行为的对象上增加了尸骨、骨灰。

(三) 修法争议

在修法过程中,对于《刑法修正案(九)》关于本罪的修法,人们的争议意见主要体现在以下两个方面:

第一,该罪范围的扩大问题。这主要涉及三个方面:一是有观点主张将本罪的行为类型扩大。例如,有意见认为,应当将买卖尸体的行为规定为犯罪。二是有观点主张进一步扩大本罪的行为对象。例如,有意见认为,应当将破坏坟墓、灵穴、坟茔的行为纳入刑法规定。[1] 三是有观点主张在本罪的基础上增设新的罪名。例如,刑法理论上有学者主张增设买卖人类尸骸罪。[2]

第二,该罪的入罪情节限制问题。目前我国刑法典对该罪的入罪情节没有作专门的规定。这意味着,只要行为人实施了盗窃、侮辱、故意毁坏尸体、尸骨、骨灰的行为就应当入罪。在修法过程中,有意见认为,应当对该罪的入罪情节增加"情节严重"的限制。[3]

(四) 修法研讨

盗窃、侮辱、故意毁坏尸体、尸骨、骨灰罪在客观上表现为盗窃尸体、尸骨、骨灰的行为或者实施侮辱尸体、尸骨的行为或者故意毁坏尸体、尸骨、骨灰的行为,侵害的客体是国家对社会风尚的管理秩序以及死者家属的感情。对于修法过程中关于本罪的争议,笔者认为,应当从以下两个方面进行分析:

第一,《刑法修正案(九)》对盗窃、侮辱、故意毁坏尸体、尸骨、骨灰行为

---

① 参见《刑法修正案(九)(草案)分解材料》(十二届全国人大常委第十一次会议,2015 年 5 月)。

② 参见黄艳芳:《对尸骸犯罪问题研究——从全国首例"非法经营人类头骨案"说起》,载《广西政法干部管理学院学报》2013 年 1 月第 1 期。

③ 参见《刑法修正案(九)(草案)分解材料》(十二届全国人大常委第十一次会议,2015 年 5 月)。

的规定是适当的。这里有一个刑法对相关行为的保护程度问题。"尸体、尸骨、骨灰"只是体现对死者的尊重和对死者家属感情的维护。但这种维护必须有一个度,否则将会沦为对封建迷信的保护。例如,在实践中,坟墓、灵穴、坟茔对死者家庭而言也有一定的精神安慰,但如果坟墓、灵穴、坟茔存在的时间较长(如几十年),或者坟墓、灵穴、坟茔因死者亲属的不存在而无一定的精神安慰,如果仅仅为了保护坟墓、灵穴、坟茔本身而在刑法上设立相应的罪名,则不仅容易导致刑法的滥用,而且将导致刑法保护的法益不清楚、不明确。至于修法过程中有观点提到的买卖尸体问题,实践中对之有适用非法经营罪的案例。① 鉴于非法经营罪的法定刑要明显高于盗窃、侮辱、故意毁坏尸体、尸骨、骨灰罪的法定刑,从重法优于轻法的原则,在盗窃、侮辱、故意毁坏尸体、尸骨、骨灰罪增加买卖尸体的行为,反而会削弱对相关行为的惩治。

第二,对盗窃、侮辱、故意毁坏尸体、尸骨、骨灰行为入刑不宜设情节严重的限制。一方面,该罪的法定刑较低,只有"三年以下有期徒刑、拘役或者管制",将该罪的入罪门槛设定得过高容易出现罪责刑不相适应的情形。另一方面,该罪的情节严重不好设定。在一般情况下,情节是否严重主要从行为的次数、行为的手段、行为的后果和行为人的目的、动机等方面进行分析。按照盗窃、侮辱尸体罪之前的实践,只要行为人对尸体实施盗窃、侮辱行为即构成犯罪。同理,在盗窃、侮辱、故意毁坏尸体、尸骨、骨灰罪中,一般情况下的盗窃、侮辱、故意毁坏尸体、尸骨、骨灰行为都应该入罪,情节显著轻微的行为可以依照刑法典第13条的"但书"出罪。一旦将该罪的入罪门槛设定为"情节严重",意味着将一般情况下的盗窃、侮辱、故意毁坏尸体、尸骨、骨灰行为出罪。这既不符合过去我国关于盗窃、侮辱尸体罪的实践,也不符合人们对死者尸体、尸骨、骨灰的情感状况。

---

① 美籍华人丁某于 2006 年 8 月至 2008 年 2 月,先后以人民币 80 元到 160 元不等的单价,从青海省两个农民手中收购共计 1300 余个人类头骨。其间,他通过互联网非法向境外出售 200 余个,卖出价为每个 150 美元左右,经营数额共计 1.9 万余美元,折合人民币 13 万余元。检察机关指控,丁某的行为违反了《尸体出入境和尸体处理的管理规定》的国家规定,将大量人类头骨等尸体遗骸作为商品进行经营的行为,不仅亵渎死者,有悖人伦,伤害社会风化,还严重扰乱了市场秩序,构成非法经营罪。一审法院认定丁某构成非法经营罪,判处其有期徒刑 8 年,并处罚金 30 万元,附加驱逐出境。二审维持原判。参见徐敏、尹口:《刑法上"国家规定"的判断标准》,载《中国检察官》2011 年 8 期 。

■ 八、非法生产、买卖、运输制毒化学品犯罪的完善问题

（一）修法背景

严厉惩治毒品犯罪是各国刑法立法的通例。制毒化学品是毒品的重要原料。为了防治毒品犯罪，各国也十分注重对制毒化学品的管制。《联合国禁止非法贩运麻醉药品和精神药品公约》第12条规定了经常用于非法制造麻醉药品或精神药品的物质，要求缔约国应采取其认为适当的措施，防止公约附表一和表二所列物质（含醋酸酐、乙醚）被挪用于非法制造麻醉药品或精神药物，并应为此目的相互合作。在我国，制毒化学品的违法犯罪行为近年来也呈现出高发多发的态势，2014年，公安机关破获非法买卖、走私制毒物品犯罪案件549起，捣毁非法生产溴代苯丙酮、麻黄碱、氯麻黄碱、邻酮、羟亚胺等制毒物品厂点102个，缴获易制毒化学品和其他制毒原料3847.17吨。其中，不乏一些涉及制毒物品数量巨大、涉案人员众多的大案要案。[①] 为了强化对制毒化学品相关犯罪治理的，我国最高司法机关通过发布司法解释的方式加强了刑法典相关罪名的适用。《刑法修正法（九）》则从立法的角度，加强了对与制毒化学品相关违法犯罪行为的治理。

（二）修法内容

《刑法修正案（九）》第41条规定，将刑法第350条第1款修改为："违反国家规定，非法生产、买卖、运输醋酸酐、乙醚、三氯甲烷或者其他用于制造毒品的原料、配剂，或者携带上述物品进出境，情节较重的，处三年以下有期徒刑、拘役或者管制，并处罚金；情节严重的，处三年以上七年以下有期徒刑，并处罚金；情节特别严重的，处七年以上有期徒刑，并处罚金或者没收财产。将刑法第350条第2款修改为"明知他人制造毒品而为其生产、买卖、运输前款规定的物品的，以制造毒品罪的共犯论处。"

《刑法修正案（九）》对刑法典主要做了以下修改：（1）增加规定了非法生产、运输制毒物品罪。《刑法修正案（九）》明确将违反国家规定，非法生产、

---

① http://legal.people.com.cn/n/2015/0314/c42510—26693066.html。

运输制毒物品,情节较重的行为规定为犯罪。而此前,我国刑法典该条只规定了违反国家规定走私、在境内买卖制毒物品的行为规定为犯罪。(2)修改了走私制毒物品罪的表述。《刑法修正案(九)》将刑法典原第350条走私制毒物品罪的罪状表述由"违反国家规定,非法运输、携带醋酸酐、乙醚、三氯甲烷或者其他用于制造毒品的原料或者配剂进入境的"修改为"携带上述物品进出境"。(3)适当调整了该罪的法定刑幅度。《刑法修正案(九)》按照"情节较重"、"情节严重"、"情节特别严重"划分了三个档次的量刑幅度。对于情节较重的,处3年以下有期徒刑、拘役或者管制,并处罚金;对于情节严重的,将此前规定的"处三年以上十年以下有期徒刑,并处罚金"调整为"处三年以上七年以下有期徒刑,并处罚金";同时,增加规定了"情节特别严重的,处七年以上有期徒刑,并处罚金或者没收财产"的情形。(4)细化了构成制造毒品罪共犯的情形。《刑法修正案(九)》将原刑法典该条文构成共犯的"提供"行为修改为"生产、买卖、运输"。①

(三)修法争议

在修法过程中,对于《刑法修正案(九)》关于本条的修法,各方面的争议主要体现在以下三个方面:

第一,关于本罪的行为类型设置。有意见认为,《刑法修正案(九)》草案本条规定的"运输"易制毒化学品与"携带"上述物品进出境的行为在适用范围上有重合,建议进一步明确两者具体适用于哪些情形。也有意见认为,携带上述物品"进出境"的规定适用范围太窄,携带易制毒物品跨省、跨区域的行为也应纳入刑法规范范围。② 还有意见认为,本条第2款中的"生产、买卖、运输"相对于刑法原条文规定的"提供"范围缩小了,建议增加规定"携带"、"储存"等行为。③

第二,关于本罪涉及的共犯问题。有意见认为,该条规定的行为在刑法理论上属于制造毒品罪的帮助犯。实践中,为制造毒品提供帮助的行为多种多样,其中一些帮助行为同为其生产、运输、买卖等行为具有同样的社会

---

① 参见赵秉志主编:《〈中华人民共和国刑法修正案(九)〉理解与适用》,中国法制出版社2015年版,第244—245页。

② 参见《刑法修正案(九)(草案)分解材料》(十二届全国人大常委第十一次会议,2015年5月)。

③ 参见《刑法修正案(九)(草案)分解材料》(十二届全国人大常委第十一次会议,2015年5月)。

危害性，如在此次修正案草案审议过程中，有委员提出在该款后增加"仓储"，或者建议将该款修改为，"为他人制造毒品提供配方、技术、原料、场所和服务的，以制造毒品罪的共犯论处"。①

第三，关于本罪的法定最高刑问题。《刑法修正案（九）》针对刑法典原条文规定的法定刑过低之事实，提高了该罪的法定刑，增加规定"情节特别严重的，处七年以上有期徒刑，并处罚金或者没收财产"，将该罪的法定最高刑提高至 15 年有期徒刑。但在修法过程中仍有意见认为，本罪的法定最高刑只是 15 年有期徒刑，建议将本条的法定最高刑提高至无期徒刑。②

（四）修法研讨

针对《刑法修正案（九）》修法过程中关于非法生产、买卖、运输制毒化学品犯罪的立法争议，笔者认为，可从以下三个方面进行把握：

第一，《刑法修正案（九）》关于制毒化学品犯罪行为类型的规定是合理的。关于毒品犯罪的行为类型，我国刑法典第 347 条规定了"走私、贩卖、运输、制造"行为。同理，对于制毒化学品而言，其犯罪的行为类型也主要是"走私、贩卖、运输、制造"。在《刑法修正案（九）》修法之前，我国刑法典只规定了"走私、买卖"两种行为，《刑法修正案（九）》在此基础上，将制毒化学品的犯罪行为类型扩大至"非法生产、买卖、运输、走私"，与刑法典第 347 条关于毒品犯罪的行为类型形成对应关系。笔者认为，这一修法是合理的。至于修法过程中一些观点提到了"储存、携带、提供"等行为，或者可以为已有的行为类型所包含（如"携带"可为"运输"包含），或者因行为的危害性不大不具有入刑的必要性（如"储存、提供"），因为我国刑法典已经对构成共犯的储存、提供行为作了明确规定。

第二，《刑法修正案（九）》对本罪涉及的制造毒品罪共犯问题的规定是合理的。对于修法过程中有观点提到的"仓储"行为，笔者认为，如果行为人明知他人要将化学制毒物品用于制造毒品而为其提供仓储服务，那么行为人的行为当然可以构成制造毒品罪的共犯。但考虑到《刑法修正案（九）》本

---

① 参见《中华人民共和国刑法修正案（九）（草案三次审议稿）参阅材料》（十二届全国人大常委会第十六次会议参阅资料（一），2015 年 8 月 24 日）。

② 参见《刑法修正案（九）（草案）分解材料》（十二届全国人大常委第十一次会议，2015 年 5 月）。

条主要规定的化学制毒物品的非法生产、买卖、运输和走私行为，未涉及仓储、储存行为，因而对本罪行为可能构成制造毒品罪共犯的提示性规定中没有必要提及仓储、储存行为。这是因为《刑法修正案（九）》该条第 2 款关于"明知他人制造毒品而为其生产、买卖、运输前款规定的物品的，以制造毒品罪的共犯论处"，只是一个提示性规定，属于注意规范，而非法律拟制性规定。

第三，《刑法修正案（九）》对本罪法定最高刑的规定是合理的。在《刑法修正案（九）》修法之前，我国规定走私制毒物品罪、非法买卖制毒物品罪的法定最高刑是"十年有期徒刑"。此次刑法修正将该罪的法定最高刑提高至"十五年有期徒刑"。笔者认为，"十五年有期徒刑"的法定最高刑对该罪的处罚已经很重，没有必要将该罪的法定最高刑提高至"无期徒刑"。这是因为，化学制毒物品与毒品在危害性上存在很大的差异。"化学制毒物品"只是"毒品"的制造材料，从制造毒品行为的阶段上看，非法生产、买卖、运输、走私制毒物品的行为只是制造毒品的预备行为。按照预备犯比照既遂犯"从轻、减轻或者免除处罚"的原则，对这类行为的处罚当然要明显轻于相应的毒品犯罪行为。鉴于我国刑法典第 347 条走私、贩卖、运输、制度毒品罪的最高一档法定刑为"十五年有期徒刑、无期徒刑或者死刑，并处没收财产"，《刑法修正案（九）》将本罪的法定最高刑提高至"十五年有期徒刑"符合本罪类似于走私、贩卖、运输、制度毒品罪的预备犯之社会危害性状况，不宜再提高。

第七章　妨害司法罪修正的争议问题

　　加强司法的刑法保护是《刑法修正案（九）》的重要立法内容。《刑法修正案（九）》对司法的保护主要体现在四个方面：一是增设虚假诉讼罪，将以捏造事实提起民事诉讼的行为单独成罪；二是增设泄露不公开案件信息罪，将在不公开审理案件中泄露不应公开信息的行为单独成罪；三是修改扰乱法庭秩序罪，扩大了扰乱法庭秩序行为入刑的范围；四是完善了拒不执行判决、裁定罪，增加了单位犯罪主体并提升了其法定刑。在修法过程中，对于《刑法修正案（九）》关于妨害司法犯罪的上述立法，各方面也存在一些不同意见。

■ 一、虚假诉讼罪的增设问题

（一）修法背景

　　司法公正是现代社会政治民主、进步的重要标志，也是现代国家经济发展和社会稳定的重要保证。司法能够定纷止争、保护合法权益、维护正常的社会秩序。但近年来实践中滥用诉讼的虚假诉讼行为高发多发。一些行为人虚构事实，向人民法院提起民事诉讼，骗取法院裁判文书，侵犯了相关人员合法权益，妨害了司法功能的正常运作，扰乱了正常的司法秩序，也极大地损害了司法公信力，同时造成了司法资源的浪费，使得真正合法利益诉求的当事人无法得到及时有效的司法救济，严重侵蚀了司法权威和司法公信力。但我国1997年刑法典对虚假诉讼却缺乏明确的应对规范，司法实践中处理结果的差异很大。依据公开的司法判决和相关学者的观点，就有"无罪"、"诈骗罪"、"敲诈勒索罪"、"不同行为不同罪"以及"妨害司法罪"等主张和处理方法,影响了虚假诉讼的司法统一和效果,也损害了刑法的权威和目的的实现。我国有必要在刑法立法上明确虚假诉讼行为的处理。

2014 年 10 月 27 日首次提交全国人大常委会审议的《刑法修正案(九)(草案)》一次审议稿拟在刑法典中增设虚假诉讼犯罪。一审稿第 33 条第 1款规定:在刑法第 397 条后增加一条,作为第 307 条之一:"为谋取不正当利益,以捏造的事实提起民事诉讼,严重妨害司法秩序的,处三年以下有期徒刑、拘役或者管制,并处或者单处罚金。"第 2 款规定:"有前款行为,侵占他人财产或者逃避合法债务的,依照本法第二百六十六条的规定从重处罚。"第 3款规定:"司法工作人员利用职权,与他人共同实施前两款行为的,从重处罚;同时构成其他犯罪的,依照处罚较重的规定定罪从重处罚。"该条规定主要是将虚假诉讼行为设置为独立的罪名、明确了虚假诉讼犯罪的基本罪状、界定了虚假诉讼犯罪与其他犯罪的竞合适用以及该罪的加重处罚情节。在听取相关意见和建议的基础上,2015 年 6 月 23 日提交全国人大常委会审议的《刑法修正案(九)(草案)》二次审议稿第 34 条规定,在刑法第 307 后增加一条,作为第 307 之一:"以捏造的事实提起民事诉讼,严重妨害司法秩序的,处三年以下有期徒刑、拘役或者管制,并处或者单处罚金。"第 2 款规定:"有前款行为,非法占有他人财产或者逃避合法债务,又构成其他犯罪的,依照处罚较重的规定定罪从重处罚。"第 3 款规定:"司法工作人员利用职权,与他人共同实施前两款行为的,从重处罚;同时构成其他犯罪的,依照处罚较重的规定定罪从重处罚。"较之于一审稿,二审稿取消了"为谋取不正当利益"的主观要件要求,将"侵占"改为"非法占有",并且明确了构成虚假诉讼罪的情形下,又构成其他犯罪,依据处罚较重的规定定罪处罚。二审稿向社会公布并征求意见期间,一些专家学者和委员提出,虚假诉讼行为也可以由单位作出,应当规定单位犯罪;由于虚假诉讼行为还有可能造成比较严重的后果,建议增加一档"三年以上七年以下有期徒刑,并处罚金"的法定刑;虚假诉讼有时不仅妨害了司法秩序,还存在获取非法利益,侵害他人合法权益的情况,应当对相关情形作出考虑。[①] 相比于二审稿,三审稿主要是增设了虚

----

① 参见《中华人民共和国刑法修正案(九)(草案二次审议稿)参阅资料》(第十二届全国人大常委会第十五次会议参阅资料(二)),全国人大常委会办公厅秘书局 2015 年 6 月 23 日编印,第 90—96 页。

假诉讼行为单位犯罪的规定,增设了"三年以上七年以下有期徒刑,并处罚金"的法定刑,在妨害司法秩序后增加了"严重侵害他人合法权益的"的情形。

(二)修法内容

《刑法修正案(九)》第 35 条在刑法典第 307 条后增加一条作为第 307 条之一,专门规定了虚假诉讼罪。该条第 1 款规定:"以捏造的事实提起民事诉讼,妨害司法秩序或者严重侵害他人合法权益的,处三年以下有期徒刑、拘役或者管制,并处或者单处罚金;情节严重的,处三年以上七年以下有期徒刑,并处罚金。"第 2 款规定单位可以成为本罪的犯罪主体。第 3 款规定:"有第一款行为,非法占有他人财产或者逃避合法债务,又构成其他犯罪的,依照处罚较重的规定定罪从重处罚。"从内容上看,《刑法修正案(九)》该条的规定主要包括两方面的内容:(1)增设了单独的虚假诉讼罪,以专门规制以捏造的事实提起民事诉讼,妨害司法秩序或者严重侵害他人合法权益的行为。(2)明确了虚假诉讼罪与其他犯罪竞合时的处断原则,即当虚假诉讼罪与以虚假诉讼方式实施的诈骗罪、逃税罪等犯罪竞合时,应以一重罪从重处罚。

(三)修法争议

关于虚假诉讼行为的刑法治理,在《刑法修正案(九)》修法过程中,人们主要有以下三种不同意见:

第一种意见认为,虚假诉讼行为具有严重的社会危害性,应当进行刑事制裁。但是否需要设置独立的罪名进行处罚,则值得进一步探讨和研究。有观点认为,对虚假诉讼可以通过立法解释的形式或者司法机关出台相关司法解释,明确将虚假诉讼的行为作为诈骗罪处理,纳入刑事打击的处理范围。[1]

第二种意见认为,虚假诉讼行为应当单独成罪。有观点认为,鉴于虚假诉讼行为与传统诈骗罪的犯罪构成不相符,建议增设"诉讼诈骗罪",将侵财性的虚假诉讼以该罪定罪处罚。同时建议将我国刑法典第 307 条第 2 款帮

---

[1] 参见《中华人民共和国刑法修正案(九)(草案)参阅资料》,第十二届全国人大常委会第十一次会议参阅资料(三),2014 年 10 月 27 日。

助毁灭、伪造证据罪中的"帮助当事人毁灭、伪造证据"修改为"毁灭、伪造证据，或者帮助当事人毁灭、伪造证据"，对于非侵财性的虚假诉讼以该罪定罪处罚。①

第三种意见认为，《刑法修正案（九）》草案规定的虚假诉讼罪还存在值得进一步完善之处。有意见认为，应在妨害司法罪一节中设立"虚假诉讼"这一新罪名惩处虚假诉讼行为。② 但也有观点认为，《刑法修正案（九）》不应将虚假诉讼仅限于民事诉讼，应删除"民事"二字，增加"仲裁"；虚假民事诉讼侵害的客体是司法秩序和司法权威，建议删去"为谋取不正当利益"的主观要件；将"以捏造事实提起民事诉讼"改为"以虚假的事实提起民事诉讼"，删去"严重妨害司法秩序"的限定性条件；将诉讼的范围扩大至行政诉讼。③ 此外，还有观点主张将通过虚假诉讼侵占他人财产或者逃避合法债务的情形作为虚假诉讼罪的加重处罚情节，而非按照诈骗罪处理。该观点认为，增加虚假诉讼的犯罪是必要的，解决了司法实践中长期存在争议的问题，但是不赞成对侵占他人财产或者逃避合法债务的情形以刑法第 266 条规定的诈骗罪追究。虚假诉讼与诈骗在性质上存在差别，能否作为诈骗，理论上也有争议，应当作为独立的犯罪，单独设定法定刑，建议将侵占他人财产或者逃避合法债务的作为虚假诉讼罪的加重处罚情节，判处 3 年以上 10 年以下有期徒刑；情节特别严重的，处 10 年以上有期徒刑或者无期徒刑。④

（四）修法研讨

针对《刑法修正案（九）》修法过程以及我国刑法理论上关于虚假诉讼行为存在的上述争议，笔者认为，应当从以下三个方面进行分析：

第一，基于我国刑法典相关规定以及虚假诉讼行为的本质特征，《刑法修正案（九）》将虚假诉讼的行为独立成罪是合理的。主要理由是：（1）从行

---

① 参见《中华人民共和国刑法修正案（九）（草案）参阅资料》，第十二届全国人大常委会第十一次会议参阅资料（三），2014 年 10 月 27 日。

② 参见《中华人民共和国刑法修正案（九）（草案）参阅资料》，第十二届全国人大常委会第十一次会议参阅资料（三），2014 年 10 月 27 日。

③ 参见全国人大常委会法工委刑法室编：《地方人大和中央有关部门、单位对刑法修正案（九）草案的意见》（法工刑字〔2015〕1 号，2015 年 1 月 4 日）；全国人大常委会法工委刑法室编：《刑法修正案（九）草案向社会公众征求意见的情况》（法工刑字〔2015〕2 号，2015 年 1 月 4 日）。

④ 参见全国人大常委会法工委刑法室《刑法修正案（九）各方面意见分解材料》（2015 年 5 月）。

为特征来看,虚假诉讼行为与诈骗等犯罪行为有较大区别,将其单独规定为犯罪更为合适。尽管对于虚假诉讼的界定理论上存在一定的争议,但是对于虚假诉讼的核心要素,理论上并不存在很大的分歧,即虚假诉讼是行为人通过虚构事实的方式提起民事诉讼,利用法院的相关裁判获取不正当利益。这里的不正当利益既包括财物、财产性利益,也包括一般的不法利益。[1] 理论上,按照行为人的目的是获取财产性利益还是非财产性利益,可以将虚假诉讼行为分为侵财性和非侵财性虚假诉讼。[2] 虽然侵财性虚假诉讼在行为方式、主观目的方面与诈骗罪存在一定的交叉,但是诈骗罪并不包括非侵财性的虚假诉讼行为,因而并不能对所有的虚假诉讼行为进行惩治。(2)从侵犯的客体来看,行为人以虚假的事实向人民法院提起诉讼,侵犯的主要是司法权威和司法公信,单独规定为犯罪更能反映其行为的性质。虚假诉讼客观上表现为通过伪造证据、隐匿证据、提出虚假诉讼请求等利用法院司法活动的方式获取不正当利益。尽管虚假诉讼也会造成公私财产损失,但更重要的是扰乱司法秩序,浪费司法资源,损害司法权威和司法公信。[3] 虚假诉讼侵犯的主要法益应当是司法秩序,而非公私财产权。(3)从司法实践来看,对于虚假诉讼行为,我国司法实践中的处罚差异很大,不独立成罪不利于有效惩治虚假诉讼行为。例如,2002年9月最高人民检察院研究室《关于通过伪造证据骗取法院民事判决占有他人财物的行为如何适用法律问题的回复》规定:"以非法占有为目的,通过伪造证据骗取法院民事裁判占有他人财物的行为所侵害的主要是人民法院正常的审判活动,可以由人民法院依照民事诉讼法的有关规定作出处理,不宜以诈骗罪追究行为人的刑事责任。如果行为人伪造证据时,实施了伪造公司、企业、事业单位、人民团体印章的行为,构成犯罪的,应当依照刑法第二百八十条第二款的规定,以伪造公司、企业、事业单位、人民团体印章罪追究刑事责任;如果行为人有指使他人作伪证行为,构成犯罪的,应当依照刑法第三百零七条第一款的规定,以妨害作证罪追究刑事责任。"但2010年7月7日浙江省高级人民法院、浙江省人

---

[1] 参见熊跃敏、王奕超:《规制虚假诉讼的法律路径探讨》,载《人民检察》2014年第14期。

[2] 参见吴仁碧:《诉讼欺诈犯罪研究》,中国人民公安大学出版社2012年版,第23页。

[3] 参见赵秉志、商浩文:《简论应将虚假诉讼行为独立入罪》,载《人民法院报》2014年8月13日。

民检察院《关于办理虚假诉讼刑事案件具体适用法律的指导意见》第5条明确规定："以非法占有为目的,进行虚假诉讼,骗取公私财物的,按照刑法第二百六十六条诈骗罪处理。"总体而言,依据公开的司法判决和相关学者的观点,由于虚假诉讼行为没有独立的罪名进行惩治,对于虚假诉讼行为,主要有"无罪"、"诈骗罪"、"敲诈勒索罪"、"不同行为不同罪"以及"妨害司法罪"等处理主张。① 由于司法实践对虚假诉讼行为的定性不一致导致虚假诉讼行为定罪的不统一,不利于有效地惩治虚假诉讼行为。因此,鉴于虚假诉讼的行为特征及其侵犯的法益的特殊性,有必要增设独立的虚假诉讼罪,以加强对此类行为的惩治。(4)虚假诉讼行为独立成罪有助于加强与民事诉讼法相衔接,保障民事诉讼法的贯彻实施。面对日益严重的虚假诉讼行为,2012年修订的《民事诉讼法》中增加了两条关于虚假诉讼的规定。该法第112条规定:"当事人之间恶意串通,企图通过诉讼、调解等方式侵害他人合法权益的,人民法院应当驳回其请求,并根据情节轻重予以罚款、拘留;构成犯罪的,依法追究刑事责任。"第113条规定:"被执行人与他人恶意串通,通过诉讼、仲裁、调解等方式逃避履行法律文书确定的义务的,人民法院应当根据情节轻重予以罚款、拘留;构成犯罪的,依法追究刑事责任。"这两条都明确规定对虚假诉讼行为可以追究刑事责任,但是由于刑法典中并未设立独立的虚假诉讼罪,造成刑事司法实践中对于惩治此类行为的不一致。因而在刑法修改中设定专门罪名有助于保障民事诉讼法的贯彻实施,以实现法律之间的有效衔接。②

第二,《刑法修正案(九)》增设虚假诉讼罪的立法设计总体恰当。这主要体现在:一是《刑法修正案(九)》将该作为妨害司法罪的一种是恰当的。虚假诉讼行为的突出特点表现为通过捏造事实、提起诉讼欺骗法院的方式谋取不正当利益。尽管虚假诉讼也会造成公私财产损失,但是更重要的在于扰乱司法秩序,浪费司法资源,损害司法权威和司法公信。因而虚假诉讼犯罪应当属于妨害司法罪的一种,应当将其纳入刑法典分则第六章第二节"妨害司法罪"中,以准确评价其犯罪性质。二是《刑法修正案(九)》对虚假

---

① 参见范敦强:《诉讼欺诈的法律定性与司法处理》,载《暨南大学学报》(哲学社会科学版)2014年第6期。
② 参见赵秉志、商浩文:《简论应将虚假诉讼行为独立入罪》,载《人民法院报》2014年8月13日。

诉讼罪罪状的设计是合理的。上述争议中,对于虚假诉讼罪的范围问题,将仲裁、行政诉讼都纳入虚假诉讼的范围似乎更能严密法网。不过,考虑到虚假仲裁行为侵害的法益与虚假诉讼行为侵害的法益不完全一致,而且仲裁的强制执行最终仍需由法院作出裁定后执行,因此将仲裁列入虚假诉讼行为的范围意义不大。同时,鉴于行政诉讼主要解决的是行政处罚的合法性与合理性问题,而且证明行政处罚合法性与合理性的责任在行政机关,当事人以捏造的事实提起行政诉讼的可能不大也无必要,因此在现有的虚假诉讼罪的模式之下,没有必要将仲裁和行政诉讼纳入其中。同时,实践中虚假诉讼行为的目的具有多样性,如行为人既可能是为了侵占他人的财产或者逃避合法债务,也有可能是逃避缴纳税款的义务,还有可能是为了逃避相关的政策规定(如通过诉讼的形式逃避一些地方政府关于房屋、汽车购买、过户的限制性政策)。从这个角度看,《刑法修正案(九)》听取相关方面的意见,未对虚假诉讼行为的目的进行限定是恰当的,值得肯定。三是《刑法修正案(九)》对虚假诉讼罪法定刑的设计是均衡的。作为刑法典分则第六章第二节妨害司法罪的一个罪名,虚假诉讼罪的法定刑设置应当与相关犯罪的法定刑保持均衡。考虑到刑法典第 305 条、第 306 条和第 307 条规定的法定刑都是采取两档制,分别规定的是"三年以下有期徒刑或者拘役"和"三年以上七年以下有期徒刑"。同时,由于本罪发生在司法程序中,极易发生司法工作人员与行为人相互串通实施虚假诉讼的行为,鉴于司法工作人员的特殊身份以及实施该种行为造成的危害更大,可以考虑将司法工作人员实施虚假诉讼的行为作为本罪从重处罚情节进行处理。笔者认为,《刑法修正案(九)》吸收有关建议将虚假诉讼罪的法定刑分别两档,并将其最高法定刑规定为"七年有期徒刑",与相关犯罪相比,总体上是均衡的。

第三,《刑法修正案(九)》对诉讼诈骗行为的提示性规定基本合理。鉴于诉讼诈骗行为在司法定性上存在较大争议,《刑法修正案(九)》草案一审稿曾明确规定将诉讼诈骗行为按照诈骗罪处理,即"侵占他人财产或者逃避合法债务的,依照本法第二百六十六条的规定从重处罚"。最终审议通过的《刑法修正案(九)》文本虽然对该规定作了调整,只是笼统地规定"有第一款行为,非法占有他人财产或者逃避合法债务,又构成其他犯罪的,依照处罚较重的规定定罪从重处罚",但实际上仍肯定了对诉讼诈骗行为可按诈骗罪定罪。如前所述,在前述争议,有观点主张将诉讼诈骗作为虚假诉讼罪的加重处罚情节。本书第一作者也曾认为,诉讼诈骗与三角诈骗存在的明显区别,因为法院执行拒绝履行支付义务一方当事人财产的权力不能称为处分权,法院既不是被执行财产的所有权人,也不能称之为财产的保管人或占有人。故而对诉讼诈骗而言,其在内在结构上,虽然法院可以成为受骗者,能够在陷入错误认识的情况下作出错误的判决,但是诉讼诈骗与三角诈骗仍存在不同的逻辑,不能将二者等同视之。① 不过,对于《刑法修正案(九)》关于诉讼诈骗的规定,笔者仍持肯定态度。这主要有两方面的考虑:一是诉讼诈骗与普通诈骗、三角诈骗之间的行为差异,是基于刑法典第 266 条的规定。在《刑法修正案(九)》通过专门的条文明示和暗示对诉讼诈骗可以按照诈骗罪进行处理的情况下,可认为这是对诉讼诈骗行为定性的拟制,不需要再以普通诈骗或者三角诈骗的形态去评断诉讼诈骗。二是将诉讼诈骗作为虚假诉讼的加重处罚情节难以实现罪责刑相适应。虚假诉讼与诉讼诈骗之间是一种包容与被包容的关系,两者的主要区别是行为目的的不同和侵害法益的差异。将诉讼诈骗作为虚假诉讼的加重处罚情节,不仅可能过度拔高诉讼诈骗的行为危害性,而且容易与诈骗罪的法定刑相冲突。例如,同样是诈骗价值 10 万元的财产,按照诉讼诈骗和按照普通诈骗进行处理,法定刑可能差距过大,进而会影响罪责刑相适应原则的适用。基于这种考虑,笔者认为,《刑法修正案(九)》对虚假诉讼与诉讼诈骗的竞合采取择一重罪处断的原则进行处理,是适当的。

二、泄露不应公开的案件信息罪的增设问题

(一)修法背景

基于审判公正以及公民知情权的考量,司法公开已经成为我国司法诉讼中的基本原则。然而,出于保护国家秘密、个人隐私、商业秘密等的需要,

---

① 参见赵秉志、张伟珂:《诉讼诈骗问题新论》,载《甘肃社会科学》2012 年第 6 期。

我国相关立法也对司法公开进行了例外规定。[1] 例如,《刑事诉讼法》第183条规定:"人民法院审判第一审案件应当公开进行。但是有关国家秘密或者个人隐私的案件,不公开审理;涉及商业秘密的案件,当事人申请不公开审理的,可以不公开审理。"《未成年人保护法》第39条规定:"任何组织或者个人不得披露未成年人的个人隐私。"第58条规定:"对未成年人犯罪案件,新闻报道、影视节目、公开出版物、网络等不得披露该未成年人的姓名、住所、照片、图像以及可能推断出该未成年人的资料。"

2013年发生在北京的未成年人李某某强奸案因其重大而广泛的社会影响成为了当年度的热点法治和社会事件。在该案中,除了当事各方围绕案情展开的激烈交锋,律师也是该事件的重要主角,其对该案案件事实的爆料频繁出现在网络、报纸等各种媒体之中。2014年4月14日,北京市律协针对该案律师涉嫌泄露当事人隐私、不当披露案件信息等违规行为作出了最终处理决定,6名律师被分别给予训诫、通报批评、公开谴责的行业纪律处分。[2] 同时,在司法实践中,一些媒体或者其工作人员热衷以公开披露、报道相关不应当公开的案件信息方式挖掘新闻,严重影响审判工作的顺利进行,损害司法公正和司法权威。但按照我国1997年刑法典的规定,对这类泄露不应公开的案件信息的行为,缺乏立法规定,需要立法作出调整和回应。

2014年10月27日提交全国人大常委会审议的《刑法修正案(九)(草案)》第34条第1款规定:"在刑法第三百零八条后增加一条,作为第三百零八条之一:'司法工作人员、辩护人、诉讼代理人或者其他诉讼参与人,泄露依法不公开审理的案件中不应当公开的信息,造成信息公开传播或者其他严重后果的,处三年以下有期徒刑、拘役或者管制,并处或者单处罚金。"第2款规定:"有前款行为,泄露国家秘密的,依照本法第三百九十八条的规定定罪处罚。"第3款规定:"公开披露、报道第一款规定的案件信息,情节严重的,依照第一款的规定处罚。"第4款规定:"单位犯前款罪的,对单位判处罚金,并对直接负责的主管人员和其他直接责任人员,依照第一款的规定处罚。"此后,2015年6月23日的《刑法修正案(九)(草案二次审议稿)》第35条、

---

[1] 参见罗灿:《自媒体时代不公开审理刑事案件的信息保护》,载《人民法院报》2014年5月7日。
[2] 参见刘晓玲:《李某某案律师泄露当事人隐私被律协处分》,载《北京青年报》2014年4月18日。

2015 年 8 月的《刑法修正案（九）（草案三次审议稿）》以及最终审议通过的《刑法修正案（九）》第 36 条均维持了这一规定，没作进一步的修改变动。

（二）修法内容

《刑法修正案（九）》第 36 条规定："在刑法第三百零八条后增加一条，作为第三百零八条之一：'司法工作人员、辩护人、诉讼代理人或者其他诉讼参与人，泄露依法不公开审理的案件中不应当公开的信息，造成信息公开传播或者其他严重后果的，处三年以下有期徒刑、拘役或者管制，并处或者单处罚金。''有前款行为，泄露国家秘密的，依照本法第三百九十八条的规定定罪处罚。''公开披露、报道第一款规定的案件信息，情节严重的，依照第一款的规定处罚。''单位犯前款罪的，对单位判处罚金，并对其直接负责的主管人员和其他直接责任人员，依照第一款的规定处罚。'"据此，《刑法修正案（九）》第 36 条主要新增了两种泄露不应公开的案件信息犯罪，即泄露不应公开的案件信息罪（第 1 款）和公开披露、报道不应公开的案件信息罪（第 3 款）。

（三）修法争议

不应公开的案件信息事关当事人的合法利益和司法秩序。为加强对案件信息的保护，《刑法修正案（九）》明确将泄露不应公开的案件信息行为入罪，意义明显。不过，关于增设泄露不应公开的案件信息犯罪，在修法过程中，人们也有一些不同意见，并主要集中在以下两方面：

第一，泄露不应公开的案件信息犯罪的增设是否必要？有意见认为，目前法律没有明确规定依法不开工审理的案件中哪些信息"不应当公开"，且不公开审理案件的类型各异，应当分别考虑，对该条第 1 款规定犯罪的必要性、可行性应作深入考虑，慎重决策。也有意见认为，泄露不公开审理案件信息犯罪的规定是专门针对辩护律师而设立的条款，难免会严重影响律师在刑事诉讼中充分行使辩护权，不利于保障司法公正和当事人的合法权利，建议予以删除，如果律师不当行为违反了律师行业规则，可通过律师法、律师行业规章予以规范，予以行政处罚即可；有关行为构成犯罪的，可以按照刑法关于泄露国家秘密、侵犯商业秘密和个人信息的犯罪追究刑事责任。还有意见认为，该条第 3 款的规定对媒体要求过高，不利于媒体对司法的监督，建议予以删除；第 3 款的情形主要针对一些媒体或者自媒体群众，既然有了第 1 款的规定,就能从源头上限制案件信息的流出,没有必要进一步扩大处罚范围。[①]

第二,泄露不应公开的案件信息犯罪怎样设置合理? 有意见主张删除该条第 1 款中的"其他诉讼参与人",认为这一规定对其他诉讼参与人要求过高、不合理,建议将本罪的主体仅限于司法工作人员。 也有意见认为,应在条文中增加"故意"泄露案件信息的主观条件,进一步明确"造成严重后果"、"情节严重"是指哪些具体情形。 还有意见建议删除第 1 款中"造成信息公开传播"这一入罪条件。[②]

(四) 修法研讨

针对泄露案件信息犯罪立法过程中的上述争议,笔者认为,《刑法修正案(九)》从保护案件信息的角度,新增两种泄露不应公开的案件信息犯罪是恰当的,且立法条文设计也基本合理。

第一,《刑法修正案(九)》新增两种泄露不应公开的案件信息犯罪具有必要性。 这具体体现在:(1) 不应公开的案件信息涉及的法益重要,需要刑法保护。 一方面,不应公开的案件信息包含了司法秩序法益。 如前所述,我国《刑事诉讼法》明确规定多种不公开审理的情形,目的就是为了防止公开审理所可能导致的案件信息泄露和扩散。 泄露不应公开的案件信息行为无疑构成了对我国《刑事诉讼法》不公开审理制度的侵害。 另一方面,不应公开的案件信息承载着当事人的人身权利、财产权利。 例如,不公开审理的未成年人犯罪案件、强奸案件等都包含了大量的个人信息,而依法不公开审理的商业秘密案件则包含了当事人的财产权利,都应当予以保护。 也正因为如此,我国《刑事诉讼法》第 58 条规定:"对未成年人犯罪案件,新闻报道、影视节目、公开出版物、网络等不得披露该未成年人的姓名、住所、照片、图像以及可能推断出该未成年人的资料。"(2) 国外不少立法都将泄露不应公开

---

① 参见全国人大常委会法工委刑法室编:《地方人大和中央有关部门、单位对刑法修正案(九)草案的意见》(法工刑字[2015]1号,2015年1月4日);全国人大常委会法工委刑法室编:《刑法修正案(九)草案向社会公众征求意见的情况》(法工刑字[2015]2号,2015年1月4日)。

② 参见全国人大常委会法工委刑法室编:《地方人大和中央有关部门、单位对刑法修正案(九)草案的意见》(法工刑字[2015]1号,2015年1月4日);全国人大常委会法工委刑法室编:《刑法修正案(九)草案向社会公众征求意见的情况》(法工刑字[2015]2号,2015年1月4日)。

的案件信息行为入罪。例如,《瑞士联邦刑法典》第320条"侵害职务秘密罪"专门规定:"作为当局成员或官员将其所掌握的,或者将其因职务或勤务所知晓的秘密予以公开的,处监禁刑或罚金刑。"①根据该规定,司法工作人员对因职务而掌握的秘密负有特殊的保密义务,一旦泄露就应承担相应的刑事责任。《瑞士联邦刑法典》第321条"侵害职业秘密罪"规定"神职人员、律师、辩护人、公证人、依据债权法有保守秘密的审计员、医生、牙医、药剂师、助产士及其辅助人员,将因其职业而掌握的秘密,或者讲起因履行职业而知晓的秘密,予以公开的,处监禁刑或罚金刑。本罪告诉乃论。"②类似规定在《希腊刑法典》第371条的"侵犯职业秘密罪"中也有体现。《葡萄牙刑法典》第371条"侵犯司法秘密罪"规定:"与某一刑事诉讼有关或者无关的任何人,将属于司法秘密或者属于诉讼过程不允许一般公众旁听的刑事诉讼行为的全部或部分内容,非法地让人知悉的,如果诉讼法未对这一情况规定其他刑罚的,处不超过2年监禁或者不超过240日罚金。"③据此,普通诉讼参与人非法泄露案件信息的,也可构成犯罪。这些相关立法为我国《刑法修正案(九)》增设泄露不应公开案件信息犯罪提供了较好的注解。

第二,《刑法修正案(九)》新增泄露不应公开案件信息犯罪的立法设计基本合理。这主要体现为,《刑法修正案(九)》为两类泄露不应公开案件信息行为入罪设置较高的门槛。根据《刑法修正案(九)》第36条的规定,泄露、公开披露、报道不应公开的案件信息行为入罪的行为对象仅限于不应公开的案件信息。对于该案件信息,《刑法修正案(九)》作了严格限定,即"依法不公开审理的案件中不应当公开的信息"。除此之外,《刑法修正案(九)》还对泄露不应公开的案件信息罪和公开披露、报道不应公开的案件信息罪的入罪门槛分别进行了限定。其中,泄露不应公开的案件信息行为的入罪门槛是"造成信息公开传播或者其他严重后果的",而公开披露、报道不应公开的案件信息行为入罪的门槛是"情节严重"。这有利于缩小这两类行为的入罪范围,是适当的。

---

① 《瑞士联邦刑法典》,徐久生、庄敬华译,中国方正出版社2004年版,第98页。
② 《瑞士联邦刑法典》,徐久生、庄敬华译,中国方正出版社2004年版,第98页。
③ 《葡萄牙刑法典》,陈志军译,中国人民公安大学出版社2010年版,第162—163页。

不过，笔者认为，《刑法修正案（九）》第36条第1款增设泄露不公开审理案件信息罪也存在一定缺陷。其中最核心的一点是没有考虑不同主体对不公开审理案件信息的保密义务。例如，在刑事诉讼中，能够全面接触案件信息并负有较高保密义务的主体通常主要有两类：一是司法工作人员，包括法官、书记员、法警、陪审员、检察官、警察等，他们不仅了解案件与定罪量刑有关的事实和证据，而且还了解案件的背景和处理意见及分歧，信息范围涵盖了案件当事人的身份信息、商业秘密、个人隐私和国家秘密以及司法机关处理案件的内部工作秘密。二是辩护人、诉讼代理人，包括律师和其他受当事人委托参与案件处理的人。他们接触的信息主要是案件与定罪量刑有关的事实和证据问题，包括案件当事人的身份信息、案件涉及的商业秘密、个人隐私和国家秘密，但无法接触到司法机关内部对案件的处理意见及分歧。尽管如此，他们对案件信息的了解程度也要远远高于其他诉讼参与人。在这两类主体之外，当事人（犯罪嫌疑人、被告人、被害人）、证人、鉴定人和与刑事诉讼无关的人对司法信息的掌握通常都要受到一定的局限。其中，犯罪嫌疑人（被告人）对案件信息的了解程度要高于被害人、证人和鉴定人，并且一般也要高于与刑事诉讼无关的人。据此，可将泄露案件信息的主体分为两类：一类是全面了解案件信息并负有较高保密义务的主体，包括司法工作人员、辩护人或者诉讼代理人（特别是作为案件辩护人或者诉讼代理人的律师）；另一类是部分了解案件信息的主体，包括当事人、证人、鉴定人和其他人。根据权利与义务的对等原则，前者对泄露案件信息的行为应承担更重的刑事责任。

在接触案件信息的人员中，司法工作人员和辩护人、诉讼代理人能更全面地接触到案件相关信息，但他们的职务或者职业规范也会限制他们泄露案件信息。例如，全国律协2009年修正的《律师执业行为规范》第8条规定："律师应当保守在执业活动中知悉的国家秘密、商业秘密，不得泄露当事人的隐私。律师对在执业活动中知悉的委托人和其他人不愿泄露的情况和信息，应当予以保密。"同样，我国《法官法》、《检察官法》等对司法工作人员的保密义务也作了明确规定。相比之下，刑事案件中的当事人、证人或者与刑事案件无关的人员更可能泄露案件信息。这是因为：一方面，当事人与诉讼

结果都有着直接的利害关系。一旦发生对诉讼结果不满或者对诉讼结果的
预期不乐观的情况,他们可能基于维护自身利益的需要而泄露案件信息。
另一方面,我国缺乏对当事人、证人或者与刑事案件无关人员泄露案件信息
行为的禁止性规范,没有明确的法律责任约束他们泄露案件信息的行为。
从保护案件信息的角度,我国应当将其纳入刑法治理的范围。

　　基于以上考虑,笔者认为,我国当然应当将知悉案件信息的当事人(包
括犯罪嫌疑人、被告人、被害人)、证人和与刑事诉讼无关的人作为刑法治理
的泄露案件信息行为的基本主体。在此基础上,我国还应将因职务或者职业
而知悉刑事案件相关信息的人作为从重处罚的主体。《刑法修正案(九)》没有
对这两主体的刑事责任进行区别,可能会影响罪责刑相适应原则的贯彻。

■ 三、扰乱法庭秩序罪的修改补充问题

(一)修法背景

　　法庭秩序是司法权威的具体体现和基本要求。但我国 1979 年刑法典中
并未规定扰乱法庭秩序的犯罪,1997 年刑法典为了满足司法实践的需要,加
强相关法律的衔接,在参酌国外立法经验的基础上,在刑法典分则第六章妨
害社会管理秩序罪第二节妨害司法罪中增设了扰乱法庭秩序罪。[①] 近年来,
我国司法实践中扰乱法庭秩序的行为呈现出多样化、极端化的趋势。极端
藐视法庭,严重扰乱法庭秩序,殴打、伤害甚至杀伤法官、诉讼参与人等事件
时有发生,已成为干扰诉讼活动正常进行、损害人民司法权威、危害司法职
业保障的突出问题。但 1997 年刑法典第 309 条扰乱法庭秩序罪只规定了两
类严重扰乱法庭秩序的行为,即"聚众哄闹、冲击法庭"和"殴打司法工作人
员",无法满足实践中维护法庭秩序和权威的现实需要。在此背景下,《刑法
修正案(九)》补充修改了刑法典第 309 条的扰乱法庭秩序罪。

　　2014 年 10 月 27 日提交全国人大常委会审议的《刑法修正案(九)(草
案)》一次审议稿第 35 条拟修改刑法典第 309 条规定的扰乱法庭秩序罪,该

[①] 我国刑法典第 309 条规定:"聚众哄闹、冲击法庭,或者殴打司法工作人员,严重扰乱法庭秩序的,处三年以
下有期徒刑、拘役、管制或者罚金。"

条规定,将刑法第 309 条修改为:"有下列情形之一,严重扰乱法庭秩序的,处三年以下有期徒刑、拘役、管制或者罚金:(一)聚众哄闹、冲击法庭的;(二)殴打司法工作人员或者诉讼参与人的;(三)侮辱、诽谤、威胁司法工作人员或者诉讼参与人,不听法庭制止的;(四)有其他严重扰乱法庭秩序行为的。"一审稿的相关修改主要体现在增加规定了扰乱法庭秩序的行为类型:(1)将"殴打司法工作人员"修改为"殴打司法工作人员或者其他诉讼参与人";(2)同时增加规定了侮辱、诽谤、威胁司法工作人员或者诉讼参与人,不听法庭制止的,以及其他严重扰乱法庭秩序的情况。不过,在草案征求意见的过程中,社会各方面尤其是律师界对草案的规定存在较大意见,其中重点关注的是前述第 4 项规定的兜底条款问题。国家立法机关在充分听取各方意见的基础上,草案二审稿将前述第 4 项修改为"有其他扰乱法庭秩序行为,情节严重的",同时对第 3 项增加了"严重扰乱法庭秩序"的限制性入罪条件。但在二审稿征求意见过程中,律师界等仍然认为该表述过于宽泛,可能在实践中被滥用,成为司法机关限制律师合法权益的措施。草案三审稿将其修改为"有毁坏法庭设施,抢夺、损毁诉讼文书、证据等其他扰乱法庭秩序行为,情节严重的"。在立法通过前的评估会议上,有观点主张将其中的"其他"二字删除,最终通过的《刑法修正案(九)》将该条第 4 项修改为:"有毁坏法庭设施,抢夺、损毁诉讼文书、证据等扰乱法庭秩序行为,情节严重的"。

(二)修法内容

《刑法修正案(九)》第 37 条将刑法典第 309 条修改为"有下列扰乱法庭秩序情形之一的,处三年以下有期徒刑、拘役、管制或者罚金:(一)聚众哄闹、冲击法庭的;(二)殴打司法工作人员或者诉讼参与人的;(三)侮辱、诽谤、威胁司法工作人员或者诉讼参与人,不听法庭制止,严重扰乱法庭秩序的;(四)有毁坏法庭设施,抢夺、损毁诉讼文书、证据等扰乱法庭秩序行为,情节严重的。"与原刑法典第 309 条规定相比,《刑法修正案(九)》第 37 条新增三种扰乱法庭秩序的行为:(1)"殴打诉讼参与人的"(纳入该条第 2 项);(2)"侮辱、诽谤、威胁司法工作人员或者诉讼参与人,不听法庭制止,严重扰乱法庭秩序的"(新增该条第 3 项);(3)"有毁坏法庭设施,抢夺、损毁诉讼文书、证据等扰乱法庭秩序行为,情节严重的"(新增该条第 4 项)。

（三）修法争议

关于扰乱法庭秩序罪的修改，在修法过程中，分歧意见主要集中在该条设立的必要性和该条第3、4项行为入罪的必要性上。

第一，关于该条设立的必要性问题。对此，有的地方、部门和单位提出，刑事诉讼法、民事诉讼法、律师法和行政规章对扰乱法庭秩序的行为已有相关罚则。同时，正在修订的《律师和律师事务所违法行为处罚办法》拟重点解决此类问题，通过行政执法严肃执业监管可以有效解决个别律师扰乱法庭秩序问题。如果入罪，既无助于实际问题的解决，也不利于司法和谐，建议慎重决策，删除本条规定。①

第二，关于本条第3、4项的设立问题。对此，各方面主要有三种不同意见：第一种意见认为，该条第3项规定的"侮辱、诽谤、威胁"的主观色彩过于浓厚，随意性较大，会加剧刑事诉讼中控、辩双方诉讼地位的失衡，严重损害被告人的辩护权，对这种情形通过司法训诫或者依法吊销律师执业证等行政处罚的方式处理，就能够有效处置，建议删除该规定。② 有意见甚至认为，"侮辱"、"诽谤"、"威胁"的内涵不明确，很容易使辩护人担心因言获罪而不敢有效行使辩护权，以及草案加入"其他严重扰乱法庭秩序罪"的兜底条款，因而担心"扰乱法庭秩序罪"再次成为"口袋罪"。③ 第二种有意见认为，原草案该条第4项的"有其他严重扰乱法庭秩序行为的"兜底性条款弹性过大，建议删除整个第4项。在全国人大常委会向相关地方、部门和单位征求意见过程中，有的单位、部门和地方对此也提出了相关的忧虑，认为增设第3项、第4项的扰乱法庭秩序行为入罪应当谨慎，建议采用行政处罚的手段进行处理，不宜规定为犯罪。④ 第三种意见认为，该条第3、4项规定会进一步加大刑事辩护的难度，对于庭审中出现的侮辱、诽谤、威胁司法工作人员或者其他诉讼参与人的行为，可以通过训诫、罚款、司法拘留、强行带出法庭等处罚

---

① 参见全国人大常委法工委刑法室《刑法修正案（九）草案各方面意见分解材料》（2015年5月）。
② 参见《中华人民共和国刑法修正案（九）（草案）参阅资料》（第十二届全国人大常委会第十一次会议参阅资料（三），全国人大常委会办公厅秘书局2014年10月23日编印，第41—42页。
③ 参见王涵：《"激辩"扰乱法庭秩序罪修正》，载《民主与法制时报》2015年7月20日。
④ 参见《中华人民共和国刑法修正案（九）（草案）参阅资料》（第十二届全国人大常委会第十一次会议参阅资料（三），全国人大常委会办公厅秘书局2014年10月23日编印，第41—42页。

措施达到惩戒效果,此外,刑法中已经规定了侮辱、诽谤罪,若情节严重,构成这些罪名的,可以依照刑法相关规定处罚,没有必要在扰乱法庭秩序罪中作出规定。[①]　总体而言,在《刑法修正案(九)》修法过程中,律师界对该条的修法反应比较激烈,认为扰乱法庭罪适用情形的增加,将给出庭律师带来诸多压力,修法或将"让律师远离法庭"。[②]

(四) 修法研讨

针对修法过程中的上述争议观点,笔者认为,首先,本条的设立具有必要性。刑法是其他法律的保护法,相关法律法规已有相关规定不能成为否定该条设立的理由。特别是在当前我国司法权威尚未完全树立、司法裁决的公信力仍需进一步强化的背景下,该条的设立具有积极的现实意义。其次,《刑法修正案(九)》对新入罪的几种行为都已经作了较为严格的限定,将这些行为入罪并无不妥。这是因为:

第一,上述第3、4项规定的行为严重扰乱了法庭秩序,有入罪的必要。例如,上述第3项规定的"侮辱、诽谤、威胁司法工作人员或者诉讼参与人,不听法庭制止,严重扰乱法庭秩序的"行为和第4项规定的"有毁坏法庭设施,抢夺、损毁诉讼文书、证据等扰乱法庭秩序行为,情节严重的"行为,都是法庭上极为严重、极为恶劣的扰乱法庭秩序行为,其行为的危害性并不亚于上述第1、2项规定的"聚众哄闹、冲击法庭"和"殴打司法工作人员或者诉讼参与人",有入罪的必要。

第二,《刑法修正案(九)》对上述第3、4项行为入罪的条件进行了严格限定,基本不会导致入罪范围的过分扩大。例如,上述第3项规定不仅对行为类型进行了限制,即必须是"侮辱、诽谤、威胁司法工作人员或者诉讼参与人,不听法庭制止",而且对行为的程度进行了限制,即必须"严重扰乱法庭秩序的";第4项规定亦如此,不仅必须是"毁坏法庭设施,抢夺、损毁诉讼文书、证据等扰乱法庭秩序行为",而且必须达到"情节严重"的程度。这里值得强调的是,对修法过程中争议最大的上述第4项的规定,《刑法修正案

[①] 参见全国人大常委会法工委刑法室编:《地方人大和中央有关部门、单位对刑法修正案(九)草案的意见》(法工刑字[2015]1号,2015年1月4日);全国人大常委会法工委刑法室编:《刑法修正案(九)草案向社会公众征求意见的情况》(法工刑字[2015]2号,2015年1月4日)。

[②] 参见林子桢:《刑法修正案(九):让律师远离法庭》,载《财新网》2015年7月2日。

（九）》也是作了严格限定的，即不仅将之前草案中"其他扰乱法庭秩序"的内容删除，而且对具体扰乱法庭秩序的行为采取了一般认为是属于"等"内列举的方式，仅限于"毁坏法庭设施"和"抢夺、损毁诉讼文书、证据"两类主要的行为，体现了立法的审慎。

当然，由于"等"的含义在现代汉语中有着双重意思，它既可以是对"等"字之前所列举全部情形的总结用语，也可以是对"等"字之前所列举不全情形的概括描述。从罪刑法定原则的要求上看，司法机关对"等"字的内涵作这两种理解，都不违反罪刑法定原则。从这个意义上说，尽管该条所列的扰乱法庭秩序行为已基本涵括了所有严重的扰乱法庭秩序行为，司法实践以"等"为由对该条所列情形作广义理解的余地并不大，但《刑法修正案（九）》在该罪法条中保留了"等"字，仍然避免不了该款第 4 项作为兜底条款的可能。这就要求我国最高司法机关在适用中进行两方面的限定：一是对"等"字的内容作程度上的限定，即该项"等"字所包含的内容必须是在程度上与"毁坏法庭设施，抢夺、损毁诉讼文书、证据"行为危害性相当的行为；二是对"等"字的内容作程序上的限制，即对于此处"等"字所包含的内容不能任由各级法院的法官任意解释，必须在程序上限定为由最高司法机关进行解释。具体做法可以借鉴最高人民法院关于非法经营罪的规定。最高人民法院法发[2011]115 号《关于准确理解和适用刑法中"国家规定"的有关问题的通知》明确规定："各级人民法院审理非法经营犯罪案件，要依法严格把握刑法第二百二十五条第（四）项的适用范围。对被告人的行为是否属于刑法第二百二十五条第（四）项规定的'其他严重扰乱市场秩序的非法经营行为'，有关司法解释未作明确规定的，应当作为法律适用问题，逐级向最高人民法院请示。"笔者认为，这一规定不仅有利于限制对刑法用语的过度解释，也有利于统一全国各地法院的司法尺度和标准，值得在扰乱法庭秩序罪的适用中借鉴。

■ 四、拒不执行判决、裁定罪的完善问题

（一）修法背景

拒不执行法院判决、裁定是当前我国法院空判率高、损害司法公信力和

权威的重要体现。仅以刑事附带民事诉讼为例,据统计,每年我国至少有两万个被害人家庭因为得不到被告人的赔偿而身陷绝境。例如,来自北京市第二中级人民法院的统计数字表明,2006 年,该院判决刑事附带民事案件的赔偿款 447.76 万余元,案均获赔 6.4 万元,但是,被害人及其亲属平均实际得到的只有 2.33 万元,大多数被害人及其亲属连赔偿款的一半都拿不到。而据统计,广州市两级法院近三年来共收刑事附带民事赔偿执行案件 1710件,结案 1426 件,其中实际执行完毕、被害人及其家属能得到实际赔偿的案件比例较低,大部分案件是以中止或终结的方式结案。被害人理论上得到的赔偿很高,但实际执行率却很低。同时,湖北省高级人民法院刑二庭有关负责人介绍,在湖北省,刑事附带民事赔偿经常遭遇尴尬。一些基层法院已被这个难题弄得头疼不已:监利县法院近三年来受理了 45 件刑事附带民事赔偿案件,仅有 10 件执行了少部分赔偿,其余因被告人无赔偿能力而中止执行。[①] 完善相关立法,加强法院判决执行率势在必行。

2014 年 10 月 27 日提交全国人大常委会审议的《刑法修正案(九)(草案)》一审稿第 36 条拟修改刑法典第 313 条规定的拒不执行判决、裁定罪。草案一审稿规定:将刑法第 313 条修改为:"对人民法院的判决、裁定有能力执行而拒不执行,情节严重的,处三年以下有期徒刑、拘役或者罚金;情节特别严重的,处三年以上七年以下有期徒刑,并处罚金。""单位犯前款罪的,对单位判处罚金,并对其直接负责的主管人员和其他直接责任人员,依照前款的规定处罚。"一审稿在审议和向社会征求意见的过程中,一些委员和专家学者提出,有必要对拒不执行判决、裁定罪规定罚金刑。[②] 因而二审稿第 38条关于拒不执行判决、裁定罪的修改在听取相关意见和建议的基础上,对加重档次的法定刑增设了罚金刑。此后,三审稿和最终通过的《刑法修正案(九)》均维持了这一描述规定。

(二) 修法内容

《刑法修正案(九)》第 39 条规定,将刑法第 313 条修改为:"对人民法院

---

① 参见周崇华:《赔偿执行率不足 10% 法院"空判"国家埋单》,载《法制日报》2007 年 6 月 14 日。
② 参见《中华人民共和国刑法修正案(九)(草案二次审议稿)参阅资料》(第十二届全国人大常委会第十五次会议参阅资料(二)),全国人大常委会办公厅秘书局 2015 年 6 月 23 日编印,第 86—88 页。

的判决、裁定有能力执行而拒不执行,情节严重的,处三年以下有期徒刑、拘役或者罚金;情节特别严重的,处三年以上七年以下有期徒刑,并处罚金。""单位犯前款罪的,对单位判处罚金,并对其直接负责的主管人员和其他直接责任人员,依照前款的规定处罚。"从内容上,《刑法修正案(九)》主要对刑法典原第313条作了以下两个方面的修改:(1)增加了一档加重的法定刑。即在原法条的基础上,增加规定"情节特别严重的,处三年以上七年以下有期徒刑,并处罚金";(2)增加了单位犯罪,即规定"单位犯前款罪的,对单位判处罚金,并对其直接负责的主管人员和其他直接责任人员,依照前款的规定处罚。"

(三)修法争议

对于《刑法修正案(九)》关于拒不执行判决、裁定罪的修改,在修法过程中,人们的意见主要集中在以下三个方面:

第一,提高法定刑和增加规定单位犯罪问题。在《刑法修正案(九)》起草征求意见的过程中,有人提出,提高法定刑和增加规定单位犯罪是必要的。在实践中,法院判决的空判率之所以高,部门原因是因为刑法对不执行法院判决、裁定行为的处罚力度低,违法成本不高;同时,民事诉讼中涉及单位的情形很多,但刑法典原第313条没有将单位作为该罪的犯罪主体,实践中无法追究单位的刑事责任,进而也会在一定程度上影响对单位负责的主管人员和其他直接责任人员的责任追究。①

第二,扩大拒不执行判决、裁定罪的范围问题。针对该罪的对象范围,在修法过程中,有意见认为,将不执行民事调解书、仲裁类文书、公证债权文书的行为也纳入本条规定。同时有意见认为应对该罪涉及的行为入刑设定一定的期限,规定"对人民法院的判决、裁定有能力执行而拒不执行,超过三个月,情节严重的"构成犯罪;将"有能力执行而拒不执行"改为"有能力执行而不执行"。②

第三,增加该罪的自诉规定。在修法过程中,有意见认为,实践中判处

---

① 参见《中华人民共和国刑法修正案(九)(草案二次审议稿)参阅资料》(第十二届全国人大常委会第十五次会议参阅资料(二)),全国人大常委会办公厅秘书局2014年10月23日编印,第42页。

② 参见全国人大常委法工委刑法室《刑法修正案(九)各方面意见的分解材料》(2015年5月)。

拒不执行判决、裁定罪的案件不多,一个重要原因在于该罪是公诉罪,在打击拒不执行判决、裁定犯罪中,有时部门之间衔接不畅,导致实际被起诉的不多;而且拒不执行判决、裁定的被害人与该行为侵害的利益密切相关,控诉犯罪的积极性高,其往往也最先发现该行为并掌握相关证据,从有利于打击此类犯罪的角度,建议将该罪同时规定为被害人自诉罪,以增强打击效果,即在检察院没有提起公诉的情况下允许被害人直接向人民法院起诉。①

(四)修法研讨

针对修法过程中关于拒不执行判决、裁定罪的上述争议,笔者认为,自诉问题属于刑事诉讼法的问题,而且根据我国现行《刑事诉讼法》的规定,对于被害人有证件证明有犯罪事实发生但公安机关、检察院不予立案、追究的,被害人可以直接向人民法院提起诉讼,因此该问题实际上并不存在。对于上述第1、2个争议,笔者认为,可从以下两个方面进行把握:

第一,《刑法修正案(九)》增设拒不执行判决、裁定罪的单位犯罪完全合理。由于我国刑法典原第313条及刑法的其他条文都没有规定单位可以成为拒不执行判决、裁定罪的犯罪主体,因此拒不执行判决、裁定罪不成立单位犯罪。最高人民法院1998年4月25日《关于审理拒不执行判决、裁定案件具体应用法律若干问题的解释》第4条据此规定:"负有执行人民法院判决、裁定义务的单位直接负责的主管人员和其他直接责任人员,为了本单位的利益实施本解释第三条所列行为之一,造成特别严重后果的,对该主管人员和其他直接责任人员依照刑法第三百一十三条的规定,以拒不执行判决、裁定罪定罪处罚。"可以说,在刑法没有规定单位犯罪的情况下,对以单位名义、为单位利益实施的犯罪直接处罚单位直接责任人员是通行的做法。在刑法没有规定单位犯罪的情况下,追究单位内部人员刑事责任的依据是刑法关于共同犯罪的规定。但是按照我国刑法第25条至第29条关于共同犯罪的规定,共同犯罪中不仅包括主犯、教唆犯,而且还包括从犯、胁从犯。对于单位"直接负责的主管人员和其他直接责任人员"这两类人员之外的单位其他人员的拒不执行判决、裁定的行为应当如何追究不甚明确。而且更为

---

① 参见《中华人民共和国刑法修正案(九)(草案二次审议稿)参阅资料》(第十二届全国人大常委会第十五次会议参阅资料(二)),全国人大常委会办公厅秘书局2014年10月23日编印,第42页。

重要的是,在未规定单位犯罪主体的情况下,根据我国刑法典第30条的规定,不能对单位进行处罚,会导致对单位犯罪行为的放纵。从这个角度看,《刑法修正案(九)》针对拒不执行判决、裁定罪增设单位犯罪,不仅有利于我国刑法对拒不执行判决、裁定罪的刑事法网,而且有利于强化对拒不执行判决、裁定行为的处罚力度和范围。

第二,《刑法修正案(九)》暂不扩大拒不执行判决、裁定罪的对象范围是合理的。1997年刑法和1979年刑法都将拒不执行判决、裁定罪的对象限定为判决、裁定。但是如何理解这里的"判决、裁定"却是一个难题。有人认为,这里的判决、裁定只限于法院以判决、裁定形式作出的裁决,包括已经发生法律效力和未经发生法律效力的判决、裁定,不包括调解书。[①] 也有人认为,这里的判决、裁定是指人民法院就有关具体案件的实体或程序问题作出的具有法律效力并且具有执行内容的一切裁处决定,其表现形式有判决、裁定、决定、法院调解、通知、命令等。[②] 还有人认为,这里的判决、裁定仅指正确的判决、裁定,错误的判决、裁定不包含其中,认为"本罪的本质特征在于侵犯审判权的合法载体即生效的法律文书,而错误裁判从实质上而言不具有合法性,至多只具有形式合法性,不宜按本罪处理"[③]。对此,全国人大常委会2002年8月29日所作的《关于〈中华人民共和国刑法〉第三百一十三条的解释》规定:"刑法第三百一十三条规定的'人民法院的判决、裁定',是指人民法院依法作出的具有执行内容并已发生法律效力的判决、裁定。人民法院为依法执行支付令、生效的调解书、仲裁裁决、公证债权文书等所作的裁定属于该条规定的裁定。"全国人大常委会的解释对"判决、裁定"范围的扩充表现在对判决、裁定要件的补充:一是对法院作出的不具有判决、裁定形式的裁决补充其形式要件,如调解书;二是对不是法院作出的裁决同时补充判决、裁定的形式要件和法院这一主体要件,如仲裁裁决、公证债权等。可以说,全国人大常委会的这一解释极大地扩大了拒不执行判决、裁定罪的对象范围,有利于缓解立法与司法的紧张关系。不过值得指出的是,全国人

---

① 参见杨凯:《拒不执行判决、裁定罪的现行刑事立法必须完善》,载《福建政法管理干部学院学报》2001年第3期,第46页。

② 参见孙志平:《拒不执行判决裁定罪基本问题探讨》,郑州大学2005年硕士学位论文,第8—14页。

③ 参见王作富主编:《刑法分则实务研究》,中国方正出版社2003年版,第1550页。

大常委会的立法解释并没有从根本上缓解拒不执行判决、裁定罪的现实冲突,这主要表现在:一是有些裁决无法进行要件的补充,如法院的决定(如司法罚款决定)、命令(如法院的搜查令)、通知(如公示催告程序中通知支付人停止支付的通知)等。对这些裁决,法院难以以裁定的形式对其进行"判决、裁定"形式要件的补充,因此依旧不能纳入拒不执行判决、裁定罪的范围。二是一些裁决虽然能进行要件的补充,如生效的调解书、仲裁裁决、公证债权文书等,但补充要件需要一定的时间,这样会间接地缩小拒不执行判决、裁定罪的规制范围。在法院对生效的调解书、仲裁裁决、公证债权文书等作出执行裁定之前的隐匿财产等行为不能以拒不执行判决、裁定罪予以处罚。不过,目前而言,这两个问题在司法实践中并不突出。《刑法修正案(九)》没有对这两个问题作出立法回应,也是适当的,可以理解。

第八章　背信犯罪修正的争议问题

　　诚信是社会的基本道德要求,也是社会主义核心价值的重要内涵。背信行为对诚信价值观的侵害是多方面的。加强对背信犯罪的治理是《刑法修正案(九)》的基本内容,并主要体现在两个方面:一是加强对证件犯罪的惩治,增设了新的证件犯罪,并完善已有证件犯罪的规定;二是加强对考试作弊行为的治理,增设了多种考试作弊犯罪。在《刑法修正案(九)》修法过程中,人们对这两方面的立法也存在一些争议。

■ 一、证件犯罪的修改与增设问题

(一)修法背景

　　近年来,失信成为了一个严重的社会问题,并延伸至社会的许多领域。其中,一个突出的体现是证件违法犯罪行为的增多。这主要涉及两个方面:一方面是伪造、变造证件的违法犯罪行为增多。许多城市的公共布告栏、墙面、地面上经常能看到了散发伪造、变造证件的小广告,伪造、变造居民身份证、学历证明等各类证件的行为高发多发。另一方面是使用伪造、变造的证件或者冒用证件实施的犯罪行为频发。这类行为涉及到社会生活的许多领域,比较常见的有适用伪造、变造的身份证登记住宿、购买机票车票,冒用家人身份证件享受社会保险(特别是享受医疗保险)等。由于刑法法网不够严密,我国刑法典对其中相当多的犯罪不能进行必要的制裁和惩罚,这在理论界和司法界引起较大的修法呼声。在此背景下,为了完善我国的刑事法治,全国人大常委会法制工作委员会在深入调查研究和多方征求意见的基础上,拟订了《刑法修正案(九)(草案)》于 2014 年 10 月 27 日提交第十二届全国人大常委会第十一次会议进行了初次审议,并向社会公开征求意见。对证件犯罪的刑罚处罚、证件犯罪的行为类型进行了调整和扩张,积极地促进了我国证件犯罪的刑法立法完善。

(二) 修法内容

《刑法修正案(九)》第 22 条规定,将刑法第 280 条修改为:"伪造、变造、买卖或者盗窃、抢夺、毁灭国家机关的公文、证件、印章的,处三年以下有期徒刑、拘役、管制或者剥夺政治权利,并处罚金;情节严重的,处三年以上十年以下有期徒刑,并处罚金。""伪造公司、企业、事业单位、人民团体的印章的,处三年以下有期徒刑、拘役、管制或者剥夺政治权利,并处罚金。""伪造、变造、买卖居民身份证、护照、社会保障卡、驾驶证等依法可以用于证明身份的证件的,处三年以下有期徒刑、拘役、管制或者剥夺政治权利,并处罚金;情节严重的,处三年以上七年以下有期徒刑,并处罚金。"第 23 条规定:在刑法第 280 条后增加一条作为第 280 条之一:"在依照国家规定应当提供身份证明的活动中,使用伪造、变造的或者盗用他人的居民身份证、护照、社会保障卡、驾驶证等依法可以用于证明身份的证件,情节严重的,处拘役或者管制,并处或者单处罚金。""有前款行为,同时构成其他犯罪的,依照处罚较重的规定定罪处罚。"

与原刑法典的规定相比,《刑法修正案(九)》的修改主要包括以下三个方面:(1) 对刑法典第 280 条第 1 款、第 2 款规定的三种犯罪(即伪造、变造、买卖国家机关公文、证件、印章罪,盗窃、抢夺、毁灭国家机关公文、证件、印章罪,以及伪造公司、企业、事业单位、人民团体印章罪)增加规定了罚金刑。(2) 将原刑法典第 280 条第 3 款的"伪造、变造居民身份证罪"修改为"伪造、变造、买卖身份证件罪",即将该罪的行为修改为"伪造、变造、买卖居民身份证、护照、社会保障卡、驾驶证等依法可以用于证明身份的证件",极大地扩大了其行为类型。(3) 增设了"使用虚假身份证件、盗用身份证件罪",将"在依照国家规定应当提供身份证明的活动中,使用伪造、变造的或者盗用他人的居民身份证、护照、社会保障卡、驾驶证等依法可以用于证明身份的证件,情节严重的"行为入刑。

(三) 修法争议

在修法过程中,人们对《刑法修正案(九)》关于证件犯罪的立法,主要有以下意见:

第一,关于伪造、变造、买卖身份证件罪的修法问题。在修法过程中,有意见建议对该罪增加"情节严重"的入罪条件;在一审稿的"驾驶证"后增加"等证件"。也有意见建议将伪造、变造、买卖下列证件的规定为犯罪:户口簿、机动车牌照、机动车牌证等国家机关依照国家规定向公民、公司、企业、事业单位、机关、团体颁发的证明文件或者专用标志;港澳通行证;医师资格证、护士资格证。还有意见建议将伪造、变造、买卖学历、学位证书的行为纳入刑法的调整范围。[①] 同时有人提出,社会保障卡、驾驶证不具有广泛的身份识别功能,建议删去伪造"社会保障卡、驾驶证"的规定;有的建议删去本条规定,对相关行为予以行政处罚即可。[②]

第二,关于使用虚假身份证件、盗用身份证件罪的增设问题。在修法过程中,有意见认为,本条将构成犯罪的行为限定在"依照国家规定应当提供真实身份的活动中"的范围内,在此范围外使用假证的行为是否要入刑,建议再斟酌;使用伪造、变造身份证的情况并不突出,建议不增加这类犯罪,对其进行行政处罚即可。有的地方、部门和单位建议,增加"情节严重"或"造成重大损失"的入罪条件;有部门建议将本条和第 20 条规定的犯罪对象统一调整为"居民身份证、护照等身份证件"。有的部门建议将该条修改为使用伪造、变造的居民身份证、护照、社会保障卡、驾驶证、机动车牌证等国家机关依照国家规定向公民、公司、企业、事业单位、机关、团体颁发的证明文件或者专用标志,情节严重的行为。有的提出,"等证件"范围过宽,建议删除"等",增加"港澳通行证",增加"社会保障卡";有的建议,将第 1 款中的"提供真实身份"修改为"提供真实身份信息"或者"提供真实身份证明"。也有的地方、部门和单位提出,本条规定打击面过大,且"使用"行为往往是实施其他犯罪的手段,可以将其目的行为认定为犯罪,建议删除本条规定。还有的提出,草案现有规定入罪条件太低,打击面过大,建议增加"为获取非法利

---

① 参见全国人大常委会法工委刑法室:《刑法修正案(九)各方面意见的分解材料》(2015 年 5 月)。
② 参见全国人大常委会法工委刑法室:《刑法修正案(九)各方面意见的分解材料》(2015 年 5 月)。

益"的主观目的,或者"情节严重的"、"多次使用"或者"造成严重后果"等入罪条件;进一步明确"在依照国家规定应当提供真实身份的活动中"是指哪些情形。[1]

(四) 修法研讨

针对上述修改过程中的争议,笔者认为,其核心主要是两点:一是身份证件的范围;二是妨害身份证件犯罪的行为类型。对于这两点,可从以下两个方面进行把握:

第一,身份证件应限于基本身份证件。在现实生活中,可用作证明身份的证件类型很多。例如,可以根据身份证件的使用频率,区分常用和不常用的身份证件,其中常用的有居民身份证、护照、驾驶证等,不常用的则有机动车牌证、学历证书、学位证书、工作证等;也可以根据身份证件的用途,将身份证件分为完全用于证明身份的证件、主要用于证明身份的证件和辅助用于证明身份的证件。此外还可以根据身份证件的适用范围对身份证件的类型进行划分。在《刑法修正案(九)》中,立法者只列举了"居民身份证、护照、社会保障卡、驾驶证"并用"等"进行兜底。笔者认为,从用途上看,这四类身份证件具有一个共同的特点,即都是"完全或者主要用于证明身份"的证件。其中,居民身份证、护照是完全用于证明身份的证件,而社会保障卡、驾驶证是主要用于证明身份的证件。这类证件也可称之为基本身份证件。按照《刑法修正案(九)》第23条列举的这四类身份证件的这一特点,身份证件犯罪的对象只限于基本身份证件。对于那些具有身份证明功能但并非主要用于证明他人身份的证件,如医师资格证、教师资格证、护士资格证、学历证书、学位证书等,不宜纳入《刑法修正案(九)》第23条规定的身份证件范围。

第二,身份证件犯罪的行为范围应严格限定。《刑法修正案(九)》规定的身份证件犯罪的行为类型包括了伪造、变造、买卖、盗用、使用虚假身份证件的行为。在修法过程中,对于"使用虚假身份证件、盗用身份证件"的行为应否入罪,存在不少的反对意见。从《刑法修正案(九)》的规定来看,立法者对于这两种行为的入罪作了两方面的严格限制:一是必须"在依照国家规定

---

[1] 参见全国人大常委会法工委刑法室:《刑法修正案(九)各方面意见的分解材料》(2015年5月)。

应当提供身份证明的活动中"使用虚假身份证件或者盗用他人身份证件;二是必须"情节严重"。笔者认为,《刑法修正案(九)》所作的这两个限定是十分必要的。事实上,使用虚假身份证件、盗用身份证件罪的成立需要排除行为人的"犯罪目的",即行为人如果是为了实现其他犯罪目的而实施使用虚假身份证件、盗用他人身份证件的行为,一般都不构成本罪,而应当以其他犯罪追究其刑事责任。例如,为诈骗他人而使用虚假身份证件、盗用他人身份证件的,只要具备诈骗罪构成要件,其行为应当成立诈骗罪而非使用虚假身份证件、盗用身份证件罪。从行为的客观危害性上看,不具有犯罪目的的使用虚假身份证件、盗用身份证件行为的危害性很轻,属于刑法典中的轻罪甚至微罪。《刑法修正案(九)》考虑到其行为的危害性程度,只对其规定了"拘役或者管制"这一极其轻的法定刑,是合理的。

二、考试作弊入刑问题

(一) 修法背景

考试制度在我国自古至今由来已久,尽管存在种种弊端,但在目前来看它仍是一种相对合理的选拔人才、认定资格、鉴别能力的重要方式,并在一定程度上为公民提供了能够通过个人努力参与公平竞争实现自我价值的平台。但近年来,考试作弊的负面信息盈耳不绝,几乎每逢重大考试都会曝出作弊的丑闻,如 2000 年广东省电白县高考作弊案,2004 年河南镇平县高考作弊案,2006 年重庆市研究生入学考试作弊案,2007 年西安市全国研究生入学考试作弊案,2009 年吉林扶余县高考作弊案,2011 年吉林四平硕士研究生考试作弊案,2012 年福建泉州司法考试作弊案,2014 年国家执业药师资格考试作弊案(仅在西安考点就当场抓获 2440 名作弊的考生)。考试作弊的现象严重破坏了考试的公平竞争秩序,损害了国家考试制度的严肃性,严重影响了考试选拔人才制度的公正性和公信力,挫伤了民众对考试制度的信任情感,亟需从严治理。但在《刑法修正案(九)》之前,我国刑法在惩治考试作弊行为方面存在明显的立法缺陷,适用的罪名只有故意泄露国家秘密罪等个别罪名且不能实现对考试作弊行为的充分评价。与我国刑法立法不同,国外不少刑法典对考试作弊行为进行了明确规定。例如,《加拿大刑事法典》第 241 条规定:"为了使自己或者他人获得利益而在依法举行的或者与大学、学院、学校有关的竞赛资格考试中冒充考生,或明知而利用该考试之结果的,构成可按照简易定罪处罚的犯罪"[1];意大利刑法典第 494 条规定:"以为自己或其他人获取好处或者使他人遭受损害为目的,非法的以自己顶替他人,赋予自己或其他人以假姓名、假身份或者具有法律后果的资格,以致陷某人于错误的,如果行为不构成其他侵犯公共信义的犯罪,处以 1 年以下有期徒刑。"在美国、日本,考试作弊行为也都被认为是一种犯罪行为。

在此背景下,教育部、学界都要求严密刑事法网,完善刑法对考试作弊行为的规制,增设考试作弊犯罪,并得到了民众的普遍认可。全国人大常委会在考虑各方意见的基础上,在《刑法修正案(九)》中对考试作弊行为入刑作了明确规定。其中,《刑法修正案(九)》草案一审稿第 32 条在刑法第 304 条后增加一条,作为第 304 条之一:"在国家规定的考试中,组织考生作弊的,处三年以下有期徒刑或者拘役,并处或者单处罚金;情节严重的,处三年以上七年以下有期徒刑,并处罚金。""为他人实施前款犯罪提供作弊器材或者其他帮助的,依照前款的规定处罚。""为实施考试作弊行为,向他人非法出售或者提供第一款规定的考试的试题、答案的,依照第一款的规定处罚。""代替他人或者让他人代替自己参加第一款规定的考试的,处拘役或者管制,并处或者单处罚金。"后来,立法机关根据审议过程中的各方意见,对草案一审稿的规定作了微调,将该条第 1 款的"在国家规定的考试中"改为"在法律规定的国家考试中",并将"组织考生作弊"改为"组织作弊"。

(二) 修法内容

《刑法修正案(九)》第 25 条在刑法典第 284 条增加一条,作为第 284 条之一,规定:"在法律规定的国家考试中,组织作弊的,处三年以下有期徒刑或者拘役,并处或者单处罚金;情节严重的,处三年以上七年以下有期徒刑,并处罚金。""为他人实施前款犯罪提供作弊器材或者其他帮助的,依照前款的规定处罚。""为实施考试作弊行为,向他人非法出售或者提供第一款规定

---

[1] 参见王产民:《加拿大法律发达史》,法律出版社 2004 年版,第 350 页。

的考试的试题、答案的,依照第一款的规定处罚。""代替他人或者让他人代替自己参加第一款规定的考试的,处拘役或者管制,并处或者单处罚金。"据此,《刑法修正案(九)》明确地将考试作弊行为入罪,详细规定了三种考试作弊的罪名,即组织考试作弊罪,非法出售、提供考试试题、答案罪和代替考试罪。

(三)修法争议

关于考试作弊行为入刑,在《刑法修正案(九)》修法过程中,人们主要有以下不同意见:

第一,关于考试的范围问题。关于考试作弊入刑的考试范围问题,在修法过程中,有意见认为,应当严格限定并明确考试的范围,如应将考试的范围修改为"国家法律法规规定的统一考试";也有意见认为,修法草案使用的"国家规定的考试"范围太宽,应当明确考试的种类、类别、层次、层级,因为国家规定的考试,在各种各样的法律里都有规定,范围太宽。还有意见认为,即使将考试的范围修改为"法律规定的国家考试"还是很宽泛,因为法律规定的国家考试有很多种类,涉及社会生产和生活的方方面面,但在重要性上并非完全相同,如有些小型考试就无法与大学入学考试、司法考试、研究生统一科目考试相提并论,因而有必要将国家考试的类型限定为重要的少数几种,从而限定本条文适用的范围,以免打击面过大。[①]

第二,关于考试作弊帮助行为正犯化问题。在《刑法修正案(九)》通过之前,很多学者对此就有不同的观点。如有的学者认为,将帮助行为"正犯"化不合理。因为在我国刑法中,只有个别危害到国家安全与公共安全的行为才被"区别对待",考试制度的法益达不到这样的高度,因此不宜设置本款规定。[②]

第三,代替考试行为入刑的合理性问题。在修法过程中,有意见认为,对代考行为给予留校察看、开除等处罚措施已经足够,作为犯罪处理,其社

[①] 参见全国人大常委会法工委刑法室编:《地方人大和中央有关部门、单位对刑法修正案(九)草案的意见》(法工刑字[2015]1号,2015年1月4日);全国人大常委会法工委刑法室编:《刑法修正案(九)草案向社会公众征求意见的情况》(法工刑字[2015]2号,2015年1月4日)。

[②] 周天泓:《对刑法修正案九(草案)第三十二条的探讨》,载《人民法院报》2015年1月14日。

会效果不一定好,建议删除这一规定。[1] 也有意见认为,该条第 4 款将替考或让他人替考行为入罪,没有贯彻宽严相济的刑事政策。对此行为人完全可以通过行政处罚或单位内部的规章制度处理。例如,对于大学生替考,现在很多学校都采取"双开"的做法,已经很重了,在这种情况下还要入刑,确实值得慎重考虑。还有意见认为,从表面上看,对替考代考的情况进行刑事法上的规制,有利于维护考试秩序,但目前对替考代考行为,也有比较严厉的行政处罚或者处分,因而并无在刑法上加以规定和惩治的必要,建议删去该款。[2]

(四) 修法研讨

关于考试作弊行为入刑的上述争议,笔者认为,《刑法修正案(九)》关于考试范围的限定合理,但其将帮助组织考试作弊行为正犯化和替考入刑的做法,在当前背景下,值得进一步研究和探讨。

第一,《刑法修正案(九)》对考试范围的规定是合理的。总体而言,笔者认为,虽然"国家考试"的概念在目前的法律体系中尚不太明确,但《刑法修正案(九)》第 25 条将考试的范围限定为"法律规定的国家考试"仍然具有充分的合理性。这是因为:一方面,考试作弊是我国新时期的一种轻罪,入刑应当慎重。虽然考试作弊在我国由来已久,但考试作弊行为入刑则是近几年才受到较多的关注。而且由于我国对考试作弊行为的行政处罚力度也较强,如对于在校考试可以开除、对于社会考试可由其所在单位进行处理,考试作弊入刑的范围应当受到限缩。另一方面,考试的概念具有很大的不确定性。目前我国各种类型的考试多如牛毛,既有升学考试也有入职考试,既有最终考试也有期中考试,既有笔试也有面试。在考试作弊入刑的背景下,为了合理规制考试作弊的范围,以使刑法的规制更具有针对性,我国应当对考试的范围进行限制。《刑法修正案(九)》基于严格限制考试范围的目的,对考试作弊入刑的考试范围作了双重限定,即既必须是"国家考试",同时还

① 参见全国人大常委会法工刑法室编:《地方人大和中央有关部门、单位对刑法修正案(九)草案的意见》(法工刑字[2015]1号,2015年1月4日);全国人大常委会法工刑法室编:《刑法修正案(九)草案向社会公众征求意见的情况》(法工刑字[2015]2号,2015年1月4日)。
② 参见《〈中华人民共和国刑法修正案(九)(草案三次审议稿)〉参阅资料》(第十二届全国人大常委会第十六次会议参阅资料(一),2015年8月24日)。

必须是"法律规定"的。由于这里"法律"仅指全国人大及其常委会通过的法律,因此《刑法修正案(九)》第 25 条关于考试作弊入刑的范围限制是严格的,值得肯定。

第二,帮助组织考试行为正犯化的规定值得商榷。《刑法修正(九)》为了强化对组织考试作弊行为的治理,在其增设的刑法典第 284 条之一条第 1 款规定了组织作弊行为后,专门规定了一款,规定"为他人实施前款犯罪提供作弊器材或者其他帮助的,依照前款的规定处罚"。由于这里的帮助行为完全可以构成前款组织作弊罪的帮助犯,因此刑法理论上一般将这种立法称之为帮助犯的正犯化,即对帮助犯的行为在刑法典分则作专门规定。《刑法修正案(九)》的这一规定,客观上排除了帮助组织考试作弊成立组织作弊罪帮助犯的可能,进而不能适用刑法典总则关于从犯的从宽处罚规定。不过,值得关注的是,"两高"在关于《刑法修正案(九)》新增罪名的司法解释中,并没有将新增的刑法典第 284 条之一条第 2 款规定的帮助组织考试行为规定为一个单独的罪名。笔者认为,《刑法修正案(九)》将帮助组织考试作弊行为正犯化的做法值得商榷。这主要体现在两方面:一是与我国刑法典中已有的帮助犯正犯化情形相比,帮助组织考试作弊行为的危害性明显较低。例如,我国刑法典中已有的帮助犯正犯化罪名主要有协助组织卖淫罪、帮助恐怖活动罪等罪名,涉及的组织卖淫罪、恐怖活动犯罪等都是严重罪行,法定最高刑都在 15 年有期徒刑以上。而组织考试作弊罪在我国刑法典中只能算是中等危害程度的犯罪,其法定最高刑只是 7 年有期徒刑。将这样一个中等危害程度的犯罪的帮助犯正犯化,与我国刑法典一贯的立法传统不太符合。二是与我国刑法典中已有的帮助犯正犯化方式相比,帮助组织考试作弊行为的正犯化方式值得商榷。客观地说,既然是帮助行为正犯化,意味着将某种犯罪的帮助行为作为实行行为进行评判,而要成为实行行为就要求有专门的罪名,否则对实行犯之实行行为将难以评定。但帮助组织考试作弊行为的正犯化却极其特殊,"两高"没有将其规定为独立的罪名,使得其构成要件行为被虚化。而且,从立法传统上看,某罪的实行行为与帮助行为在法定刑的设置上是不同的。例如,协助组织卖淫罪与组织卖淫罪的法定刑就有很大的差距。但《刑法修正案(九)》对帮助组织考试作弊行为与组织考试作弊行为规定了完全相同的法定刑,不符合罪责刑相适应的刑法基本原则。基于以上考虑,笔者认为,《刑法修正案(九)》对帮助组织考试行为的正犯化规定的内容和方式都值得质疑。

第三,单纯的代替考试行为不宜入罪。严格地说,代替考试行为有两种类型:一是单独的代替考试行为,即单个人受他人请求或者请求他人代替考试;二是组织考试之中的代替考试行为,即组织者组织他人代替考试。其中,组织他人替考属于组织考试作弊行为的范畴,对该行为入刑的必要性,笔者持肯定态度。但对于单独的代替考试行为入刑,笔者总体上持反对态度。这主要有以下两点考虑:一是替考行为发生的根源在于我国考试制度。这主要涉及考试制度的两个方面,包括我国"一考定终身"的人才选拔制度和考试的管理制度。事实上,实践中发生的替考事件背后大多存在政府官员的"黑手"。因此,要治理替考行为,关键在于加强考试制度的管理与改革。二是对替考行为完全可以通过行政手段解决。在实践中,"代替他人考试"的主要群体是在校大学生,这在高考替考中体现得最为明显。对于这一群体,严厉的行政手段(如开除学籍)完全可以对其产生足够的震慑作用。而对于"让他人代替自己考试"者,也可以通过剥夺其今后一定期限的考试资格和行政拘留等行政手段予以解决。因此,将替考行为入罪目前来看不符合宽严相济刑事政策的要求,值得商榷。

第九章　腐败犯罪修正的争议问题

　　加强对腐败犯罪的惩治是《刑法修正案（九）》修法的重大内容，并在修法过程中广受社会关注。从内容上看，《刑法修正案（九）》对腐败犯罪的修法主要包括四个方面：一是修改了贪污受贿罪的定罪量刑标准，将贪污受贿罪的"具体数额"标准修改为"抽象数额＋情节"标准；二是针对特别重大贪污受贿犯罪增设了终身监禁制度；三是加大了对行贿犯罪的惩治，降低了行贿罪原有从宽情节的从宽力度；四是增设了对有影响力的人行贿罪。在《刑法修正案（九）》的修法过程中，人们对这四方面的修法都存在不同程度的争议。

■ 一、贪污受贿罪定罪量刑标准的修改问题

（一）修法背景

　　我国 1997 年刑法典第 383 条对贪污受贿犯罪采取的是"绝对数额＋情节"的标准，定罪量刑标准的规定非常细致和明确，主要包括四项：（1）数额在 10 万元以上的，处 10 年以上有期徒刑或者无期徒刑，可以并处没收财产；情节特别严重的，处死刑，并处没收财产；（2）数额在 5 万元以上不满 10 万元的，处 5 年以上有期徒刑，可以并处没收财产；情节特别严重的，处无期徒刑，并处没收财产；（3）数额在 5 千元以上不满 5 万元的，处 1 年以上 7 年以下有期徒刑；情节严重的，处 7 年以上 10 年以下有期徒刑（其中数额在 5 千元以上不满 1 万元，犯罪后有悔改表现、积极退赃的，可以减轻处罚或者免予刑事处罚）；（4）数额不满 5 千元，情节较重的，处 2 年以下有期徒刑或者

拘役。

但随着我国经济和社会的发展,1997年刑法典关于贪污受贿犯罪定罪量刑标准的问题日渐突出。这主要体现在:(1)难以全面适时反映贪污受贿个罪的社会危害性。贪污受贿犯罪尤其是受贿犯罪情节差别很大,情况复杂,单纯考虑受贿数额,无法全面、准确、客观地反映行为的社会危害程度。特别是与1997年全面修订刑法典时相比,现阶段相同数额货币代表的社会财富和购买力与之前相比都发生了变化,绝对确定的数额难以全面适时反映贪污受贿犯罪的社会危害性。(2)不能充分体现罪责刑相适应原则。贪污受贿犯罪定罪量刑主要以数额为标准,不仅不足以全面适时反映行为的社会危害性,也难以准确反映行为人的人身危险性。特别是"当受贿罪数额'超载'的时候,受贿罪的定罪量刑要么回到完全靠法官'自由心证'的原始司法状态,要么就只能硬着头皮继续'以数定刑',假装看不见因'罪无限而刑有涯'造成的单位罪量与单位刑量之间的罪刑实质不均衡。"[1](3)难以让公众在贪污受贿案件中感受到公平正义。这是因为,贪污受贿犯罪各档次的具体量刑幅度过大,刑罚之间轻重衔接没有必要的梯度和层次,因而很多贪贿数额悬殊的案件在量刑上拉不开档次。按照1997年刑法典规定的标准,贪污受贿10万元和贪污受贿100万元的量刑差不大,无法体现案件的公平公正,更无法让公众更好地感受到贪污受贿案件处理的公平正义。(4)不利于发挥刑罚对贪污受贿犯罪的预防作用。由于贪污受贿犯罪定罪量刑标准规定了具体数额,而定罪量刑数额标准在一定程度上与经济社会发展不相适应,而在刑法条文不可能朝令夕改的情况下,实践中就完全有可能出现刑罚过剩现象,即导致对行为人施加的刑罚超出了其应承担的刑事责任的限度。很多贪贿数额几万元的案件,没有入罪或者没有得到应有的从重惩处,使得不少贪腐分子从贪贿行为中获益却未承担相应的刑事责任,逃脱了刑事制裁,极大地损害了法律的权威。[2] 贪污受贿犯罪定罪量刑标准存在的问题,已严重影响了我国惩治贪污受贿犯罪的力度和效果,越来越难以适应经济社会发展背景下反腐败的现实需要,亟待改革完善。

---

[1] 参见林竹静:《受贿罪数额权重过高的实证分析》,载《中国刑事法杂志》2014年第1期。
[2] 参见赵秉志:《贪污受贿犯罪定罪量刑标准问题研究》,载《中国法学》2015年第1期。

（二）修法内容

《刑法修正案（九）》第 44 条因应贪污受贿犯罪的治理需要，删去了对贪污受贿犯罪规定具体数额的定罪量刑模式，该条第 1 款规定："对犯贪污罪的，根据情节轻重，分别依照下列规定处罚：（一）贪污数额较大或者有其他较重情节的，处三年以下有期徒刑或者拘役，并处罚金。（二）贪污数额巨大或者有其他严重情节的，处三年以上十年以下有期徒刑，并处罚金或者没收财产。（三）贪污数额特别巨大或者有其他特别严重情节的，处十年以上有期徒刑或者无期徒刑，并处罚金或者没收财产；数额特别巨大，并使国家和人民利益遭受特别重大损失的，处无期徒刑或者死刑，并处没收财产。"该条第 2 款规定："对多次贪污未经处理的，按照累计贪污数额处罚。"该条第 3 款规定："犯第一款罪，在提起公诉前如实供述自己罪行、真诚悔罪、积极退赃，避免、减少损害结果的发生，有第一项规定情形的，可以从轻、减轻或者免除处罚；有第二项、第三项规定情形的，可以从轻处罚。"

较之前的刑法典相关规定，《刑法修正案（九）》对于贪污受贿犯罪的定罪量刑标准主要作了以下修改：（1）将贪污受贿犯罪定罪量刑标准改为"概括性数额＋情节"的模式，即原则规定数额较大或者情节较重、数额巨大或者情节严重、数额特别巨大或者情节特别严重三种情况，同时改变了之前依据刑罚从重到轻排列法定刑，而按照刑法典中通常的从轻到重的顺序规定了三档刑罚。（2）取消了贪污受贿犯罪绝对确定的死刑立法。《刑法修正案（九）》对贪污受贿数额特别巨大，并使国家和人民利益遭受特别重大损失的，规定"处无期徒刑或者死刑"，而非之前的"处死刑"，将贪污受贿犯罪的死刑立法由之前绝对确定的死刑修改为相对确定的死刑。（3）删除了"不构成犯罪，由其所在单位或者上级主管机关给予处分"的相关规定。由于该规定属于纪律处分或者行政处分，并不属于刑事处罚的相关内容，因而本次的刑法修正删除了该规定。（4）将司法实践中常见的贪污受贿犯罪酌定量刑情节法定化，规定对犯贪污受贿罪，如实供述自己罪行、真诚悔罪、积极退赃，避免、减少损害结果发生的，可以从宽处理。

（三）修法争议

在我国反腐败治理体系中，贪污受贿犯罪的定罪量刑标准问题由来已久,也饱受争议。《刑法修正案(九)》根据我国反腐败的现实需要,科学地调整了贪污受贿犯罪的定罪量刑标准。但在修法过程中,对贪污受贿罪的定罪量刑标准问题,也有六个方面的不同意见。

第一,是否应当将数额作为贪污受贿犯罪的主要定罪量刑标准。对此,有观点反对将数额作为贪污受贿犯罪的主要定罪量刑情节,认为应单以情节为标准,规定"情节较重、情节严重、情节特别严重"三种情形。① 有全国人大常委会常委委员和代表提出,将犯罪情节作为量刑标准,是对司法实践经验的总结和提升,为统一量刑奠定了基础。草案通过后,可以由"两高"制定司法解释确定具体的量刑标准。有的提出,根据刑法现有规定,贪污 10 万元以上的,即判处 10 年以上有期徒刑或者无期徒刑,导致实践中贪贿金额数10 万元与数千万元、甚至上亿元在刑期上差别不大,不再唯数额论,更符合实际需要,更为科学合理,也更有利于惩治腐败犯罪和维护司法公正。有的建议单以情节为标准,规定"情节较重、情节严重、情节特别严重"三种情形。②

第二,应否在刑法典中明确规定贪污受贿的具体数额。对此,有意见主张在立法中明确规定贪污受贿犯罪的数额标准,对于数额较大、数额巨大、数额特别巨大的,要有一个基本的标准,将贪污受贿犯罪的数额和情节交由司法机关判断,更容易造成量刑标准不统一,会让群众认为刑法对贪污受贿的处罚减轻了,社会效果不好;应进一步明确"其他较重情节"、"其他严重情节"、"其他特别严重情节"等用语的含义。有全国人大常委会委员认为,草案说明关于取消贪污受贿罪具体数额标准的说服力不强,理由不够充分。现有的数额标准需要根据实际情况的变化作出调整,具体怎么定,要广泛征求社会公众的意见,如果能够确定具体标准,还是应该在法律中作出规定。但相反的观点不赞成在刑法中规定具体的数额,认为仅用数额标准不能全

---

① 参见全国人大常委会法工委刑法室编:《地方人大和中央有关部门、单位对刑法修正案(九)草案的意见》(法工刑字[2015]1 号,2015 年 1 月 4 日);全国人大常委会法工委刑法室编:《刑法修正案(九)草案向社会公众征求意见的情况》(法工刑字[2015]2 号,2015 年 1 月 4 日)。

② 参见全国人大常委会法工委刑法室编:《地方人大和中央有关部门、单位对刑法修正案(九)草案的意见》(法工刑字[2015]1 号,2015 年 1 月 4 日);全国人大常委会法工委刑法室编:《刑法修正案(九)草案向社会公众征求意见的情况》(法工刑字[2015]2 号,2015 年 1 月 4 日)。

面反映贪污受贿犯罪行为的危害性,不利于司法实践中做到罪责刑相适应,以往司法实践证明弊端很大。①

第三,贪污受贿的具体数额确定问题。对此,主要有三种不同的具体观点:一是维持原最低数额论。有的地方提出,草案事实上放宽了国家公职人员贪污受贿犯罪的刑事处罚,极有可能引起公众的质疑,建议明确规定本罪的入罪标准,维持刑法规定的 5000 元。② 二是提高数额论。有意见认为1997 年刑法典第 383 条的规定虽然存在一些问题,但总体上是合理的,可以通过微调的方式进行修改。在具体的微调方案上,有的部门建议,由立法对贪污受贿犯罪定罪量刑的具体数额标准作出规定,维持 5000 元起点数额不变,同时分别对 5000 元以上不满 5 万元、5—10 万元、10—100 万元、100—500 万元以及 500 万元以上的规定五档刑罚。③ 也有论者提出,根据我国国民经济发展水平,可以参考近年来我国国民的年均收入水平,以 3 万元、30万元和 300 万元规定三档刑罚。④ 三是零数额论。有全国人大常委会常委委员提出,按照修正案的规定,对犯贪污受贿罪的由司法机关根据数量和情节综合判断,给司法机关自由裁量很大的空间。同样的犯罪数额和情节类型,量刑有差别,更容易造成量刑标准不统一,会让群众认为刑法对贪污的处罚减轻了,社会效果不好,建议对贪污受贿罪的修改要体现出从严的精神,完善法律规定使人不敢贪、不想贪、不能贪,贪污受贿无论多少数额都应追究刑事责任。⑤

第四,贪污罪与受贿罪应否分别规定定罪量刑标准问题。在修法过程

---

① 参见全国人大常委会法工委刑法室编:《地方人大和中央有关部门、单位对刑法修正案(九)草案的意见》(法工刑字[2015]1 号,2015 年 1 月 4 日);全国人大常委会法工委刑法室编:《刑法修正案(九)草案向社会公众征求意见的情况》(法工刑字[2015]2 号,2015 年 1 月 4 日)。

② 参见全国人大常委会法工委刑法室编:《地方人大和中央有关部门、单位对刑法修正案(九)草案的意见》(法工刑字[2015]1 号,2015 年 1 月 4 日);全国人大常委会法工委刑法室编:《刑法修正案(九)草案向社会公众征求意见的情况》(法工刑字[2015]2 号,2015 年 1 月 4 日)。

③ 参见全国人大常委会法工委刑法室编:《地方人大和中央有关部门、单位对刑法修正案(九)草案的意见》(法工刑字[2015]1 号,2015 年 1 月 4 日);全国人大常委会法工委刑法室编:《刑法修正案(九)草案向社会公众征求意见的情况》(法工刑字[2015]2 号,2015 年 1 月 4 日)。

④ 参见赵秉志:《我国贪污受贿罪定罪量刑标准探讨》,载《中国法学》2015 年第 1 期。

⑤ 参见全国人大常委会法工委刑法室编:《地方人大和中央有关部门、单位对刑法修正案(九)草案的意见》(法工刑字[2015]1 号,2015 年 1 月 4 日);全国人大常委会法工委刑法室编:《刑法修正案(九)草案向社会公众征求意见的情况》(法工刑字[2015]2 号,2015 年 1 月 4 日)。

中,有的地方、部门和单位建议,对贪污罪和受贿罪分别规定定罪量刑标准。也有观点认为,贪污罪与受贿罪的定罪量刑标准具有诸多共性,将其合并规定在一起并无不妥,而且有利于节省立法资源。[①]

第五,贪污受贿罪的法定刑设置问题。这主要涉及对贪污受贿犯罪设置法定刑的分档标准,即是以"三年有期徒刑"还是"五年有期徒刑"为界。对此,有的地方提出,贪污罪的起点刑不宜低于挪用公款罪和职务侵占罪,建议将第(一)、(二)项中3年以下有期徒刑、3年以上有期徒刑中的"三年"改为"五年"。[②]

第六,贪污受贿罪的从宽情节问题。对此,有的地方和单位建议,将第3款中"在提起公诉前"修改为"在一审宣判前";有的单位提出,"真诚悔罪"等可以从宽处理的情形,是并列还是选择关系不明确,建议将"真诚悔罪"修改为"具有悔罪表现"获将其删除;有的地方建议删除"积极退赃,避免、减少损害结果发生"这一从宽处罚条件。有的地方和单位提出,第3款规定包含了刑法总则关于"避免特别严重后果发生的,可以减轻处罚"的坦白的情形,建议对"有第(二)项、第(三)项规定情形的",增加可以"减轻处罚"的规定。有的地方、部门和单位建议,删除第3款的规定,认为第3款从宽处罚的情形在总则中都已有规定,草案只针对贪污、受贿犯罪作此类规定,对盗窃、诈骗等普通刑事犯罪则不能一体适用,似难以取得公众理解,也不符合依法严惩贿赂犯罪的精神;或将第3款的内容规定在总则中,一并适用于其他财产性犯罪。[③]

(四)修法研讨

关于贪污受贿犯罪定罪量刑标准的上述争议,笔者总体上赞成《刑法修正案(九)》的立法规定。具体理由是:

---

① 参见全国人大常委会法工委刑法室编:《地方人大和中央有关部门、单位对刑法修正案(九)草案的意见》(法工刑字[2015]1号,2015年1月4日);全国人大常委会法工委刑法室编:《刑法修正案(九)草案向社会公众征求意见的情况》(法工刑字[2015]2号,2015年1月4日)。

② 参见全国人大常委会法工委刑法室编:《地方人大和中央有关部门、单位对刑法修正案(九)草案的意见》(法工刑字[2015]1号,2015年1月4日);全国人大常委会法工委刑法室编:《刑法修正案(九)草案向社会公众征求意见的情况》(法工刑字[2015]2号,2015年1月4日)。

③ 参见全国人大常委会法工委刑法室编:《地方人大和中央有关部门、单位对刑法修正案(九)草案的意见》(法工刑字[2015]1号,2015年1月4日);全国人大常委会法工委刑法室编:《刑法修正案(九)草案向社会公众征求意见的情况》(法工刑字[2015]2号,2015年1月4日)。

第一,数额应当作为贪污受贿罪的主要定罪量刑标准。在《刑法修正案(九)》修改之前,我国刑法典对贪污罪受贿罪的定罪量刑采取的是唯数额论,即完全根据贪污受贿的财产数额确定其法定刑幅度。该立法模式在实践中遇到了诸多问题。实践表明,单纯根据贪污受贿犯罪的财产数额无法对行为人的贪污受贿犯罪行为作出科学合理的评价。但这并不意味着贪污受贿犯罪的财产数额对贪污受贿犯罪的定罪量刑不具有主要影响。笔者认为,在当前我国社会背景下,贪污受贿的财产数额仍然应当是贪污受贿罪的主要定罪量刑标准。理由是:(1)贪污受贿罪侵害的主要法益决定了贪污受贿的财产数额应当作为贪污受贿罪的主要定罪量刑标准。我国刑法理论上一般认为,贪污罪受贿罪的客体是复杂客体,既侵害了国家工作人员职务的勤勉性,也侵害了国家工作人员职务的廉洁性,其中国家工作人员职务的廉洁性是这两个方面的主要客体。而判断国家工作人员职务的廉洁性程度,主要要看国家工作人员利用职务非法获利数额。这在贪污罪中体现为贪污的数额,在受贿罪中则体现为国家工作人员收受他人财物的数额。也正因为如此,贪污罪受贿罪被认为属于经济犯罪。(2)我国尚未将非财产性利益纳入贪污受贿的对象范围,财产数额是衡量财产价值的主要标准。根据我国刑法典的规定,贪污罪和受贿罪的犯罪对象都是"财物",尽管相关司法解释或文件已将"财物"的范围由传统意义上的财物扩大至包括财产性利益,但非财产性利益迄今不是贪污罪受贿罪的对象。而衡量"财物"的主要标准必然是数量、数额,财物自身的特殊性等因素只能是辅助标准。基于这种考虑,笔者认为,贪污受贿的数额仍然应当是对贪污罪受贿罪进行定罪量刑的主要标准。

第二,《刑法修正案(九)》对贪污受贿犯罪采取"概括数额+情节"的立法模式值得肯定。这主要是考虑到,当前我国经济社会发展变化迅速,同样数额的金钱在不同的时期购买力有很大的差别;同时,我国贪污受贿犯罪的形势也在不断的变化,在贪污受贿犯罪形势严峻时期民众对贪污受贿犯罪的感受性会降低,而在贪污受贿犯罪形势好转时期民众对贪污受贿犯罪的感受性则会提高,司法应对此有所反应和调整。《刑法修正案(九)》立足于我国对贪污受贿罪科学治理的实际需要,从罪责刑相适应的角度,确立了

"概括数额＋情节"的二元化标准,既有利于应对我国经济社会发展对贪污受贿数额评价的影响,由最高司法机关根据社会发展的情况适时调整贪污受贿罪的定罪量刑标准,又有利于通过对数额和情节的综合考量,更好地实现罪责刑相适应,值得充分肯定。这在 2016 年 4 月 18 日"两高"发布的《关于办理贪污贿赂刑事案件适用法律若干问题的解释》中得到了很好的贯彻。该解释第 1 条第 1 款规定了贪污受贿"数额较大"的标准,即"贪污数额在三万元以上不满二十万元的,应当认定为刑法第三百八十三条第一款规定的'数额较大',依法判处三年以下有期徒刑或者拘役,并处罚金"。第 2 款规定了"其他较重情节"的标准,即"贪污数额在一万元以上不满三万元,具有下列情形之一的,应当认定为刑法第三百八十三条第一款规定的'其他较重情节',依法判处三年以下有期徒刑或者拘役,并处罚金:(一)贪污救灾、抢险、防汛、优抚、扶贫、移民、救济、防疫、社会捐助等特定款物的;(二)曾因贪污、受贿、挪用公款受过党纪、行政处分的;(三)曾因故意犯罪受过刑事追究的;(四)赃款赃物用于非法活动的;(五)拒不交待赃款赃物去向或者拒不配合追缴工作,致使无法追缴的;(六)造成恶劣影响或者其他严重后果的。"在这里,"其他较重情节"由"数额未达到较大"程度和"数额之外的其他情节"共同组成,是"数额＋情节"的具体体现。

第三,受贿罪与贪污罪的定罪量刑标准应分开设立。目前我国对贪污罪和受贿罪适用的是同一定罪量刑标准。在刑法典分则之中,凡是单独定罪的犯罪行为基本有其单独的法定刑,贪污罪和受贿罪共用法定刑,这种立法例在世界范围内实属罕见。[①] 同时,尽管贪污罪与受贿罪都属于贪污贿赂类犯罪,都侵犯了国家工作人员职务的廉洁性,但两罪在侵犯的具体客体、社会危害程度、犯罪成本、反腐政策指向的重点等方面都存在相当差异,不应适用同一的定罪量刑标准,而应该分开设立。具体理由:(1)两罪的犯罪客体不完全相同。贪污罪的客体是复杂客体,既侵犯国家工作人员职务的廉洁性,也侵犯了公共财产的所有权;而受贿罪的客体就是国家工作人员职务的廉洁性。贪污罪的客体同时兼具侵犯公共财产所有权这一特性,这也

---

① 参见高珊琦、曹玉江:《对贪污受贿犯罪数额标准的重新审视》,载赵秉志、张军、郎胜主编:《现代刑法学的使命(下卷)》,中国人民公安大学出版社 2014 年版,第 761 页。

正是 1979 年刑法典将贪污罪归入侵犯财产罪、受贿罪归入渎职罪的原因所在。虽然 1997 年刑法典将此二罪分别从侵犯财产罪和渎职罪中分离出来，共同归入到贪污贿赂罪这一章中，但二者的犯罪属性并没有改变，仍然有着重大的差别。（2）犯罪数额在两罪社会危害程度的评价中作用和地位不一样。贪污罪的社会危害性在很大程度上是通过贪污数额来体现的，及时退还或退缴赃款也能在客观上降低贪污行为的社会危害程度。但受贿罪的社会危害性是受贿数额难以完全反映的，其更多的是要通过受贿的情节、危害后果、违法的程度等因素来体现。（3）两罪的犯罪成本和犯罪黑数也不一样。受贿行为通常发生在"一对一"的场合，犯罪的直接证据较为稀缺，而受贿人与行贿人往往又是利益共同体，加之受贿的手段日趋隐蔽和复杂，因而使得受贿行为更容易实施，也更难以侦破，其犯罪黑数比例很高；而贪污罪则不像受贿罪那样主要依靠言词证据定案，其往往存在较多的直接和间接证据，特别是随着会计等财务制度的健全，贪污行为的实施愈加困难，即使发生贪污行为，其犯罪潜伏期较短，侦破相对而言也不是特别困难，故而犯罪黑数要少很多。可见，贪污罪与受贿罪的社会危害性及其表征、侵犯的法益、犯罪成本等都不相同，适用同一定罪量刑标准不够科学和合理，对其定罪量刑标准应当予以分立。

第四，贪污受贿罪的具体数额标准不应规定在刑法典中。由司法机关根据案件的具体情况掌握或者颁布立法解释来确定的做法均不妥，应由"两高"用司法解释来确定具体的数额标准。主要理由是：（1）由司法机关根据案件的具体情况掌握，这相当于授予了办案的司法机关认定数额较大、数额巨大、数额特别巨大的无限制的自由裁量权，不利于统一法律适用标准和规范法官裁量权，势必会出现同罪不同刑、量刑失衡、量刑不统一等问题，难以避免司法不公和司法腐败现象的发生。（2）明确立法上概括数额的具体认定标准属于司法工作中具体应用法律的问题，不宜由全国人大常委会进行立法解释。全国人大常委会 1981 年《关于加强法律解释工作的决议》对此已有明确规定。我国《立法法》第 42 条也规定："法律有以下情况之一的，由全国人民代表大会常务委员会解释：（一）法律的规定需要进一步明确具体含义的；（二）法律制定后出现新的情况，需要明确适用法律依据的。"而贪污受贿犯罪法条中"数额较大"等概括数额的具体适用标准,既不属于法律制定后出现新的情况,需要明确适用法律依据的情况;也不属于法律的规定需要进一步明确具体含义的情况。"数额较大"、"数额巨大"、"数额特别巨大"等并不是其含义不明确,而是其认定标准需要细化,以便于司法适用。因此,对于有些学者所谓的"犯罪数额的具体化是罪与非罪、轻刑与重刑的界限问题,由司法解释加以规定,有'越俎代庖'之嫌。虽然司法解释可以明确具体的数额,但这样等于司法解释代行了立法职能,会产生架空刑法的后果"之观点,笔者并不认同。(3)从我国司法实践相关经验看。以往行贿罪、介绍贿赂罪、挪用公款罪等贪污贿赂犯罪以及盗窃罪、诈骗罪等财产犯罪的具体数额标准之认定,都是由国家最高司法机关颁布司法解释明确相对确定的幅度。这一成熟的司法经验应当坚持。

第五,贪污受贿犯罪的具体定罪量刑数额标准应当适度提高。在修法过程中,有观点主张对贪污受贿犯罪采取"零容忍"政策,认为应当降低贪污受贿犯罪定罪量刑的数额标准。但笔者认为,"零容忍"不等于对贪污受贿犯罪要坚持"零起点"。对贪污受贿行为除了定罪量刑,还有党纪政纪处分。与贪污受贿犯罪被剥夺的人身自由相对应的贪污受贿数额应当与国民经济水平相适应。而就我国目前的经济发展水平而言,贪污受贿犯罪的起刑点应当较 1997 年刑法典有大幅的提高。具体而言,贪污受贿犯罪定罪量刑具体数额的确定,可以以全国城镇居民人均可支配收入为主要基准,并在参酌货币购买力、居民消费指数(CPI)、通货膨胀等因素的基础上进行适度调节。因为从指标的含义上看,城镇居民人均可支配收入是指将家庭总收入扣除缴纳的个人所得税和个人缴纳的各项社会保障支出之后,按照居民家庭人口平均的收入水平,它是用以衡量城镇居民收入水平和生活水平的最重要和最常用的指标,以其作为确定贪污受贿犯罪定罪量刑具体数额的主要基准是有一定合理性和客观性的,能与经济社会发展状况、城镇居民收入和生活水平大体相适应,能够大体反映出贪污受贿行为的客观危害程度,也比较符合公众对贪污受贿行为刑事可罚根据的基本认识。1997 年,全国城镇居民人均可支配收入是 5160 元,当年修订的刑法典对贪污受贿犯罪确定的定罪数额就是 5000 元,即大体相当于全国城镇居民一年的人均可支配收入。2013 年,根据国家统计局发布《2013 年国民经济和社会发展统计公报》显示,全国城镇居民人均可支配收入调整为 26955 元。因此以此数额为基础,综合考虑当前的经济社会发展水平、CPI 指数、通货膨胀等情况的影响,司法解释将贪污受贿犯罪的定罪数额(起刑点)设置为 3 万元是相当合理的。

第六,贪污受贿犯罪的从宽处罚规定基本合理但应进一步完善。为了给贪污受贿犯罪人一定的出路,《刑法修正案(九)》对贪污受贿犯罪的从宽情节在法律上作了明确。《刑法修正案(九)》第 44 条第 3 款规定:"犯第一款罪,在提起公诉前如实供述自己罪行、真诚悔罪、积极退赃,避免、减少损害结果的发生,有第一项规定情形的,可以从轻、减轻或者免除处罚;有第二项、第三项规定情形的,可以从轻处罚。"根据该规定,贪污罪受贿罪的从宽处罚条件是必须同时具备以下两种情形,即"在提起公诉前如实供述自己罪行、真诚悔罪、积极退赃,避免、减少损害结果的发生"和"避免、减少损害结果的发生"。笔者认为,从立法效果上看,该立法有两方面的积极作用:一是有助于避免、减少贪污受贿犯罪损害结果的发生。在贪污受贿犯罪中,损害结果涉及诸多方面,如贪污受贿的财物挽回、受贿犯罪为他人谋取利益所可能造成国家和社会损害的挽回等。《刑法修正案(九)》的上述规定,其核心是"避免、减少损害结果的发生",在实践效果上将有助于减少贪污受贿犯罪行为给国家、社会和个人造成的损害。二是有助于促进贪污受贿犯罪的量刑均衡。在我国司法实践中,"如实供述自己罪行、真诚悔罪、积极退赃,避免、减少损害结果的发生"和"避免、减少损害结果的发生"都是属于贪污受贿犯罪的酌定从宽量刑情节。此次《刑法修正案(九)》将这些量刑情节由过去的酌定量刑情节上升为法定量刑情节,有助于促进量刑情节的统一化,促进贪污受贿犯罪的量刑均衡发展。

不过,笔者认为,《刑法修正案(九)》关于贪污罪受贿罪的上述从宽规定,在立法技术层面上,也存在一定不足。这主要体现在两个方面:一是容易虚置坦白情节。根据我国刑法典第 67 条第 3 款的规定,坦白是犯罪嫌疑人"如实供述自己罪行"。而上述关于贪污受贿犯罪的从宽规定中,"如实供述自己罪行"也是其情形之一。而且从关系上看,"真诚悔罪"也是以"认罪"(即如实供述罪行)为前提,"积极退赃"通常也以"认罪"为前提,否则行为人通常不会积极退赃。从这个角度看,《刑法修正案(九)》上述关于贪污受贿犯罪的从宽规定实际包含了坦白的内容,按照刑法典分则的特别规定优于总则的一般规定之原则,在具备上述从宽情节的情况下,坦白这一法定从宽情节将难以适用。二是容易与坦白的量刑原则发生冲突。我国刑法典第67条第3款将坦白的量刑分为了两种情况,其中对于一般的坦白,规定的是"可以从轻处罚";对于"因其如实供述自己罪行,避免特别严重后果发生的",规定的是"可以减轻处罚"。而上述从宽情节的处理原则是:"有第一项规定情形的,可以从轻、减轻或者免除处罚;有第二项、第三项规定情形的,可以从轻处罚。"这意味着,对于坦白并避免特别严重后果发生的情形,按照刑法典第67条第3款的规定,可以减轻处罚,但按照刑法典第383条第4款的上述规定,如果属于犯罪数额较大或者有其他较重情节的,可以从轻、减轻或者免除处罚,如果具有犯罪数额巨大或者其他严重情节以上情形的,可以从轻处罚。两种处罚方法的后果差异明显。

■ 二、贪污受贿罪死缓犯终身监禁的增设问题

(一) 修法背景

在我国,虽然贪污罪、受贿罪的死刑适用在较早时期曾相对较多,但考虑到贪污受贿罪毕竟属于经济性、非暴力犯罪,与死刑所剥夺的生命权不具有对等性,近年来我国对贪污受贿罪犯罪分子已很少适用死刑立即执行,绝大多数达到死刑适用标准的严重腐败罪犯均被判处了死刑缓期执行。这样,原本依法应判处死刑立即执行和判处死刑缓期二年执行的案件之间的界限逐步模糊,二者之间刑罚严厉性的差异难以体现,难免让民众产生对严重贪污受贿犯罪适用刑罚不公正的误解。在《刑法修正案(九)》的修法过程中,一些常委委员提出,应在逐步减少死刑罪名的同时,考虑增设终身监禁刑罚。据了解,一些全国人大常委会委员提出终身监禁制度的本意是针对恐怖主义犯罪、暴力犯罪等严重危及人身安全的犯罪。后来可能考虑到对这些严重危害人身安全的犯罪目前无以终身监禁替代其死刑立即执行的条件。国家立法机关认为,对于本应判处死刑的贪污受贿犯罪,根据慎用死刑

的刑事政策,结合案件的具体情况,对其判处死缓依法减为无期徒刑后,采取终身监禁的措施,有利于体现罪刑相适应的刑法原则,维护司法公正,防止在司法实践中出现这类罪犯通过减刑等途径致服刑期过短的情形,符合宽严相济的刑事政策。① 《刑法修正案(九)》最终针对贪污受贿犯罪设置了终身监禁制度。

(二)修法内容

《刑法修正案(九)》第 44 条第 4 款规定:"犯第一款罪,有第三项规定情形被判处死刑缓期执行的,人民法院根据犯罪情节等情况可以同时决定在其死刑缓期执行二年期满依法减为无期徒刑后,终身监禁,不得减刑、假释。"其中第 1 款第 3 项的规定是"贪污数额特别巨大或者有其他特别严重情节的,处十年以上有期徒刑或者无期徒刑,并处罚金或者没收财产;数额特别巨大,并使国家和人民利益遭受特别重大损失的,处无期徒刑或者死刑,并处没收财产。"

此款规定实际上是对贪污受贿犯罪确立了终身监禁刑。对该款的条文内容可从两个方面进行分析:一方面对于原本判处死缓的贪污受贿犯罪如果规定死缓二年期满后减为无期徒刑,不得再减刑和假释进而予以终身监禁,这是对死缓犯的加重处罚;另一方面,若是对本来罪该判处死刑立即执行的贪污受贿犯罪适用死缓并最终转化成终身监禁,则是一种宽大的处罚。

(三)修法争议

对于贪污受贿罪死缓犯的终身监禁问题,在修法的过程中,各方面主要有以下两种不同意见:

第一种意见是支持增设终身监禁制度。有的部门认为,死缓不得减刑、假释的规定,对严重犯罪可以起到震慑作用。也有部门认为,对该制度的设立要慎重,要明确其与监外执行的关系。有委员提出,尽管国际上有一些取消死刑的国家,但其法律体系中保留着终身监禁的罪名,有些数罪并罚可以被判几十年,甚至上百年。为了发挥好刑法惩罚犯罪、保护人民的功能,建议在不断取消死刑罪名时,增设终身监禁刑。也有委员认为,很多国家没有

---

① 参见全国人大法律委员会《关于〈中华人民共和国刑法修正案(九)〉(草案二次审议稿)主要问题的修改情况的汇报》(2015 年 8 月 16 日)。

死刑但有终身监禁;我国有无期徒刑,但基本是死缓后就是无期,只要没有新的犯罪,就减刑,十几年就出来了,几乎没有人在监狱待一辈子。尊重他的生命不杀他,但应予以终身监禁,让犯罪人付出沉重代价。[①]

第二种意见是反对增设终身监禁制度。有单位和专家不赞成增设终身监禁刑罚或者规定实际执行上的终身监禁。主要理由包括:(1)死缓特别是死缓限制减刑,已较为严厉,罪犯关押二、三十年后已基本丧失再犯能力,没有必要再予以终身关押。目前的问题主要是执行中存在的问题,可以通过完善执行解决。(2)终身监禁让罪犯看不到希望,违背教育改造的刑罚目的,也将导致监狱负担过重,执行上有困难。(3)与联合国有关囚犯待遇的公约等国际公约相关规定的精神冲突。联合国有关囚犯待遇的公约等规定罪犯有获得假释的权利,对罪犯不得判处无释放可能的终身监禁。(4)世界上几乎没有国家对罪犯予以实际上的终身监禁,经过评估也是可以释放,或者予以特赦。如规定死缓不得减刑制度,需同时修改刑法有关假释的规定,对这部分留假释的出路。(5)贪污受贿犯罪不属于最危险、最严重的犯罪,与故意杀人等严重暴力犯罪并列规定为不得减刑的情形是不妥当的。贪污受贿犯罪无论是在社会危害性上还是预防犯罪的需要上与暴力犯罪都不同。罪犯出狱后也不具有再犯罪能力,没有必要对其规定不得减刑。[②]

(四) 修法研讨

关于贪污受贿罪的终身监禁制度,笔者认为,终身监禁本身存在着不人道、不公平、剥夺罪犯改造的机会和浪费司法资源等缺陷,但从切实推动我国死刑立法改革的角度,将终身监禁作为死刑立即执行的替代措施,也有其积极意义。从立法内容上看,《刑法修正案(九)》虽然增设了终身监禁制度,但同时对该制度作了严格的立法限定:(1)终身监禁只适用于被判处死缓的贪污受贿犯罪分子,体现出明显的死刑替代措施色彩。而如前所述,我国立法机关对此的态度很明确,就是要将终身监禁作为死刑的替代措施,只适用于本应判处死刑立即执行的贪污受贿犯。(2)终身监禁制度的适用具有一

---

① 参见陈丽平:《走私核材料罪等不应取消死刑》,载《法制日报》2014年12月17日。
② 参见全国人大常委会法工委刑法室编印:《一些部门、法学专家对刑法有关问题的意见》(2015年7月16日)。

定的灵活性。从立法条文上看,终身监禁适用的时机条件是"死刑缓期执行二年期满依法减为无期徒刑后"。而根据《刑法修正案(九)》修正后的刑法典第50条的规定,判处死刑缓期执行的,在死刑缓期执行期间,如果确有重大立功表现的,二年期满以后,减为25有期徒刑。这意味着,即便对贪污、受贿犯罪分子被判处死缓并决定终身监禁,这些犯罪人还可以在死缓执行期间通过重大立功表现绕开终身监禁的裁决。[①] 从这个角度看,终身监禁的裁决并没有完全堵塞罪犯提前出狱的出路。

事实上,将贪污受贿犯罪的终身监禁视为这两种犯罪死刑立即执行的替代措施,已为立法者和司法者所明确。一方面,如前所述,全国人大法律委员会2015年8月16日在《关于〈中华人民共和国刑法修正案(九)〉(草案二次审议稿)主要问题的修改情况的汇报》中明确将终身监禁视为贪污受贿罪死刑立即执行的替代措施。另一方面,最高人民法院2015年10月29日《关于〈中华人民共和国刑法修正案(九)〉时间效力问题的解释》第8条规定:"对于2015年10月31日以前实施贪污、受贿行为,罪行极其严重,根据修正前刑法判处死刑缓期执行不能体现罪刑相适应原则,而根据修正后刑法判处死刑缓期执行同时决定在其死刑缓期执行二年期满依法减为无期徒刑后,终身监禁,不得减刑、假释可以罚当其罪的,适用修正后刑法第三百八十三条第四款的规定。根据修正前刑法判处死刑缓期执行足以罚当其罪的,不适用修正后刑法第三百八十三条第四款的规定。"其中,"根据修正前刑法判处死刑缓期执行不能体现罪刑相适应原则"即意味着需要判处死刑立即执行。在此,最高人民法院明确将终身监禁视为贪污受贿犯罪死刑立即执行的替代措施。依此理解,笔者认为,《刑法修正案(九)》增设终身监禁制度有其积极意义。当然,终身监禁制度毕竟是一种在惩罚力度上仅次于死刑的制度,其对犯罪人终身自由的剥夺既不人道,也违反国际社会关于罪犯人权保障的基本准则和要求,因而只能作为一种过渡性措施存在。

[①] 对此问题,也有意见认为,对于人民法院根据犯罪情节等情况决定载其从死刑缓期执行二年期满依法减为无期徒刑后终身监禁的犯罪分子,即便在死刑缓期执行期间有重大立功表现,也不能依照《刑法修正案(九)》第1条的规定在死刑缓期执行期满后减为25年有期徒刑。

■ 三、行贿罪处罚力度加大问题

（一）修法背景

为了鼓励行贿人主动交待行贿行为，以有效惩治受贿犯罪，我国刑法过去专门针对行贿人设置了一种特别从宽制度。1988 年全国人大常委会颁布的《关于惩治贪污贿赂犯罪的补充规定》第 8 条第 2 款规定："行贿人在被追诉前，主动交代行贿行为的，可以减轻处罚，或者免予刑事处罚。"但在 1997 年刑法典的修订研拟过程中，立法者对于是否继续规定行贿的特别从宽制度曾表现出犹豫的态度。在 1996 年 8 月 31 日的刑法修改稿中，立法机关删除了《关于惩治贪污罪贿赂罪的补充规定》中对行贿人主动交代行贿行为予以从宽处罚的规定。不过在 1996 年 10 月 10 日的《修订草案征求意见稿》中又恢复了这一规定。这一规定为之后的多个修订草案所沿用①，并在 1997 年刑法典中正式确立至今，1997 年刑法典第 390 条第 2 款规定："行贿人在被追诉前主动交待行贿行为的，可以减轻处罚或者免除处罚"。从实践的角度看，该制度的设立对分化瓦解贿赂犯罪同盟，降低检控机关获取证据和破案的难度，节约司法资源、减少诉讼成本，都起到了积极作用。但该制度也有助长行贿之嫌，间接导致受贿犯罪的预防效果难以彰显。因为，按照 1997 年刑法典第 390 条第 2 款的规定，只要行贿人在被追诉前主动交待行贿行为，基本上就不会受到刑事责任的追究。这间接助长了行贿犯罪，进而客观上助长了受贿犯罪。适当调整对行贿犯罪的特别从宽处罚制度势在必行。

（二）修法内容

《刑法修正案（九）》第 45 条第 2 款规定，将原刑法典第 390 条第 2 款规定的"行贿人在被追诉前主动交待行贿行为的，可以减轻处罚或者免除处罚"的规定，修改为"行贿人在被追诉前主动交待行贿行为的，可以从轻或者减轻处罚。其中，犯罪较轻的，对侦破重大案件起关键作用的，或者有重大立功表现的，可以减轻或者免除处罚。"从内容上看，《刑法修正案（九）》对原

---

① 参见高铭暄：《中华人民共和国刑法的孕育诞生与发展完善》，北京大学出版社 2012 年版，第 613 页。

刑法典第 390 条第 2 款的修改主要有两点：(1) 将行贿人在被追诉前主动交待行贿行为的处罚由"可以减轻处罚或者免除处罚"修改为"可以从轻或者减轻处罚"或者"可以减轻或者免除处罚"。(2) 严格了行贿人适用"可以减轻或者免除处罚"的条件，即仅限于三种情形，包括"犯罪较轻"、"对侦破重大案件起关键作用"和"有重大立功表现"。

(三) 修法争议

对于《刑法修正案(九)》第 45 条第 2 款的上述规定，在修法过程中，人们主要有三种不同意见：

第一种意见认为，《刑法修正案(九)》对行贿人从宽处罚规定的修改大大增加了查处受贿罪等职务犯罪的侦办难度，甚至会促使行贿人与受贿人达成攻守同盟，不利于惩治腐败犯罪。同时，行贿与受贿虽然是对向性犯罪，但两者有着不同的犯罪原因，对行贿与受贿犯罪同等处罚不符合这两种犯罪的实际状况。因此建议对原条文不作修改。也有观点建议将"可以免除处罚"修改为"可以减轻处罚"或"应当免除处罚"。还有观点认为应将原规定的行贿人在被追诉前主动交代行贿行为的，"可以减轻处罚或者免除处罚"，修改为"不予追究刑事责任"，或者"可以从轻、减轻或者免除处罚"。①

第二种意见认为，行贿与受贿行为应该同等处罚，对行贿罪应加大追究法律责任，建议删除对行贿从宽处罚的规定，或者仅规定可以减轻处罚，但不能免除处罚。有全国人大常委会常委委员提出，对行贿犯罪可以"免除处罚"会导致在审判实践中，只要行贿人交代行贿事实，就能因重大立功表现得到宽大处理，放纵了行贿犯罪行为，不利于源头治理腐败。也有全国人大常委会常委委员建议，行贿与受贿行为应当同等处罚，对行贿罪加大追究法律责任，不要轻于受贿罪，同时要加大对行贿行为判处财产刑的力度，对行贿人因为行贿造成的非法资产、财产的增加应予没收。②

---

① 参见全国人大常委会法工委刑法室编：《地方人大和中央有关部门、单位对刑法修正案(九)草案的意见》(法工刑字[2015]1号，2015年1月4日)；全国人大常委会法工委刑法室编：《刑法修正案(九)草案向社会公众征求意见的情况》(法工刑字[2015]2号，2015年1月4日)。

② 参见全国人大常委会法工委刑法室编：《地方人大和中央有关部门、单位对刑法修正案(九)草案的意见》(法工刑字[2015]1号，2015年1月4日)；全国人大常委会法工委刑法室编：《刑法修正案(九)草案向社会公众征求意见的情况》(法工刑字[2015]2号，2015年1月4日)。

　　第三种意见认为,对行贿罪规定作出修改很有必要,建议进一步调整行贿罪法定刑,同时将修正案草案规定的"在追诉前"主动交待可以从宽处罚修改为"在查处前"可以从宽处罚,以加大对行贿罪的惩处力度。此外,草案将行贿人主动交待行贿行为而供述出受贿人的行为表述为"检举揭发"不恰当,建议改为"主动交待"。[①]

　　（四）修法研讨

　　《刑法修正案（九）》调整对行贿人的从宽处罚规定,笔者认为,这体现了对行贿罪的适度从严,值得肯定。具体理由主要包括两方面:

　　第一,过去的实践表明我国应适当提高对行贿犯罪的处罚力度。客观地说,我国刑法典关于行贿犯罪从宽的规定,对于查办受贿犯罪起到了积极作用。行贿人提供的有价值线索为受贿案件的侦破提供了直接帮助。但该制度在实践运行也出现了两种错误倾向:一是对行贿犯罪过分宽纵。实践中,一些办案机关为了突破行贿人的口供,以适用行贿犯罪从宽制度为条件,引诱行贿人交代行贿事实,导致很少有行贿人在主动交待行贿事实后被追究的情形出现,造成了只要行贿人主动交待行贿事实就可以大肆行贿的客观不合理局面。二是对行贿线索的过分追求导致部分受贿案件的办案质量不高。实践中,办案机关为了侦破受贿案件,通常都是以行贿犯罪从宽制度为诱饵和突破口,行贿人的陈述成为案件的主要证据。客观证据在受贿案件中所占比例极小。这使得不少受贿案件的质量得不到保证,一旦行贿人或者受贿人翻供,案件质量就必定会受到质疑。客观地看,这与行贿犯罪从宽制度的滥用有着直接关系。《刑法修正案（九）》考虑了以前刑法对行贿人从宽处罚的规定过于宽松,导致实践中很少有行贿人受到法律追究,削弱了刑法对行贿犯罪的制裁作用,影响了对受贿犯罪的治理,因而适当提高了对行贿犯罪的处罚力度。这是一种现实的选择。

　　第二,行贿犯罪的危害性决定了我国应适当提升行贿犯罪的处罚力度。行贿罪与受贿罪是对向性犯罪,两者共生共存,虽然对行贿犯罪的处罚力度

---

① 参见全国人大常委会法工委刑法室编:《地方人大和中央有关部门、单位对刑法修正案（九）草案的意见》（法工刑字[2015]1号,2015年1月4日）;全国人大常委会法工委刑法室编:《刑法修正案（九）草案向社会公众征求意见的情况》（法工刑字[2015]2号,2015年1月4日）。

可以适当轻于受贿罪,但也应该保持二者刑罚的合理均衡,不能出现两者处罚畸轻畸重的不合理局面。从与行贿犯罪危害性相适应的角度,笔者赞成《刑法修正案(九)》适当提高对行贿犯罪处罚力度的做法。具体而言,行贿是对权力"温和方式"的干扰,使国家公职人员从内心开始腐化,从而最终在行动上腐败,行贿与受贿系对合性违法犯罪行为,是相伴而生的一对恶瘤,对国家机体和政治生态危害尤甚。其危害性主要体现在:[①]一是行贿行为腐化国家工作人员。在贿赂违法犯罪当中,相对于受贿行为而言,行贿行为是源头。国家工作人员在收受贿赂之后,为行贿人谋取不正当利益的行为是从内部对国家机体的侵蚀,行贿人的行贿行为则是从外部对国家机器的破坏。二是行贿行为破坏公平竞争的秩序。行贿行为使公平竞争机制成为空谈,扼杀公共管理的生机和活力;行贿行为借助行政垄断权获取垄断利益,使这些领域的事业畸形发展,并导致激励机制扭曲,减弱社会发展的生机与活力。三是行贿行为是滋生其他违法犯罪的温床。研究显示,行贿人不择手段地"买通"国家工作人员,得到权力的庇护,致使国家工作人员滥用权力为其攫取利益,不惜代价地损害国家和人民的根本利益,而行贿人普遍会获得数倍于投入的回报。行贿与受贿的"双赢",致使党员领导干部逐步腐化,懈怠职责,甚至将权力私有化,为人民服务蜕变为"为某些人服务",大大降低了党和政府的公信力。当然,适当提升对行贿犯罪的处罚,并不意味着对行贿犯罪可以与受贿犯罪同等处罚。事实上,行贿犯罪与受贿犯罪在行为的危害性、行为的发生原因等存在明显区别,对行贿犯罪的处罚可以与受贿犯罪适当平衡,但不能对两者同处罚。

■ 四、对有影响力的人行贿罪的增设问题

(一)修法背景

行贿与受贿犯罪互为对合性犯罪,行贿是受贿犯罪得以生存和蔓延的土壤。有效打击行贿行为,有助于从源头上遏制腐败犯罪的发生,维护社会

---

① 参见太原市纪委课题组:《深化对行贿危害性的认识 加大对行贿的打击力度》,载《太原日报》2014年11月28日。

公平正义。但我国传统贿赂犯罪立法打击的是国家工作人员与请托人间的"权钱交易"行为,近年来,权力寻租行为已经走出了普通贿赂犯罪的在职国家工作人员的圈子,延伸到更广的范围。例如,刑法典第 388 条对国家工作人员的斡旋型受贿罪作了规定。在现实生活中,大量不法分子向国家工作人员的近亲属或者其他与国家工作人员关系密切的人或者向离职的国家工作人员或者其近亲属以及其他与其关系密切的人行贿,企图通过国家工作人员的近亲属和其他关系密切的人为其谋取不正当利益,这严重损害了社会的公平正义,不利于社会良好风尚的树立,具有严重的社会危害性。与此同时,《联合国反腐败公约》第 18 条明确规定:"各缔约国均应当考虑采取必要的立法和其他措施,将下列故意实施的行为规定为犯罪:'一、直接或间接向公职人员或者其他任何人员许诺给予、提议给予或者实际给予任何不正当好处,以使其滥用本人的实际影响力或者被认为具有的影响力,为该行为的造意人或者其他任何人从缔约国的行政部门或者公共机关获得不正当好处。'"[①]世界上其他区域性的国际反腐败公约,如《欧洲委员会反腐败刑法公约》、《非洲联盟预防和打击腐败公约》、《美洲国家组织反腐败公约》均对利用影响力交易犯罪作了规定。自 2005 年签署《联合国反腐败公约》以来,我国只在《刑法修正案(七)》中增设了利用影响力受贿罪,对有影响力的人的行贿行为一直存在立法空白。加强对利用影响力交易犯罪中的行贿行为的立法势在必行。

　　2014 年 10 月 27 日十二届全国人大常委会十一次会议首次审议的《刑法修正案(九)(草案)》增设了对有影响力的人行贿罪,并将其放在刑法典第 388 条之一之后,作为刑法典第 388 条之二,其条文内容被设计为:"为谋取不正当利益,向国家工作人员的近亲属或者其他与该国家工作人员关系密切的人,或者离职的国家工作人员或者其近亲属以及其他与其关系密切的人行贿的,处二年以下有期徒刑或者拘役,并处罚金;情节严重的,或者使国家利益遭受重大损失的,处二年以上五年以下有期徒刑,并处罚金;情节特别严重的,或者使国家利益遭受特别重大损失的,处五年以上十年以下有期徒刑,并处罚金。"针对一审稿的相关意见后,2015 年 6 月 23 日提交十二届

---

① 参见赵秉志、王志祥、郭理蓉编:《〈联合国反腐败公约〉暨相关重要文献资料》,中国人民公安大学出版社 2004 年版,第 12 页。

全国人大常委会十五次会议审议的《刑法修正案（九）（二次审议稿）》中，对该条进行了完善性调整和修改。二审稿中进一步合理调整该法条的顺序，规定将该法条置于刑法典第 390 条之后，作为第 390 条之一；并且将法定刑调整为"三年以下"、"三年到七年"、"七年到十年"三个法定刑幅度；为了避免语句歧义，在"离职的国家工作人员"前加上一个介词"向"；还对此罪增设了单位犯罪。

（二）修法内容

《刑法修正案（九）》第 46 条规定，在刑法第 390 条后增加一条，作为第 390 条之一："为谋取不正当利益，向国家工作人员的近亲属或者其他与该国家工作人员关系密切的人，或者向离职的国家工作人员或者其近亲属以及其他与其关系密切的人行贿的，处三年以下有期徒刑或者拘役，并处罚金；情节严重的，或者使国家利益遭受重大损失的，处三年以上七年以下有期徒刑，并处罚金；情节特别严重的，或者使国家利益遭受特别重大损失的，处七年以上十年以下有期徒刑，并处罚金。""单位犯前款罪的，对单位判处罚金，并对其直接负责的主管人员和其他直接责任人员，处三年以下有期徒刑或者拘役，并处罚金。"

根据上述规定可知，对有影响力的人行贿罪具有以下基本特征：（1）对有影响力的人行贿罪的主体是一般主体，既包括 16 周岁以上具有刑事责任能力的自然人，也包括单位。（2）对有影响力的人行贿罪的主观方面是故意，同时还具有谋取不正当利益的主观目的。（3）对有影响力的人行贿罪的客观方面表现为为利用影响力而行贿的行为。本罪客观方面的法定行为表现包括两种："行为人向国家工作人员的近亲属或者其他与该国家工作人员关系密切的人行贿"和"行为人向离职的国家工作人员或者其近亲属以及其他与其关系密切的人行贿"。（4）对有影响力的人行贿罪侵犯的客体是国家工作人员职务的公正性。

（三）修法争议

对于增设对有影响力的人行贿罪，在《刑法修正案（九）》草案一审稿向社会征求意见后，一些单位和专家学者提出了不同意见。这主要体现在以下三个方面：

第一，关于该罪的法条位置。一审稿将该条放在刑法典第388条之一之后作为第388条之二。有观点认为，这打乱了受贿犯罪与行贿犯罪都是从一般到特殊的立法格局。我国现行刑法典第385条到第388条之一分别规定的是普通受贿（第385—386条）、单位受贿（第387条）、斡旋受贿（第388条）和利用影响力受贿（第388条之一），刑法典第389条到第393条分别规定的是普通行贿（第389条）、对单位行贿（第391条）、介绍贿赂（第392条）、单位行贿犯罪（第393条），大体上也是遵循一般到特殊的排列，建议将利用影响力交易罪规定在第390条之后行贿犯罪相关法条中。①

第二，关于该罪的构成要件设置。这主要涉及四个方面：一是单位犯罪主体的增设问题。一审稿中并未确立该种行为的单位犯罪，考虑到单位也可以实施此种犯罪，相关部门提出了应当增设单位犯罪的意见。② 二是犯罪目的的设置。有观点认为，应当将该罪的目的"为谋取不正当利益"修改为"谋取利益"或者删除或者在其后增加"或者竞争优势"。③ 三是行为对象问题。有的部门和地方建议将贿赂犯罪的对象由"财物"扩大为"财物和其他财产性利益"。④ 四是定罪量刑标准。一些单位和专家学者提出，应当将"国家利益"改为"国家利益、公共利益"；一些委员提出行贿犯罪有的是以数额为定罪量刑的标准，有的是以情节作为标准进行处罚，应当统一。⑤

第三，关于该罪法定刑的设置。一审稿中确立了"二年以下"、"二年到五年"、"五年到十年"三个档次的法定刑。但是在征求意见过程中，有单位和专家学者提出，本罪的法定刑应当与"利用影响力受贿罪"以及行贿犯罪中的其他犯罪的法定刑相协调，建议调整相关法定刑。⑥

① 参见《中华人民共和国刑法修正案（九）（草案二次审议稿）参阅资料》（第十二届全国人大常委会第十五次会议参阅资料（二）），全国人大常委会办公厅秘书局2015年6月23日编印，第56—58页。
② 参见《中华人民共和国刑法修正案（九）（草案二次审议稿）参阅资料》（第十二届全国人大常委会第十五次会议参阅资料（二）），全国人大常委会办公厅秘书局2015年6月23日编印，第56—58页。
③ 参见《中华人民共和国刑法修正案（九）（草案二次审议稿）参阅资料》（第十二届全国人大常委会第十五次会议参阅资料（二）），全国人大常委会办公厅秘书局2015年6月23日编印，第56—58页。
④ 参见《中华人民共和国刑法修正案（九）（草案二次审议稿）参阅资料》（第十二届全国人大常委会第十五次会议参阅资料（二）），全国人大常委会办公厅秘书局2015年6月23日编印，第56—58页。
⑤ 参见《中华人民共和国刑法修正案（九）（草案二次审议稿）参阅资料》（第十二届全国人大常委会第十五次会议参阅资料（二）），全国人大常委会办公厅秘书局2015年6月23日编印，第56—58页。
⑥ 参见《中华人民共和国刑法修正案（九）（草案二次审议稿）参阅资料》（第十二届全国人大常委会第十五次会议参阅资料（二）），全国人大常委会办公厅秘书局2015年6月23日编印，第56—58页。

（四）修法研讨

上述争议,有些意见十分合理和中肯,例如关于对有影响力的人行贿罪的法条应放在行贿罪之后的意见,增设单位犯罪的意见。这些意见在《刑法修正案(九)》修法的过程中部分地被立法者所吸收。在此,笔者认为以下两个问题有进一步研讨的必要:

第一,对有影响力的人行贿罪的构成要件与行贿罪构成要件的协调问题。这主要涉及三个小问题,即对有影响力的人行贿罪的主观目的(即"为谋取不正当利益")是否应当删除;对象是否有必要将其由"财物"扩大为"财物和其他财产性利益";造成的损失是否有必要将其由"国家利益"扩大为"国家利益、公共利益"。对此,笔者认为,答案都应当是否定的:一是行贿罪的主观目的是"为谋取不正当利益",立法的目的是为了限制行贿行为成立犯罪的范围。在立法没有对行贿罪的主观目的进行调整的情况下,取消对有影响力的人行贿罪的主观目的,显然不合适。二是行贿罪的对象物是"财物",而且我国司法实践中都对"财物"作广义的理解,即财物既包括有形的财物,也包括其他可以用金钱计算的所有财产性利益。在此背景下,《刑法修正案(九)》仍将对有影响力的人行贿罪的对象物限定为"财物"是适当的。三是行贿罪的立法对损害后果的表述采取的是"国家利益"的表述,而且实践中对"国家利益"都是作广义的理解,完全可以包括"公共利益",《刑法修正案(九)》也没有在对有影响力的人行贿罪的立法上将"公共利益"单列的必要。

第二,对有影响力的人行贿罪的法定刑设置问题。在修法过程中,《刑法修正案(九)》草案一审稿采取的是三档制,规定的法定刑分别是"二年以下有期徒刑或者拘役"、"二年以上五年以下有期徒刑"和"五年以上十年以下有期徒刑"。因有意见提出要结合利用影响力受贿罪调整该罪的法定刑,国家立法机关将该罪的法定刑调整为"三年以下有期徒刑或者拘役"、"三年以上七年以下有期徒刑"和"七年以上十年以下有期徒刑"。从刑度的设计上看,该法定刑的设置与行贿罪的法定刑设置基本协调(略低于行贿罪),不足之处是其第一、二档法定刑幅度与利用影响力受贿罪的法定刑幅度完全相同,而一般认为,利用影响力受贿罪对法益的侵害性要明显大于对有影响力的人行贿罪。好在"两高"新出台的《关于办理贪污贿赂刑事案件适用法律若干问题的解释》在具体的情节标准上对利用影响力受贿罪和对有影响力的人行贿罪作了区分。例如,该解释第 8 条规定:"犯行贿罪(包括对有影响力的人行贿罪),具有下列情形之一的,应当认定为刑法第三百九十条第一款规定的'情节严重':(一)行贿数额在一百万元以上不满五百万元的;(二)行贿数额在五十万元以上不满一百万元,并具有本解释第七条第二款第一项至第五项规定的情形之一的;(三)其他严重的情节。为谋取不正当利益,向国家工作人员行贿,造成经济损失数额在一百万元以上不满五百万元的,应当认定为刑法第三百九十条第一款规定的'使国家利益遭受重大损失'。"而该解释对受贿罪(包括利用影响力受贿罪)规定的情节严重标准是"受贿数额在二十万元以上不满三百万元"或者"受贿数额在十万元以上不满二十万元,具有本解释第一条第三款规定的情形之一的"。这可以在一定程度上弥补立法所可能带来的法定刑幅度不相协调的问题。

第十章　刑法最新修正的其他争议问题

在《刑法修正案（九）》修法过程中，预防性措施的增设、罚金刑缴纳方式的改革、不同种有期自由刑并罚原则的调整和刑法修正案的生效时间问题等都是《刑法修正案（九）》的重要内容，也受到了各方面的积极关注。其中一些问题还在修法过程中引发了较大的争论，值得深入探讨。

一、预防性措施的增设问题

（一）修法背景

预防性措施是以预防为主要和直接功能的措施，系相对于惩罚性措施而言的措施。与惩罚性措施相比，预防性措施具有两方面的显著特点：一是预防性措施以行为人的危险性为重要立足点，即行为人是否具有再次实施犯罪的可能性。[1] 这系由预防性措施之"预防"特性所决定。二是预防性措施以预防为其直接而主要的效果。我国刑法理论长期将预防作为刑罚的目的，包括通过对犯罪人适用、执行刑法，预防其再次犯罪（即特殊预防）；通过制定、适用和执行刑罚，防止社会上可能犯罪的人实施犯罪（即一般预防）。[2] 毫无疑问，任何刑罚措施都具有一定的预防效果，但存在直接与间接、主要与次要之分。客观地看，我国刑罚的措施是建立在惩罚的基础之上，惩罚是这些措施的主要功能，预防则是间接的、附带的。而预防性措施则以预防为其直接、主要功能。囿于传统的刑罚体系设计，保安处分等预防性措施在我

---

[1] 参见游伟、陆建红：《人身危险性在中国刑法中的功能定位》，载《法学研究》2004 年第 4 期。
[2] 参见高铭暄：《新编中国刑法学》，中国人民大学出版社 1998 年版，第 311 页。

国刑法典中尚付阙如。不过,《刑法修正案(八)》首创以"禁止令"的形式设置预防性措施的立法,规定对被判处管制、宣告缓刑的犯罪分子可以同时禁止其"从事特定活动,进入特定区域、场所,接触特定的人"。从内容上看,禁止令的内容完全是预防性的,表明刑法对预防功能的重视,在实践中也取得了较好的效果。

在《刑法修正案(八)》的基础上,国家立法机关基于反腐败的实际需要,进一步完善我国刑法中的预防性措施。在广泛调研的基础上,2014 年 10 月提交全国人大常委会第一次审议的《刑法修正案(九)(草案)》增设了反腐败的预防性措施,其第 1 条规定:"在刑法第三十七条后增加一条,作为第三十七条之一:'因利用职业便利实施犯罪,或者实施违背职业要求的特定义务的犯罪被判处刑罚的,人民法院可以根据犯罪情况和预防再犯罪的需要,禁止其自刑罚执行完毕之日或者假释之日起五年内从事相关职业。''被禁止从事相关职业的犯罪分子违反人民法院依照前款规定作出的决定的,由公安机关依法给予处罚;情节严重的,依照本法第三百一十三条的规定定罪处罚。''其他法律、行政法规对其从事相关职业另有禁止或者限制性规定的,从其规定。'"对此,在修法过程中,有意见认为应将利用职业便利、禁止从事相关职业中的"职业"限定为具有较高行业标准和涉及公共利益的职业,防止禁止从业适用泛化。也有意见对禁止从事相关职业的期限提出不同看法。[①]

在广泛听取各方意见的基础上,《刑法修正案(九)(草案)》(二次审议稿)第 1 条对反腐败的预防性措施略作修改,规定为:"在刑法第三十七条后增加一条,作为第三十七条之一:'因利用职业便利实施犯罪,或者实施违背职业要求的特定义务的犯罪被判处刑罚的,人民法院可以根据犯罪情况和预防再犯罪的需要,禁止其自刑罚执行完毕之日或者假释之日起从事相关职业,期限为三年至五年。''被禁止从事相关职业的人违反人民法院依照前款规定作出的决定的,由公安机关依法给予处罚;情节严重的,依照本法第

[①] 参见全国人大常委会法工委刑法室编:《地方人大和中央有关部门、单位对刑法修正案(九)草案的意见》(法工刑字[2015]1 号,2015 年 1 月 4 日);全国人大常委会法工委刑法室编:《刑法修正案(九)草案向社会公众征求意见的情况》(法工刑字[2015]2 号,2015 年 1 月 4 日)。

三百一十三条的规定定罪处罚。''其他法律、行政法规对其从事相关职业另有禁止或者限制性规定的,从其规定。'"其所作的主要修改是将禁止从事相关职业的期限由"五年以下"修改为"三年至五年"。之后,该规定一直保留至《刑法修正案(九)》通过。

(二) 修改内容

《刑法修正案(九)》第 1 条规定,在刑法第 37 条后增加一条,作为第 37 条之一:"因利用职业便利实施犯罪,或者实施违背职业要求的特定义务的犯罪被判处刑罚的,人民法院可以根据犯罪情况和预防再犯罪的需要,禁止其自刑罚执行完毕之日或者假释之日起从事相关职业,期限为三年至五年。""被禁止从事相关职业的人违反人民法院依照前款规定作出的决定的,由公安机关依法给予处罚;情节严重的,依照本法第三百一十三条的规定定罪处罚。""其他法律、行政法规对其从事相关职业另有禁止或者限制性规定的,从其规定。"

(三) 修法争议

关于预防性措施的增设,在《刑法修正案(九)》修法过程中,人们主要有以下四个方面的意见:

第一,预防性措施增设的必要性。在修法过程中,有观点提出,"禁止从业"作为一种"非刑罚性的处置措施",其性质接近于行政处罚,通过修订相应的职业法规应当更合适,且该条中的"职业"、"职业便利"、"特定义务"等概念不明确,在司法实践中难以把握,社会效果不一定好,会加剧刑满释放人员的就业困难,建议取消草案第 1 条的规定。[①]

第二,预防性措施的刑法地位问题。有全国人大常委会常委委员提出,"被禁止从事相关职业"是否属于新增的刑罚种类,建议在刑法总则附加刑相关条文中作出规定。有的地方和单位建议,将本条内容放在刑法第 34 条附加刑之后;或第 58 条剥夺政治权利之后。[②]

第三,预防性措施的适用范围问题。有观点认为,应当明确"职业"的范围;对职业采取列举加概括的立法方式;建议限定适用职业禁止的犯罪的范

---

① 参见全国人大常委会法工委刑法室:《刑法修正案(九)草案各方面意见分解材料》(2015 年 5 月)。
② 参见全国人大常委会法工委刑法室:《刑法修正案(九)草案各方面意见分解材料》(2015 年 5 月)。

围;建议对"利用职业便利实施犯罪"、"实施违背职业要求的特定义务的犯罪"和"禁止从事相关职业"的界定予以明确。有的单位建议,将"预防再犯罪的需要"删除;将"犯罪情况"修改为"犯罪情节"。有的地方建议,将"假释之日"修改为"假释考验期满之日"。有的地方和单位提出,罪犯在刑罚执行完毕,就是一个"正常"的公民,建议将草案一审稿中的"犯罪分子"修改为"因上述规定被禁止从事相关职业的人"。有的地方提出,本条没有区分故意和过失犯罪,将所有的职业都纳入适用范围,且统一规定了较长的禁业限制,不利于实现教育犯罪人员的目的,建议删除本条规定。有的建议将第1、3款整合,规定在第1款中。有的建议,对被判处缓刑的人是否适用该条规定,要进一步予以明确。关于禁止从业的期限,有的建议,将禁止从业的期限由"五年"缩短至"三年",也有人建议延长从业禁止的期限至8年或者10年,对一些性质及其严重的,应禁止其终身从事相关职业。有的地方和部门提出,"五年内"禁止从事相关职业的期限过于绝对,建议规定一个幅度。有的地方和部门建议,明确从业禁止的规定同样适用于刑罚执行期间。①

第四,违反预防性措施的处罚问题。有观点认为,违反法院决定从事相关职业是否都由公安机关处罚,可能涉及其他行政机关的职责范围,需要进一步予以区分。第3款"其他法律、行政法规对其从事相关职业另有禁止或者限定性规定的,从其规定"的规定,不属于刑法需要规定的内容,建议删除。有的部门提出,由公安机关予以处罚的法律依据不明确,另外,保险法等一些行政管理法律将违反从业禁止规定的处罚权规定由有关主管部门行使,建议统筹研究,或者删除。有的地方和单位建议,将"公安机关"修改为"行政机关";将"由公安机关依法给予处罚"修改为"由公安机关依法给予治安处罚";明确公安机关给予处罚后,其被禁止从业的期间是否重新计算。有的单位提出,按照第2款规定,不执行人民法院有关禁止从事相关职业的判决,可能构成犯罪。而按照第3款规定,违反其他法律、行政法规中从业禁止规定的,只能受到相应的行政处罚,两款规定明显不协调。建议删除第2款"情节严重的,依照本法第三百一十三条的规定定罪处罚"的规定。有的地方和单位建议,将"决定"改为"判决"。有的建议,将法院"决定"改为"禁止令"。还有的提出,根据现有规定,对适用从业禁止的人员,在执行过程中是由公安机关进行监管还是相应主管部门监管不明确,建议同时修改治安管理处罚法的相关规定,为公安机关进行处罚提供法律依据。有的建议,将第2款中"情节严重的",改为"构成犯罪的",依照刑法规定处罚。①

(四) 修法研讨

针对《刑法修正案(九)》修法过程中存在的上述争议,笔者认为可以从重点把握以下方面:

第一,我国刑法有增设从业禁止的必要性。刑法上预防性措施的设置,从根本上看,是为了严密包括行政法网和刑事法网在内的公法治理的法网,具有积极的法治价值。《刑法修正案(九)》增设"从业禁止"规定对法网的"严密"主要体现在两个方面:(1) 有助于弥补我国行政性法律法规的不足。现代社会的职业分工越来越精细,随之而来的是职业门槛的不断提升。其中,许多职业不仅对从业人员的技能有特定的要求,还对从业人员的道德品行有要求。目前,我国基于特定职业的优化要求,通过行政法规范的方式,对许多特定职业规定了专门的要求,其中有不少职业包含了涉及刑事犯罪和处罚的禁止性条件。这在社会分工日益精细、行业分工不断细化的今天,对相关从业人员具有巨大影响。② 具体而言,我国对法官、检察官、警察、律师等十多种职业都专门规定了与刑事相关的禁止性条件。例如,根据我国《法官法》、《检察官法》、《警察法》、《公务员法》的规定,因犯罪受过刑事处罚的,不得再担任法官、检察官、警察和公务员。这些规定中,有些对禁止性条件的规定还十分明确、具体,如《教师法》对担任教师的禁止性条件系"受到剥夺政治权利或者故意犯罪受到有期徒刑以上刑事处罚"。《道路交通安全法》第 91 条规定:"醉酒驾驶机动车的,吊销机动车驾驶证;5 年内不得重新取得机动车驾驶证。醉酒驾驶营运机动车的,吊销机动车驾驶证;10 年内不得重新取得机动车驾驶证,重新取得机动车驾驶证后,不得驾驶营运机动

---

① 参见全国人大常委会法工委刑法室:《刑法修正案(九)草案各方面意见分解材料》(2015 年 5 月)。

② 有些制裁甚至都不见得比刑罚轻,如有的行政制裁措施规定,违反者一定期限内或者终生不得从事某一特定职业。参见黎宏:《刑法学》,法律出版社 2012 年版,第 330—331 页。

车。饮酒后或者醉酒驾驶机动车发生重大交通事故,构成犯罪的,由公安机关交通管理部门吊销机动车驾驶证,终生不得重新取得机动车驾驶证。"但仔细比较也可以发现,我国行政性规范的上述规定也存在一定的不足:一是这些规定涉及的职业范围有限,没有涵盖许多重要的关键领域,如建筑领域、危险品领域等;二是这些规定对刑事条件的设置存在缺失,如大部分规定只涉及"刑事处罚"而不包括构成犯罪但未受处罚的情形,对刑事犯罪的类型与职业的相关性未作限定,只有少数规定明确禁止从事相关职业的年限;三是缺乏违反后的处罚性规定,强制性不足。基于此,《刑法修正案(九)》对"从业禁止"之禁止从业的刑事条件作了统一规定,明确规定了从业禁止的刑事条件和违反后的处罚,有助于弥补我国行政性规范关于从业禁止规定的不足。(2)有助于弥补我国传统刑事制裁体系的不足。关于从业禁止,我国1997年刑法典只在其第39条关于剥夺政治权利的规定中有所涉及,并主要局限于两个方面,即禁止"担任国家机关职务"和禁止"担任国有公司、企业、事业单位和人民团体领导职务的权利"。与我国司法的现实需要相比,我国刑法典的这一规定存在两方面的明显不足:一是禁止从业的范围十分狭窄,即仅限于国有单位,没有包括非国有单位所可能涉及的职业。而从我国目前的社会现实状况看,非国有单位已经涉及了我国社会各个领域,职业范围十分广泛。刑法对此不加以规定,存在明显的法网缺漏,也不利于相关职业的健康发展。二是禁止从业的条件十分严格,即仅限于适用剥夺政治权利的场合。根据我国刑法典的规定,剥夺政治权利通常只适用于"严重犯罪"或者"国家公职犯罪"。对于较轻微的犯罪或者非公职犯罪,依据我国刑法通常不能适用剥夺政治权利(包括单独适用和附加适用)。从这个角度看,《刑法修正案(九)》对"从业禁止"的刑事条件作统一而明确的规定,不仅禁止国家公职犯罪人员而且也禁止非国家公职犯罪人员,不仅禁止担任职务而且禁止从事职业,有助于弥补我国刑事制裁体系的不足。

第二,预防性措施是独立于刑罚与非刑罚性措施之外的刑法预防性措施。"三禁止"[①]和"从业禁止"是当前中国内地刑法立法上两种最具代表的

---

① 根据刑法典第38条、第72条规定,对被判处管制、宣告适用缓刑的犯罪分子,可以禁止犯罪分子从事特定活动,进入特定区域、场所,接触特定的人。

预防性措施,但其都是以"禁止命令"的形式出现的。在刑法理论上,关于禁止令的刑法地位,学者们之间存在较大的分歧。概括而言,比较具有代表性的观点主要有三种,即刑罚辅助措施论、保安处分论和综合处遇论。其中,刑罚辅助措施论认为,禁止令是一种配合刑罚辅助预防作用的强制性约束措施,属于对管制犯、缓刑犯的执行加强监督和管理的特定刑罚制度。[1] 保安处分论认为,禁止令是犯罪分子在管制执行期间和缓刑考察期间的一种补充义务,本质上应属于保安处分。[2] 综合处遇论认为,禁止令是对犯罪分子的综合性处遇措施,其本身既有刑罚的成分也有非刑法的成分。[3]

笔者认为,禁止令严格地说是对立法上关于《刑法修正案(八)》"三禁止"和《刑法修正案(九)》"从业禁止"及其他类似规定的概称,也是一种形式上的称谓。对禁止令的法律性质及其刑法地位的界定,必须从两个方面入手:一是禁止令的具体内容及其与刑罚措施的关系;二是禁止令的立法与司法形式。当前我国学者关于禁止令的法律性质的争论主要立足于《刑法修正案(八)》的规定。但《刑法修正案(九)》关于"从业禁止"的规定呈现出与《刑法修正案(八)》不同的立法现象。综合而言,笔者认为,禁止令是一种独立于刑罚与非刑罚性措施之外的独立处遇措施。具体理由包括以下两个方面:

(1)从具体内容及其与刑罚措施的关系角度看,禁止令兼具刑罚与非刑罚性措施的性质。虽然从概念界定的逻辑上看,刑罚与非刑罚性措施似乎是两个外延闭合的概念,即不是刑罚的措施都应属于非刑罚性措施,但从模糊学的角度看,任何概念的外延都可能存在一定的模糊地带,"刑罚"与"非刑罚性措施"的概念即如此。就禁止令的具体内容而言,如前所述,无论是"三禁止"还是"从业禁止",客观上都包含有刑罚(管制刑和剥夺政治权利刑)的内容,同时也包含了非刑罚性措施的内容,很难将其与刑罚和非刑罚性措施加以完全的切割,它在内容上既可以是刑罚也可以是非刑罚性措施。究竟是何内容,要看司法者的具体裁决,因而无法在立法上直接将其纳入刑

---

[1] 参见余剑等:《论刑罚禁止令制度的司法适用》,载《法学》2011年第1期。
[2] 参见叶良芳:《禁止令的法律性质及司法适用》,载《浙江学刊》2014年第1期。
[3] 参见李怀胜:《禁止令的法律性质及其改革方向》,载《中国刑事法杂志》2011年第11期。

罚或者非刑罚性措施体系范围。

（2）从立法与司法形式上看，禁止令本身不是区分其与刑罚或者非刑罚性措施的标准。从称谓上看，禁止令只是为了表述的方便而依其内容所作的简单称谓，它在立法和司法形式上无法与刑罚或者非刑罚性措施加以区分：一方面，在立法上无法将禁止令与刑罚和非刑罚性措施加以区分。关于禁止令的立法地位，《刑法修正案（八）》和《刑法修正案（九）》有明显的不同。其中，《刑法修正案（八）》将"三禁止"的内容明确规定在"管制"和"缓刑"的相关规定中，形式上具有辅助管制与缓刑执行的特征。但《刑法修正案（九）》则明确将"从业禁止"规定为刑法典的第37条之一，即放在非刑罚性措施条款之后独立成条。这既可以理解为对刑法典第37条规定的延续，也可以理解为"刑罚"一节中不同于刑罚与非刑罚措施之类型而放在该节的最后单独规定。因此，从《刑法修正案（八）》和《刑法修正案（九）》的立法规定看，很难明确"禁止令"的刑法性质和地位。另一方面，在司法上也无法将禁止令与刑罚或者非刑罚性措施加以区分。在《刑法修正案（八）》之后，最高司法机关专门于2011年4月28日针对禁止令问题出台了《关于对判处管制宣告缓刑的犯罪人适用禁止令有关问题的规定（试行）》，但却未对"三禁止"之性质做出明确界定。在《刑法修正案（九）》草案研拟过程中，最高人民法院曾主张将"从业禁止"界定为一种"资格刑"。

基于以上两方面的考虑，笔者认为，《刑法修正案（九）》中的预防性措施是独立于刑罚与非刑罚性措施之外的刑法预防性措施，其法律性质是含混的，反映出我国立法机关的立法便宜主义倾向。

第三，《刑法修正案（九）》对预防性措施的适用条件限定是适当的。根据《刑法修正案（九）》第1条的规定，从业禁止的适用条件包括对象条件（即"因利用职业便利实施犯罪，或者实施违背职业要求的特定义务的犯罪被判处刑罚的人"）、实质条件（即"根据犯罪情况和预防再犯罪的需要"）、主体条件（即"人民法院"）和期限条件（即"自刑罚执行完毕之日或者假释之日起三年至五年"）。笔者认为，这些条件的设置总体上是合理的。在前述争议中，需要明确的主要有两个问题：一是从业禁止是否适用于判处缓刑的人？对于这一点，《刑法修正案（九）》没有予以明确，但从《刑法修正案（九）》第1条关于从业禁止的起算时间上看,从业禁止应当不能适用于被判处缓刑的人(除非其缓刑被撤销),因为缓刑期满的法律后果是"原判刑罚不再执行",而从业禁止是"自刑罚执行完毕之日或者假释之日起三年至五年",两者不具有对接关系。这与我国被判处缓刑的人不会构成累犯的立法设计是一致。对此,即便立法不明确,也可通过司法解释的方式予以阐明。二是从业禁止的期限是否合理?对此,笔者认为,在《刑法修正案(九)》第1条第3款规定了"其他法律、行政法规对其从事相关职业另有禁止或者限制性规定的,从其规定"的情况下,《刑法修正案(九)》关于从业禁止期间的规定是适当的,因为只要是从业门槛稍高的职业(如法官、检察官、公务员、警察、律师、公司高管等),相关的法律、行政法规都会对犯过罪的人有一定期限的从业限制,其中比较常见的期限有两种(即终身不得从事、5年内不得从事),《刑法修正案(九)》在法律、行政法规的规定之外,规定3至5年的期间是合理的。这样既不会因时间过长(如10年以上)与相关的法律、行政法规相冲突,有不会因时间过短(如1—2年)而没有预防行为人再犯罪的功能。

第四,《刑法修正案(九)》关于违反从业禁止令的处罚规定合理但需进一步完善相关立法。关于违反从业禁止的法律后果,《刑法修正案(九)》第1条第2款规定,被禁止从事相关职业的人违反人民法院依照该条第1款规定作出的禁止从事相关职业的决定的,由公安机关依法给予处罚;情节严重的,依照刑法典第313条的规定定罪处罚。笔者认为,《刑法修正案(九)》的这一规定是合理的,它同时包括了行政处罚和刑事处罚两个方面,有利于实现处罚的适当性。不过,目前最大的问题是我国对违反从业禁止的行为缺乏明确的行政处罚依据。我国行政处罚上与此最相接近的规定是我国《治安管理处罚法》第54条的规定。该条规定:"有下列行为之一的,处十日以上十五日以下拘留,并处五百元以上一千元以下罚款;情节较轻的,处五日以下拘留或者五百元以下罚款:(一)违反国家规定,未经注册登记,以社会团体名义进行活动,被取缔后,仍进行活动的;(二)被依法撤销登记的社会团体,仍以社会团体名义进行活动的;(三)未经许可,擅自经营按照国家规定需要由公安机关许可的行业的。""有前款第三项行为的,予以取缔。""取得公安机关许可的经营者,违反国家有关管理规定,情节严重的,公安机关可以吊销许可证。"从内容上,该条规定与《刑法修正案(九)》所规定的"禁止从事相关职业"并不完全一致,需要国家立法机关从立法上加以明确。

■ 二、罚金缴纳的修改问题

(一)修法背景

罚金的缴纳直接影响着我国罚金刑的效果。从当前基层法院罚金缴纳情况看,罚金的缴纳主要存在"三多三少"的问题,即判决前预先缴纳的多,判决后执行到位的少;轻罪案件缴纳的多,重罪案件缴纳的少;宣告缓刑的案件缴纳的多,判处实体刑的案件缴纳的少。[1] 在我国司法实践中,罚金刑缴纳难普遍存在。据调查,河南某中院对 2013 年监狱提请 2013 年前三个季度的三批减刑假释罪犯的罚金执行情况进行了调研,发现第一季度共提请减刑假释案件 225 件,罚金总额为 298 万元,通过听证会上的调查,入狱前缴纳罚金的共 14 人,金额共计 2.6 万元;第二季度共提请减刑假释案件 233件,罚金总数约为 325 万元,通过听证会上的调查,入狱前缴纳罚金的共 9人,金额不足 2 万;第三季度共提请减刑假释案件 238 件,罚金总数约为 360万元,入狱前缴纳罚金的共 11 人,金额为 2.3 万元;三次的调研可以看出,无论从罚金履行的人数还是金额上看履行率均达不到 1‰。[2] 事实上,不光是这一地区,在全国很多地方,其罚金刑执行率都很低。造成这一现象的原因很多,如罚金刑的判决没有考虑犯罪人的实际缴纳能力、判决后犯罪人的经济条件发生了重大变化、司法执行不力等。其中,在立法上的一个原因是我国刑法对罚金刑缴纳的规定存在立法缺陷。关于罚金刑的缴纳,我国刑法第 53 条后半段规定:"如果由于遭遇不能抗拒的灾祸缴纳确实有困难的,可以酌情减少或者免除。"司法实践中,多数情况是因为罪犯自身无经济能力执行,即罪犯主观上表示愿意履行,但因无经济基础,而客观上无力履行。而对于罪犯确实无力履行的情况,我国刑法尚没有相应的规定予以规范。

为了完善罚金刑的执行,我国立法机关在《刑法修正案(九)》的研拟过

---

[1] 参见熊渐丰:《为何法院刑事案件罚金执行难?》,载《中国审计报》2015 年 7 月 1 日。

[2] 参见李占通、李松龙:《罚金刑在执行中存在的问题及对策建议》,载《中国改革报》2013 年 11 月 15 日。

程中,在广泛征求各方意见后,拟对罚金刑的执行进行调整。2013 年 12 月 24 日,我国立法工作机关在其修改刑法的工作稿中,提出要将刑法典第 53 条后半段的规定修改为"如果由于遭遇不能抗拒的灾祸或者其他原因,缴纳确实有困难的,可以酌情减少、免除或者暂缓缴纳。"① 相比原刑法典第 53 条,该规定主要作了两点修改:一是将酌情减少、免除等的原因由"遭受不能抗拒的灾祸"修改为"遭受不能抗拒的灾祸或者其他原因";二是对于缴纳确实有困难的,将其罚金刑的执行由"酌情减少或者免除"增加了"暂缓缴纳"的内容。这两点修改意见在之后的修法研讨中基本上都得到了保留,只是对其条文的表述作了一些修改。我国立法工作机关 2014 年 6 月 12 日的工作稿将其修改为"由于遭遇不能抗拒的灾祸等原因缴纳确实有困难的,经人民法院决定,可以延期缴纳、酌情减少或者免除缴纳"。② 其主要作了两点改动:一是是在文字上作了一些修改,如删除"如果",将"不能抗拒的灾祸或者其他原因"合并为"不能抗拒的灾祸等原因",将"延期缴纳"在文字表述上提前至"酌情减少或者免除缴纳"之前。二是增加一个程序性的规定,即"经人民法院决定"。

2014 年 10 月的《刑法修正案(九)》草案一审稿完全沿用了上述第二次工作稿的内容,将刑法典第 53 条后半段表述为"由于遭遇不能抗拒的灾祸等原因缴纳确实有困难的,经人民法院决定,可以延期缴纳、酌情减少或者免除缴纳"。《刑法修正案(草案)》(二次审议稿)也基本保留了一次审议稿的内容,只在文字上将"经人民法院决定"修改为"经人民法院裁定"。此后,《刑法修正案(九)(草案)》该条修改一直保留至《刑法修正案(九)》通过。

(二) 修法内容

《刑法修正案(九)》第 3 条规定:"将刑法第五十三条修改为:'罚金在判决指定的期限内一次或者分期缴纳。期满不缴纳的,强制缴纳。对于不能全部缴纳罚金的,人民法院在任何时候发现被执行人有可以执行的财产,应当随时追缴。''由于遭遇不能抗拒的灾祸等原因缴纳确实有困难的,经人民法院裁定,可以延期缴纳、酌情减少或者免除。'"

---

① 参见我国立法工作机关《关于修改刑法的初步方案》(2013 年 12 月 24 日稿)。
② 参见我国立法工作机关《关于修改刑法的初步方案》(2014 年 6 月 12 日稿)。

《刑法修正案（九）》这一修改主要包括两个方面：（1）将原刑法典第 53 条由一条一款修改为一条两款；（2）对于罚金缴纳有困难的情况作了三点修改为：一是增加缴纳确实有困难的原因，即将缴纳确实有困难的原因由"遭遇不能抗拒的灾祸"扩大为"遭受不能抗拒的灾祸等原因"；二是增加罚金缴纳确实有困难的处置方式，即增加了"延期缴纳"这一新的类型；三是增加处置的程序性规定，即必须"经人民法院裁定"。

（三）修法争议

关于该条规定，在《刑法修正案（九）》修法过程中，人们主要有以下三个方面的争议：

第一，本条的修改是否必要。对于罚金判决之后是否能够进行调整，有观点认为，刑罚确定后必须得到执行，该条修改对犯罪分子过于宽容，不应作修改。[1]

第二，罚金缴纳程序的完善。有的地方建议，在"经人民法院决定"前增加"本人申请"；将"经人民法院决定"修改为"经执行机关决定"；在"延期缴纳"的申请主体中增加"未成年人和没有劳动能力的人"。有的认为，对罚金的减免，与减刑、假释一样都属于刑罚的变更，应当在程序上进一步严格规范，建议将草案该条第二款修改为"由于遭遇不能抗拒的灾祸等原因缴纳确实有困难的，经被告人申请或检察机关建议，由人民法院裁定，可以延期缴纳、酌情减少或者免除。"[2]

第三，罚金内容的完善。针对《刑法修正案（九）》关于罚金刑的修改，有观点认为应当进一步补充相关内容，建议增加有关罚金利息的规定，规定对于期满不缴纳的，强制缴纳本金及利息；对于不能全部缴纳罚金的，应当随时追缴罚金本金及利息。[3]

（四）修法研讨

针对《刑法修正案（九）》关于罚金刑执行方式修法的上述争议，笔者认为应当重点强调以下三个方面：

---

[1] 参见全国人大常委会法工委刑法室：《刑法修正案（九）草案各方面意见分解材料》（2015 年 5 月）。

[2] 参见全国人大常委会法工委刑法室：《刑法修正案（九）草案各方面意见分解材料》（2015 年 5 月）。

[3] 参见全国人大常委会法工委刑法室：《刑法修正案（九）草案各方面意见分解材料》（2015 年 5 月）。

第一,本条的修法十分必要。当前我国罚金刑适用中的一个突出问题是罚金的空判率非常高,很多罚金判决因被告人没有可供执行的财产而无法执行。同时,罚金刑的执行难也给被执行人的减刑、假释造成了实际障碍,因为即便被执行人在主刑执行期间表现得再好,只要罚金刑没有执行到位,通常都无法为被执行人办理减刑、假释。这势必出现一个"两难"的境地。而根据《刑法修正案(九)》修法之前的刑法典规定,罚金刑的减少或者免除的原因只能是"遭遇不能抗拒的灾祸",而要证明被执行人"遭遇不能抗拒的灾祸"通常也是非常困难的。《刑法修正案(九)》基于罚金刑执行难的实际状况,将罚金减免的事由扩大至"遭受不能抗拒的灾祸等原因",并增加"延期缴纳"的规定,十分必要。

第二,《刑法修正案(九)》对罚金"延期缴纳"的条件和程序规定合理。《刑法修正案(九)》对于罚金"缴纳确实有困难"的犯罪分子,新增加了"经人民法院裁定",可以"延期缴纳"。其适用的条件和程序是:(1)"延期缴纳"的前提是"缴纳确实有困难"。不过,与"酌情减少"或者"免除"不同的是,"延期缴纳"的犯罪分子所遇到的困难主要是"暂时性"的困难,即犯罪分子在罚金判决指定的期限届满后一定时期内,有缴纳罚金的能力。例如,犯罪分子暂时经济困难但在外面有未到期的债权,则可以等犯罪分子的债权到期后,再由犯罪分子缴纳。(2)"延期缴纳"须由人民法院裁定。由于罚金的数额和缴纳期限是由人民法院判决或者裁定的,法院要对之前罚金判决或者裁定的内容进行调整,包含了对部分实体、程序内容的调整,应该由法院以裁定的形式作出。在修法过程中,立法工作机关曾拟规定为"经人民法院决定",后考虑到"决定"仅限于解决程序问题,不涉及实体问题,不符合该条修改的内容要求,因此后来的草案和最终通过的文本将其修改为"经人民法院裁定",是合适的。(3)"延期缴纳"可以是延期一次,也可以是延期多次,还可以先延期后减少或者免除。从立法内容上看,《刑法修正案(九)》对于罚金的延期缴纳没有限定延长的期限和次数,司法实践中可以根据犯罪分子恢复自己经济能力的情况,规定合理的延长期限和次数。同时,《刑法修正案(九)》将"延期缴纳"与"酌情减少或者免除"并列规定。对于延期缴纳之后,犯罪分子因为缴纳确实有困难的,根据《刑法修正案(九)》的规定,还可以再对犯罪分子适用"酌情减少或者免除",可以结合犯罪分子的实际经济状况进行选择适用,比较人性和科学。

第三,罚金的利息可不纳入罚金刑的执行范围。我国《行政处罚法》第51条规定:"当事人逾期不履行行政处罚决定的,作出行政处罚决定的行政机关可以采取下列措施:(一)到期不缴纳罚款的,每日按罚款数额的百分之三加处罚款;(二)根据法律规定,将查封、扣押的财物拍卖或者将冻结的存款划拨抵缴罚款;(三)申请人民法院强制执行。"根据该规定,当事人逾期不缴纳罚款的,行政机关可以"每日按罚金数额的百分之三加处罚款"。在《刑法修正案(九)》修法过程中,也有观点提出可以对逾期不缴纳罚金的征收利息、罚金或滞纳金。笔者认为,考虑罚金的缴纳与行政罚款的缴纳有所不同,罚金都是由人民法院强制缴纳,人民法院任何时候发现被执行人有可供执行的财产都可强制执行。罚金本金的追缴是关键,而且由于罚金的不缴纳对被执行人的主刑执行会有影响,实践中罚金刑不能执行的情况主要是被执行人因经济困难不能执行的情况。对这类被执行人,罚金的本金尚不能追缴,追缴被执行人罚金的利息则更难。因此,在目前情况下,我国没有必要在立法上对罚金的利息问题作出规定。

三、不同种自由刑的数罪并罚原则修改问题

(一)修法背景

我国刑法对数罪并罚的原则采取的是折中原则,即以限制加重原则为主,以吸收原则和并科原则为补充的综合原则。但是我国刑法也对数罪并罚的各种原理进行了限制,这些限制包括"吸收原则是一种相对吸收的原则,只适用于死刑和无期徒刑;限制加重原则适用于同种的除死刑、无期徒刑以外的主刑;并科原则是一种相对并科的原则,只适用于主刑和附加刑并存的情况。"[①]那么,不同种有期自由刑的数罪并罚能否适用限制加重原则?如果不能,该如何进行数罪并罚?对此,刑法理论上有着各种不同的认识:

---

① 参见余芳:《考量我国刑法中的数罪并罚原则》,载《云南大学学报(法学版)》2006年第1期。

（1）折算说。此说主张将不同种有期自由刑折算为同一种较重的有期自由刑，即将管制折算为拘役，或将管制拘役折算为有期徒刑，然后按照限制加重原则决定应执行的刑期。具体折算方法为，管制 2 日折算有期徒刑或拘役 1 日，拘役 1 日折算有期徒刑 1 日。① 折算说在我国刑法发展历史上由来已久。但是，对不同种自由刑进行这种简单的折算，似乎有违刑法的严肃性。（2）吸收说。此观点主张对不同种有期自由刑的并罚，应采用重刑吸收轻刑的吸收原则处理，即有期徒刑吸收拘役或管制，最后只执行有期徒刑，或者拘役吸收管制，最后只执行拘役。② （3）分别执行说。此说主张对不同种有期自由刑采取由重到轻分别执行的方法，即先执行有期徒刑，再执行拘役、管制，或者先执行拘役，再执行管制。③ （4）折中说。主张对不同种有期自由刑，不应绝对采用某一种方法进行并罚，而应依具体情况或根据一定的标准加以区分，分别适用不同的方法予以并罚。其中，有人主张，根据能否达到罪刑相适应为标准，对不同种有期自由刑，可分别采用吸收说和分别执行说的方法进行并罚。另有人主张，应依具体宣告刑的结构，分别适用折算说和分别执行说的方法进行并罚。还有人主张，应采取折算说和吸收说的方法实行并罚。④ （5）按比例分别执行部分刑期说。此种观点认为对于不同种有期自由刑，应从重到轻分别予以执行，但不是执行全部刑期，而是分别执行不同种有期自由刑一定比例的部分刑期，其执行比例由刑法加以规定。⑤

我国司法实践中对于不同种自由刑的数罪并罚问题也有着不同的认识。建国之初，我国对不同种自由刑的态度是管制刑不能折算为徒刑。最高人民法院于 1958 年 4 月 7 日《关于管制期间可否折抵徒刑刑期问题的复函》明确指出："徒刑的刑罚较管制的刑罚为重，徒刑和管制的执行方法也不同，徒刑是在劳动改造机关监管执行，而管制并不这样执行。因此，管制的刑期不宜折抵徒刑的刑期。"之后，我国逐步确定了不同种自由刑分别执行

① 参见马克昌主编：《刑罚通论》，武汉大学出版社 1999 年版，第 485 页。
② 参见林准主编：《中国刑法教程》，人民法院出版社 1994 年版，第 197 页。
③ 参见顾肖荣：《刑法中的一罪与数罪问题》，学林出版社 1986 年版，第 137—139 页。
④ 参见甘雨沛：《刑法学专论》，北京大学出版社 1989 年版，第 469 页。
⑤ 参见吴平：《应当完善我国刑法关于数罪并罚的规定》，载《江西法学》1990 年第 4 期。

的做法。最高人民法院在 1981 年 7 月 27 日《关于管制犯在管制期间又犯新罪被判处拘役或有期徒刑应如何执行的问题的批复》中指出："由于管制和拘役、有期徒刑不属于同一刑种,执行的方法也不同,如何按照数罪并罚的原则决定执行的刑罚,在刑法中尚无具体规定,因此,仍可按照本院 1957 年 2 月 16 日法研字第 3540 号复函的意见办理,即对新罪所判处的有期徒刑或者拘役执行完毕后,再执行前罪所没有执行完的管制。"最高人民法院研究室于 1988 年 3 月 24 日电话答复陕西省高级人民法院关于被判处拘役缓刑的罪犯在考验期内又犯新罪应如何执行的请示认为:"应对新罪所判处的有期徒刑执行完毕后,再执行前罪所判处的拘役。"该做法得到了长期的坚守。不过,最高人民法院研究室征求全国人大常委会法工委刑法室的意见,于 2006 年 8 月 16 日以法研[2006]145 号文针对个案做出答复认为:"刑法第六十九条对不同刑种如何数罪并罚没有明确规定,因此,对于被告人在拘役缓刑考验期内又犯新罪被判处有期徒刑应如何并罚问题,可根据案件的不同情况,个案处理,就本案而言,即可以只执行有期徒刑,拘役不再执行。"至此,我国对不同种自由刑的态度一直没有明确。

鉴于我国对不同种自由刑的并罚原则存在的争议,在相关部门的建议下,我国立法机关将其纳入了《刑法修正案(九)》的立法文本。《刑法修正案(九)(草案)》第 4 条规定:"在刑法第六十九条中增加一款作为第二款:'数罪中有判处有期徒刑和拘役的,执行有期徒刑。数罪中有判处有期徒刑和管制,或者拘役和管制的,有期徒刑、拘役执行完毕后,管制仍须执行。''原第二款作为第三款。'"在修法过程中,一些方面对草案的这一规定有不同意见。其中主要分歧集中在该规定内部对不同自由刑所采取的不同并罚原则,即数罪中判处有期徒刑和拘役的,草案采取的是吸收原则,只执行有期徒刑;数罪中有判处管制和其他自由刑的,则采取并科原则,不仅执行其他自由刑还要执行管制,但拘役比管制的处罚重都可以被吸收,管制比拘役轻却不能吸收,不甚合理。① 不过,这一意见没有被国家立法机关采纳。《刑法

---

① 参见全国人大常委会法工委刑法室编:《地方人大和中央有关部门、单位对刑法修正案(九)草案的意见》(法工刑字[2015]1 号,2015 年 1 月 4 日);全国人大常委会法工委刑法室编:《刑法修正案(九)草案向社会公众征求意见的情况》(法工刑字[2015]2 号,2015 年 1 月 4 日)。

修正案(九)》对有期自由刑的数罪并罚原则沿用了之前草案的规定。

(二)修法内容

《刑法修正案(九)》第 4 条规定:"在刑法第六十九条中增加一款作为第二款:'数罪中有判处有期徒刑和拘役的,执行有期徒刑。数罪中有判处有期徒刑和管制,或者拘役和管制的,有期徒刑、拘役执行完毕后,管制仍须执行。''原第二款作为第三款。'"从内涵上,《刑法修正案(九)》的这一规定包含了以下三个方面的内涵:(1)对有期自由刑的数罪并罚采取折中说,即可根据具体情况的不同,分别采取吸收说和分别执行说。(2)对数罪中判处有期徒刑和拘役的,采取吸收原则,只执行有期徒刑。(3)对数罪中判处有管制刑的,采取并科原则,管制刑必须执行。

(三)修法争议

在《刑法修正案(九)》修法过程中,各方面对于不同种有期自由刑的数罪并罚原则提出了不同的意见和主张,并主要体现在以下两个方面:

第一,草案关于不同种有期自由刑数罪并罚原则规定的缺陷问题。有常委委员和列席人员提出,拘役是比管制更重的刑罚,有期徒刑与管制并罚时,有期徒刑执行完毕后,管制仍须执行,而比管制刑更重的拘役与有期徒刑并罚时,却只需执行有期徒刑,两种规定不平衡。此外,刑法分则中大量罪名规定了拘役刑,还有部分犯罪最高自由刑就只有拘役,如果有期徒刑与拘役并罚不执行拘役,将导致大量判处拘役的犯罪实际上未执行刑罚。有的地方、部门和单位提出,拘役比管制更重,而本条规定对有期徒刑与拘役的并罚采取吸收原则,对与管制的并罚采取并科原则,不符合刑罚原理,建议重新考虑并罚原则。有的部门提出,判处有期徒刑和管制或者拘役和管制的,执行有期徒刑或者拘役即可,再执行管制的意义不大。也有学者提出,判决时主刑可以有多个,但最终执行时主刑只能有一个,有期徒刑或者拘役执行完毕后再执行管制,不符合执行主刑唯一原则,建议采取吸收原则,管制不再执行。①

第二,并罚原则的完善问题。有观点认为,我国应当统一不同种有期自

---

① 参见全国人大常委会法工委刑法室:《刑法修正案(九)草案各方面意见分解材料》(2015 年 5 月)。

由刑的并罚原则,规定数罪中判处有期徒刑和拘役的,有期徒刑执行完毕后,拘役仍须执行,或者采取有期徒刑、拘役和管制分别执行原则。有的地方和单位建议,采取折抵的原则,拘役折算为有期徒刑的 80%,管制折算为有期徒刑的 40%,管制折算为拘役的 50%;有的建议拘役二日折抵有徒刑一日;也有的建议修改为"拘役折抵为有期徒刑,与有期徒刑限制加重;管制与有期徒刑或者拘役并科";对于有期徒刑和拘役的并罚,可以在重刑的基础上加重三分之一或三分之二来执行有期徒刑。也有的建议规定拘役 3 日折算有期徒刑 2 日,管制 3 日折算有期徒刑 1 日,统一采用吸收原则,规定数罪中判处有期徒刑和管制,或者拘役和管制的,有期徒刑、拘役执行完毕后,管制不再执行。还有的建议采用吸收原则,规定数罪中判处有期徒和管制,或者拘役和管制的,有期徒刑、拘役执行完毕后,管制不再执行;判处有期徒刑和拘役的,有期徒刑执行完毕后,拘役不再执行。[①]

(四) 修法研讨

针对修法过程中关于不同种有期自由刑的数罪并罚争议,笔者认为,可以重点把握以下两个方面:

第一,折中原则是不同种有期自由刑数罪并罚的适当原则。对于判决中部分犯罪被判处有期徒刑、部分犯罪被判处拘役或者管制的,应当如何进行数罪并罚,此前刑法上没有作出明确的规定,如前所述刑法理论上主要有五种不同的观点,即折算说、吸收说、分别执行说、按比例分别执行部分刑期说和折中说。这些不同的主张代表了当前我国刑法理论上对不同种有期自由刑数罪并罚的各种认识。应该说,每一种认识都各有利弊,各有其认识的理由和角度。

笔者认为,对于不同种有期自由刑的数罪并罚原则问题,最为重要的是罪刑相适应的问题。无论对于管制、拘役、有期徒刑采取的是吸收原则还是分别执行原则或者其他原则,只要最终能达到罪刑相适应,就可以采用,而不必拘泥于某一个固定的并罚方法。因此,折中说具有较大的灵活性,对不同种有期自由刑的数罪并罚问题,可以根据案件的不同情况分别采取吸收

---

① 参见全国人大常委会法工委刑法室:《刑法修正案(九)草案各方面意见分解材料》(2015 年 5 月)。

的方法或者分别执行的方法。具体理由是:(1) 采用折中说能够适应各种情况的需要,防止数罪并罚时片面地追求某个适用方法,也可以防止单纯采用某个数罪并罚原则时不合理局面的出现。实际上,不同种有期自由刑的情况十分复杂,有管制与拘役、管制与有期徒刑还有拘役与有期徒刑等各种搭配情形的出现,并且在各种搭配方式中刑罚的期限也可以出现多种情况。在这种情况下,如果一律采取吸收说或者分别执行说,都可能出现一些不合理的现象。如 1 年拘役与 6 个月的有期徒刑之间,很难说孰轻孰重,这样就会造成吸收的困难。而对于 3 个月的管制、1 个月的拘役与 5 年、10 年有期徒刑之间,分别执行也不见得有多大意义。在这种情况下,完全可以进行一些灵活处理,有的可采取吸收原则,有的则可采取分别执行的处理方法。(2) 采用折中说,针对不同情况下的数罪适用不同的并罚原则,有利于进一步强化数罪并罚制度的本质。数罪并罚制度本质在哪里? 国家为什么要设立数罪并罚制度? 这是数罪并罚制度存在的基石。在我国刑法中,数罪并罚属于刑罚的具体运用。而刑罚追求的是什么呢? 无外乎两点:一是公正;二是功利。公正表现在运用数罪并罚制度对罪犯刑罚的合理计算与执行,功利则追求刑罚最小成本的同时力求效益最大化。在不同种有期自由刑的数罪并罚原则选择上,片面追求刑法适用的统一性,首先损害的将是刑罚的公正性,出现畸轻畸重的局面。其次损害的是刑罚的功利性。不当的处罚会对罪犯和社会心理产生不当影响因而影响刑罚的效益。因此可以说,公正性是前提。折中说对不同种有期自由刑数罪并罚的处理,形式上似乎影响了刑法适用的统一性,实际上却合乎数罪并罚制度的本质要求,有利于实现刑罚的公正与功利追求。相反,有关对同一罪犯不能判处两个以上的主刑、不同种自由刑的执行机关不同容易导致适用程序上的混乱等认识,或者因为只是个别学者的主张,或者因为与数罪并罚制度的本质无关而不具有说服力,因而难以成立。(3) 我国最高司法机关并没有排斥折中说,相反最高人民法院新近的答复反而认可了折中说的观点。主张分别执行说的学者的一个重要论据是最高人民法院的 1981 年 7 月 27 日的《关于管制犯在管制期间又犯新罪被判处拘役或有期徒刑应如何执行的问题的批复》和最高人民法院 1988 年 3 月 24 日对陕西省高级人民法院的电话答复。这两个答复都认为,在不同种有期自由刑中,管制和拘役、有期徒刑不属于同一刑种,执行的方法也不同,因而应当分别予以执行,即对新罪所判处的有期徒刑或者拘役执行完毕后,再执行前罪所没有执行完的管制,或者对新罪所判处的有期徒刑执行完毕后,再执行前罪所判处的拘役。但是最高人民法院的解释只否定了折算的观点,而并没有否定吸收的方法。

第二,《刑法修正案(九)》关于不同种有期自由刑的数罪并罚原则规定基本适当。《刑法修正案(九)》对不同自由刑的数罪并罚,采取的就是"吸收说+并科说"的折中原则,即数罪中有判处有期徒刑和拘役的,执行有期徒刑。数罪中有判处有期徒刑和管制,或者拘役和管制的,有期徒刑、拘役执行完毕后,管制仍须执行。这客观上造成了一种不合理的局面:管制轻于拘役,但拘役可以为有期徒刑所吸收,管制却不能为有期徒刑吸收。这在逻辑上存在一定的矛盾:重刑可以被吸收,轻刑却不能被吸收。这也是在《刑法修正案(九)》研拟过程中反对意见的依据所在。不过,立法机关的考虑更为实际。笔者认为,其立法理由主要有两方面:一是因为我国对管制犯实行的是社区矫正,它客观上提供了犯罪人从羁押到融入社会的过渡,对预防犯罪人再犯罪具有实际作用。二是因为短期自由刑存在较为明显的弊端,而管制属于社会化刑罚执行制度,舍弃拘役这一短期自由刑而保留管制的执行,符合行刑社会化的现实要求。

■ 四、修正案的生效时间问题

(一) 修法背景

在《刑法修正案(八)》以前,我国对 1997 年刑法典已进行了八次修正(含一部单行刑法的修正),但在生效时间上采取的都是颁布之日起实施的做法。《刑法修正案(八)》首次采取了将修正案颁布的时间与生效时间分离的做法:《刑法修正案(八)》2011 年 2 月 25 日通过并颁布,但规定 2011 年 5 月 1 日起实施,目的是为了给司法实践适用《刑法修正案(八)》留有一定的准备时间。在 2011 年 5 月 1 日《刑法修正案(八)》实施以前,我国最高司法机关利用这一时间差及时针对《刑法修正案(八)》的诸多重大问题出台了多个司法解释,有效地保证了法律适用的统一和公正。《刑法修正案(九)》的法律条文(52 条)比《刑法修正案(八)》(50 条)还多出 2 条。对于《刑法修正案(九)》的生效时间如何进行规定,会影响到《刑法修正案(九)》的有效施行,需要国家立法机关慎重对待并在立法上加以明确。

(二) 修法内容

《刑法修正案(九)》第 52 条规定:"本修正案自 2015 年 11 月 1 日起施行。"这意味着,自 2015 年 8 月 29 日《刑法修正案(九)》通过算起,国家立法机关为《刑法修正案(九)》的司法适用留下了 2 个多月的准备时间。

(三) 修法争议

在《刑法修正案(九)》的研拟过程中,关于《刑法修正案(九)》生效时间,各方意见也存在一定的分歧。有意见主张颁布之后马上施行,也有意见主张从 2015 年 10 月 1 日起施行,还有意见主张从 2016 年 1 月 1 日起施行。在《刑法修正案(九)》定于 2015 年 8 月下旬进行第三次立法审议并通过、公布后,对于修正案的施行时间,当时主要有四种意见:第一种意见认为,应仍如《刑法修正案(七)》及之前的刑法修正自公布之日起施行。第二种意见主张如《刑法修正案(八)》那样经过两个月多一点时间的准备自 2015 年 11 月 1 日起施行。第三种意见主张经过四个月多一点时间的准备自 2016 年 1 月 1 日起施行。有观点提出,本修正案内容多,有的是重要修改,施行前应给司法机关留有一定学习、准备时间,建议 2016 年 1 月 1 日起施行。第四种意见主张《刑法修正案(九)》的规范分类型施行。有观点建议在规定施行日期的同时,增加规定"但本修正案不认为是犯罪或者处刑较轻的,从通过之日起施行"。但也有意见表示不赞成,认为这一做法没有先例,修正案的所有规定应同时生效施行。①

(四) 修法研讨

此次的《刑法修正案(九)》定于 2015 年 8 月下旬进行第三次立法审议并通过、公布,在生效时间上当时国家立法机关面临前述四种主张和选择。国家立法机关主要对前三种观点进行了对比考虑,认为第一种方案因没有准

---

① 参见《中华人民共和国刑法修正案(九)(草案三次审议稿)参阅资料》(第十二届全国人大常委会第十六次会议参阅资料(一),2015 年 8 月 24 日)。

备时间而显然不可取,第三种方案准备时间过长也不可取,所以选择了第二种方案。

笔者赞同不选择第一种方案,但认为第二、三种方案相比,第三种方案也许更好。主要理由是:

第一,《刑法修正案(九)》的修法内容丰富而重大。《刑法修正案(九)》看似只比《刑法修正案(八)》多2个条文,实则其具体内容远比《刑法修正案(八)》丰富和复杂,例如其第7条就增设了5个条文、6种罪名,而且其涉及的反恐、网络犯罪、反腐败等规范也呈现出前所未有的复杂、前沿、新型、疑难的特征,因而用两个月时间进行准备显然是不宽裕的,若有四个多月的时间肯定会准备得更充分,加之这一次重要的修法若能安排在新的一年开始施行,也会显得齐整、庄重。

第二,《刑法修正案(九)》实施后的司法解释实际状况表明,司法机关需要较长的准备时间。按照目前我国最高司法机关关于司法解释工作的规定,司法解释由立项、起草、报送、审查到最终出台,至少需要数个月的时间。例如,最高人民法院2007年发布的《关于司法解释工作的规定》规定了司法解释应由研究室进行审查,审查的时间是"一个月内";"最高人民法院审判委员会应当在司法解释草案报送之次日起三个月内进行讨论。逾期未讨论的,审判委员会办公室可以报常务副院长批准延长"。事实上,在2015年8月29日全国人大常委会通过了《刑法修正案(九)》后,我国最高司法机关积极地进行着多方面的准备,包括出台相关司法解释和内部指导意见。从目前公布的司法解释情况来看,在2015年11月1日《刑法修正案(九)》实施之前,我国最高司法机关只是应急性出台了《最高人民法院关于〈中华人民共和国刑法修正案(九)〉时间效力问题的解释》、《最高人民法院、最高人民检察院关于执行〈中华人民共和国刑法〉确定罪名的补充规定(六)》两个司法解释。与《刑法修正案(九)》修法内容密切相关的司法解释实际上只有2016年4月18日由最高人民法院、最高人民检察院联合出台的《关于办理贪污贿赂刑事案件适用法律若干问题的解释》。这表明,司法机关需要较长的时间为司法解释的出台进行各项工作。

当然,既然《刑法修正案(九)》第52条已载明自2015年11月1日起施行,我国司法机关和各有关方面当然应遵从。不过,今后若再有刑法修正,似应将其施行时间问题也一并研究并合理决断。此外,刑法修正案在其最后一条即规定施行时间的条文里,似也应以简洁的用语一并规定其溯及力问题,即可载明:"本修正案溯及既往的效力,适用刑法第十二条的规定。"

附　录

1. 中华人民共和国刑法修正案(九)

(2015 年 8 月 29 日第十二届全国人民代表大会常务委员会第十六次会议通过)

一、在刑法第三十七条后增加一条,作为第三十七条之一:"因利用职业便利实施犯罪,或者实施违背职业要求的特定义务的犯罪被判处刑罚的,人民法院可以根据犯罪情况和预防再犯罪的需要,禁止其自刑罚执行完毕之日或者假释之日起从事相关职业,期限为三年至五年。

"被禁止从事相关职业的人违反人民法院依照前款规定作出的决定的,由公安机关依法给予处罚;情节严重的,依照本法第三百一十三条的规定定罪处罚。

"其他法律、行政法规对其从事相关职业另有禁止或者限制性规定的,从其规定。"

二、将刑法第五十条第一款修改为:"判处死刑缓期执行的,在死刑缓期执行期间,如果没有故意犯罪,二年期满以后,减为无期徒刑;如果确有重大立功表现,二年期满以后,减为二十五年有期徒刑;如果故意犯罪,情节恶劣的,报请最高人民法院核准后执行死刑;对于故意犯罪未执行死刑的,死刑缓期执行的期间重新计算,并报最高人民法院备案。"

三、将刑法第五十三条修改为:"罚金在判决指定的期限内一次或者分期缴纳。期满不缴纳的,强制缴纳。对于不能全部缴纳罚金的,人民法院在任何时候发现被执行人有可以执行的财产,应当随时追缴。

"由于遭遇不能抗拒的灾祸等原因缴纳确实有困难的,经人民法院裁定,可以延期缴纳、酌情减少或者免除。"

四、在刑法第六十九条中增加一款作为第二款:"数罪中有判处有期徒刑和拘役的,执行有期徒刑。数罪中有判处有期徒刑和管制,或者拘役和管制的,有期徒刑、拘役执行完毕后,管制仍须执行。"

原第二款作为第三款。

五、将刑法第一百二十条修改为:"组织、领导恐怖活动组织的,处十年以上有期徒刑或者无期徒刑,并处没收财产;积极参加的,处三年以上十年以下有期徒刑,并处罚金;其他参加的,处三年以下有期徒刑、拘役、管制或者剥夺政治权利,可以并处罚金。

"犯前款罪并实施杀人、爆炸、绑架等犯罪的,依照数罪并罚的规定处罚。"

六、将刑法第一百二十条之一修改为:"资助恐怖活动组织、实施恐怖活动的个人的,或者资助恐怖活动培训的,处五年以下有期徒刑、拘役、管制或者剥夺政治权利,并处罚金;情节严重的,处五年以上有期徒刑,并处罚金或者没收财产。

"为恐怖活动组织、实施恐怖活动或者恐怖活动培训招募、运送人员的,依照前款的规定处罚。

"单位犯前两款罪的,对单位判处罚金,并对其直接负责的主管人员和其他直接责任人员,依照第一款的规定处罚。"

七、在刑法第一百二十条之一后增加五条,作为第一百二十条之二、第一百二十条之三、第一百二十条之四、第一百二十条之五、第一百二十条之六:

"第一百二十条之二 有下列情形之一的,处五年以下有期徒刑、拘役、管制或者剥夺政治权利,并处罚金;情节严重的,处五年以上有期徒刑,并处罚金或者没收财产:

"(一)为实施恐怖活动准备凶器、危险物品或者其他工具的;

"（二）组织恐怖活动培训或者积极参加恐怖活动培训的；

"（三）为实施恐怖活动与境外恐怖活动组织或者人员联络的；

"（四）为实施恐怖活动进行策划或者其他准备的。有前款行为，同时构成其他犯罪的，依照处罚较重的规定定罪处罚。

"第一百二十条之三　以制作、散发宣扬恐怖主义、极端主义的图书、音频视频资料或者其他物品，或者通过讲授、发布信息等方式宣扬恐怖主义、极端主义的，或者煽动实施恐怖活动的，处五年以下有期徒刑、拘役、管制或者剥夺政治权利，并处罚金；情节严重的，处五年以上有期徒刑，并处罚金或者没收财产。

"第一百二十条之四　利用极端主义煽动、胁迫群众破坏国家法律确立的婚姻、司法、教育、社会管理等制度实施的，处三年以下有期徒刑、拘役或者管制，并处罚金；情节严重的，处三年以上七年以下有期徒刑，并处罚金；情节特别严重的，处七年以上有期徒刑，并处罚金或者没收财产。

"第一百二十条之五　以暴力、胁迫等方式强制他人在公共场所穿着、佩戴宣扬恐怖主义、极端主义服饰、标志的，处三年以下有期徒刑、拘役或者管制，并处罚金。

"第一百二十条之六　明知是宣扬恐怖主义、极端主义的图书、音频视频资料或者其他物品而非法持有，情节严重的，处三年以下有期徒刑、拘役或者管制，并处或者单处罚金。"

八、将刑法第一百三十三条之一修改为："在道路上驾驶机动车，有下列情形之一的，处拘役，并处罚金：

"（一）追逐竞驶，情节恶劣的；

"（二）醉酒驾驶机动车的；

"（三）从事校车业务或者旅客运输，严重超过额定乘员载客，或者严重超过规定时速行驶的；

"（四）违反危险化学品安全管理规定运输危险化学品，危及公共安全的。

"机动车所有人、管理人对前款第三项、第四项行为负有直接责任的，依照前款的规定处罚。

"有前两款行为,同时构成其他犯罪的,依照处罚较重的规定定罪处罚。"

九、将刑法第一百五十一条第一款修改为:"走私武器、弹药、核材料或者伪造的货币的,处七年以上有期徒刑,并处罚金或者没收财产;情节特别严重的,处无期徒刑,并处没收财产;情节较轻的,处三年以上七年以下有期徒刑,并处罚金。"

十、将刑法第一百六十四条第一款修改为:"为谋取不正当利益,给予公司、企业或者其他单位的工作人员以财物,数额较大的,处三年以下有期徒刑或者拘役,并处罚金;数额巨大的,处三年以上十年以下有期徒刑,并处罚金。"

十一、将刑法第一百七十条修改为:"伪造货币的,处三年以上十年以下有期徒刑,并处罚金;有下列情形之一的,处十年以上有期徒刑或者无期徒刑,并处罚金或者没收财产:

"(一)伪造货币集团的首要分子;

"(二)伪造货币数额特别巨大的;

"(三)有其他特别严重情节的。"

十二、删去刑法第一百九十九条。

十三、将刑法第二百三十七条修改为:"以暴力、胁迫或者其他方法强制猥亵他人或者侮辱妇女的,处五年以下有期徒刑或者拘役。

"聚众或者在公共场所当众犯前款罪的,或者有其他恶劣情节的,处五年以上有期徒刑。

"猥亵儿童的,依照前两款的规定从重处罚。"

十四、将刑法第二百三十九条第二款修改为:"犯前款罪,杀害被绑架人的,或者故意伤害被绑架人,致人重伤、死亡的,处无期徒刑或者死刑,并处没收财产。"

十五、将刑法第二百四十一条第六款修改为:"收买被拐卖的妇女、儿童,对被买儿童没有虐待行为,不阻碍对其进行解救的,可以从轻处罚;按照被买妇女的意愿,不阻碍其返回原居住地的,可以从轻或者减轻处罚。"

十六、在刑法第二百四十六条中增加一款作为第三款:"通过信息网络实施第一款规定的行为,被害人向人民法院告诉,但提供证据确有困难的,人民法院可以要求公安机关提供协助。"

十七、将刑法第二百五十三条之一修改为:"违反国家有关规定,向他人出售或者提供公民个人信息,情节严重的,处三年以下有期徒刑或者拘役,并处或者单处罚金;情节特别严重的,处三年以上七年以下有期徒刑,并处罚金。

"违反国家有关规定,将在履行职责或者提供服务过程中获得的公民个人信息,出售或者提供给他人的,依照前款的规定从重处罚。

"窃取或者以其他方法非法获取公民个人信息的,依照第一款的规定处罚。

"单位犯前三款罪的,对单位判处罚金,并对其直接负责的主管人员和其他直接责任人员,依照各该款的规定处罚。"

十八、将刑法第二百六十条第三款修改为:"第一款罪,告诉的才处理,但被害人没有能力告诉,或者因受到强制、威吓无法告诉的除外。"

十九、在刑法第二百六十条后增加一条,作为第二百六十条之一:"对未成年人、老年人、患病的人、残疾人等负有监护、看护职责的人虐待被监护、看护的人,情节恶劣的,处三年以下有期徒刑或者拘役。

"单位犯前款罪的,对单位判处罚金,并对其直接负责的主管人员和其他直接责任人员,依照前款的规定处罚。

"有第一款行为,同时构成其他犯罪的,依照处罚较重的规定定罪处罚。"

二十、将刑法第二百六十七条第一款修改为:"抢夺公私财物,数额较大的,或者多次抢夺的,处三年以下有期徒刑、拘役或者管制,并处或者单处罚金;数额巨大或者有其他严重情节的,处三年以上十年以下有期徒刑,并处罚金;数额特别巨大或者有其他特别严重情节的,处十年以上有期徒刑或者无期徒刑,并处罚金或者没收财产。"

二十一、在刑法第二百七十七条中增加一款作为第五款:"暴力袭击正在依法执行职务的人民警察的,依照第一款的规定从重处罚。"

二十二、将刑法第二百八十条修改为:"伪造、变造、买卖或者盗窃、抢夺、毁灭国家机关的公文、证件、印章的,处三年以下有期徒刑、拘役、管制或者剥夺政治权利,并处罚金;情节严重的,处三年以上十年以下有期徒刑,并处罚金。

"伪造公司、企业、事业单位、人民团体的印章的,处三年以下有期徒刑、拘役、管制或者剥夺政治权利,并处罚金。

"伪造、变造、买卖居民身份证、护照、社会保障卡、驾驶证等依法可以用于证明身份的证件的,处三年以下有期徒刑、拘役、管制或者剥夺政治权利,并处罚金;情节严重的,处三年以上七年以下有期徒刑,并处罚金。"

二十三、在刑法第二百八十条后增加一条作为第二百八十条之一:"在依照国家规定应当提供身份证明的活动中,使用伪造、变造的或者盗用他人的居民身份证、护照、社会保障卡、驾驶证等依法可以用于证明身份的证件,情节严重的,处拘役或者管制,并处或者单处罚金。

"有前款行为,同时构成其他犯罪的,依照处罚较重的规定定罪处罚。"

二十四、将刑法第二百八十三条修改为:"非法生产、销售专用间谍器材或者窃听、窃照专用器材的,处三年以下有期徒刑、拘役或者管制,并处或者单处罚金;情节严重的,处三年以上七年以下有期徒刑,并处罚金。

"单位犯前款罪的,对单位判处罚金,并对其直接负责的主管人员和其他直接责任人员,依照前款的规定处罚。"

二十五、在刑法第二百八十四条后增加一条,作为第二百八十四条之一:"在法律规定的国家考试中,组织作弊的,处三年以下有期徒刑或者拘役,并处或者单处罚金;情节严重的,处三年以上七年以下有期徒刑,并处罚金。

"为他人实施前款犯罪提供作弊器材或者其他帮助的,依照前款的规定处罚。

"为实施考试作弊行为,向他人非法出售或者提供第一款规定的考试的试题、答案的,依照第一款的规定处罚。

"代替他人或者让他人代替自己参加第一款规定的考试的,处拘役或者管制,并处或者单处罚金。"

二十六、在刑法第二百八十五条中增加一款作为第四款:"单位犯前三款罪的,对单位判处罚金,并对其直接负责的主管人员和其他直接责任人员,依照各该款的规定处罚。"

二十七、在刑法第二百八十六条中增加一款作为第四款:"单位犯前三款罪的,对单位判处罚金,并对其直接负责的主管人员和其他直接责任人员,依照第一款的规定处罚。"

二十八、在刑法第二百八十六条后增加一条,作为第二百八十六条之一:"网络服务提供者不履行法律、行政法规规定的信息网络安全管理义务,经监管部门责令采取改正措施而拒不改正,有下列情形之一的,处三年以下有期徒刑、拘役或者管制,并处或者单处罚金:

"(一) 致使违法信息大量传播的;

"(二) 致使用户信息泄露,造成严重后果的;

"(三) 致使刑事案件证据灭失,情节严重的;

"(四) 有其他严重情节的。

"单位犯前款罪的,对单位判处罚金,并对其直接负责的主管人员和其他直接责任人员,依照前款的规定处罚。

"有前两款行为,同时构成其他犯罪的,依照处罚较重的规定定罪处罚。"

二十九、在刑法第二百八十七条后增加二条,作为第二百八十七条之一、第二百八十七条之二:

"第二百八十七条之一 利用信息网络实施下列行为之一,情节严重的,处三年以下有期徒刑或者拘役,并处或者单处罚金:

"(一) 设立用于实施诈骗、传授犯罪方法、制作或者销售违禁物品、管制物品等违法犯罪活动的网站、通讯群组的;

"(二) 发布有关制作或者销售毒品、枪支、淫秽物品等违禁物品、管制物品或者其他违法犯罪信息的;

"(三) 为实施诈骗等违法犯罪活动发布信息的。

"单位犯前款罪的,对单位判处罚金,并对其直接负责的主管人员和其他直接责任人员,依照第一款的规定处罚。

"有前两款行为,同时构成其他犯罪的,依照处罚较重的规定定罪处罚。

"第二百八十七条之二明知他人利用信息网络实施犯罪，为其犯罪提供互联网接入、服务器托管、网络存储、通讯传输等技术支持，或者提供广告推广、支付结算等帮助，情节严重的，处三年以下有期徒刑或者拘役，并处或者单处罚金。

"单位犯前款罪的，对单位判处罚金，并对其直接负责的主管人员和其他直接责任人员，依照第一款的规定处罚。

"有前两款行为，同时构成其他犯罪的，依照处罚较重的规定定罪处罚。"

三十、将刑法第二百八十八条第一款修改为："违反国家规定，擅自设置、使用无线电台（站），或者擅自使用无线电频率，干扰无线电通讯秩序，情节严重的，处三年以下有期徒刑、拘役或者管制，并处或者单处罚金；情节特别严重的，处三年以上七年以下有期徒刑，并处罚金。"

三十一、将刑法第二百九十条第一款修改为："聚众扰乱社会秩序，情节严重，致使工作、生产、营业和教学、科研、医疗无法进行，造成严重损失的，对首要分子，处三年以上七年以下有期徒刑；对其他积极参加的，处三年以下有期徒刑、拘役、管制或者剥夺政治权利。"

增加二款作为第三款、第四款："多次扰乱国家机关工作秩序，经行政处罚后仍不改正，造成严重后果的，处三年以下有期徒刑、拘役或者管制。

"多次组织、资助他人非法聚集，扰乱社会秩序，情节严重的，依照前款的规定处罚。"

三十二、在刑法第二百九十一条之一中增加一款作为第二款："编造虚假的险情、疫情、灾情、警情，在信息网络或者其他媒体上传播，或者明知是上述虚假信息，故意在信息网络或者其他媒体上传播，严重扰乱社会秩序的，处三年以下有期徒刑、拘役或者管制；造成严重后果的，处三年以上七年以下有期徒刑。"

三十三、将刑法第三百条修改为："组织、利用会道门、邪教组织或者利用迷信破坏国家法律、行政法规实施的，处三年以上七年以下有期徒刑，并处罚金；情节特别严重的，处七年以上有期徒刑或者无期徒刑，并处罚金或者没收财产；情节较轻的，处三年以下有期徒刑、拘役、管制或者剥夺政治权利,并处或者单处罚金。

　　"组织、利用会道门、邪教组织或者利用迷信蒙骗他人,致人重伤、死亡的,依照前款的规定处罚。

　　"犯第一款罪又有奸淫妇女、诈骗财物等犯罪行为的,依照数罪并罚的规定处罚。"

　　三十四、将刑法第三百零二条修改为:"盗窃、侮辱、故意毁坏尸体、尸骨、骨灰的,处三年以下有期徒刑、拘役或者管制。"

　　三十五、在刑法第三百零七条后增加一条,作为第三百零七条之一:"以捏造的事实提起民事诉讼,妨害司法秩序或者严重侵害他人合法权益的,处三年以下有期徒刑、拘役或者管制,并处或者单处罚金;情节严重的,处三年以上七年以下有期徒刑,并处罚金。

　　"单位犯前款罪的,对单位判处罚金,并对其直接负责的主管人员和其他直接责任人员,依照前款的规定处罚。

　　"有第一款行为,非法占有他人财产或者逃避合法债务,又构成其他犯罪的,依照处罚较重的规定定罪从重处罚。

　　"司法工作人员利用职权,与他人共同实施前三款行为的,从重处罚;同时构成其他犯罪的,依照处罚较重的规定定罪从重处罚。"

　　三十六、在刑法第三百零八条后增加一条,作为第三百零八条之一:"司法工作人员、辩护人、诉讼代理人或者其他诉讼参与人,泄露依法不公开审理的案件中不应当公开的信息,造成信息公开传播或者其他严重后果的,处三年以下有期徒刑、拘役或者管制,并处或者单处罚金。

　　"有前款行为,泄露国家秘密的,依照本法第三百九十八条的规定定罪处罚。

　　"公开披露、报道第一款规定的案件信息,情节严重的,依照第一款的规定处罚。

　　"单位犯前款罪的,对单位判处罚金,并对其直接负责的主管人员和其他直接责任人员,依照第一款的规定处罚"。

　　三十七、将刑法第三百零九条修改为:"有下列扰乱法庭秩序情形之一的,处三年以下有期徒刑、拘役、管制或者罚金:

"（一）聚众哄闹、冲击法庭的；

"（二）殴打司法工作人员或者诉讼参与人的；

"（三）侮辱、诽谤、威胁司法工作人员或者诉讼参与人，不听法庭制止，严重扰乱法庭秩序的；

"（四）有毁坏法庭设施，抢夺、损毁诉讼文书、证据等扰乱法庭秩序行为，情节严重的。"

三十八、将刑法第三百一十一条修改为："明知他人有间谍犯罪或者恐怖主义、极端主义犯罪行为，在司法机关向其调查有关情况、收集有关证据时，拒绝提供，情节严重的，处三年以下有期徒刑、拘役或者管制。"

三十九、将刑法第三百一十三条修改为："对人民法院的判决、裁定有能力执行而拒不执行，情节严重的，处三年以下有期徒刑、拘役或者罚金；情节特别严重的，处三年以上七年以下有期徒刑，并处罚金。

"单位犯前款罪的，对单位判处罚金，并对其直接负责的主管人员和其他直接责任人员，依照前款的规定处罚。"

四十、将刑法第三百二十二条修改为："违反国（边）境管理法规，偷越国（边）境，情节严重的，处一年以下有期徒刑、拘役或者管制，并处罚金；为参加恐怖活动组织、接受恐怖活动培训或者实施恐怖活动，偷越国（边）境的，处一年以上三年以下有期徒刑，并处罚金。"

四十一、将刑法第三百五十条第一款、第二款修改为："违反国家规定，非法生产、买卖、运输醋酸酐、乙醚、三氯甲烷或者其他用于制造毒品的原料、配剂，或者携带上述物品进出境，情节较重的，处三年以下有期徒刑、拘役或者管制，并处罚金；情节严重的，处三年以上七年以下有期徒刑，并处罚金；情节特别严重的，处七年以上有期徒刑，并处罚金或者没收财产。

"明知他人制造毒品而为其生产、买卖、运输前款规定的物品的，以制造毒品罪的共犯论处。"

四十二、将刑法第三百五十八条修改为："组织、强迫他人卖淫的，处五年以上十年以下有期徒刑，并处罚金；情节严重的，处十年以上有期徒刑或者无期徒刑，并处罚金或者没收财产。

"组织、强迫未成年人卖淫的，依照前款的规定从重处罚。

"犯前两款罪,并有杀害、伤害、强奸、绑架等犯罪行为的,依照数罪并罚的规定处罚。

"为组织卖淫的人招募、运送人员或者有其他协助组织他人卖淫行为的,处五年以下有期徒刑,并处罚金;情节严重的,处五年以上十年以下有期徒刑,并处罚金。"

四十三、删去刑法第三百六十条第二款。

四十四、将刑法第三百八十三条修改为:"对犯贪污罪的,根据情节轻重,分别依照下列规定处罚:

"(一)贪污数额较大或者有其他较重情节的,处三年以下有期徒刑或者拘役,并处罚金。

"(二)贪污数额巨大或者有其他严重情节的,处三年以上十年以下有期徒刑,并处罚金或者没收财产。

"(三)贪污数额特别巨大或者有其他特别严重情节的,处十年以上有期徒刑或者无期徒刑,并处罚金或者没收财产;数额特别巨大,并使国家和人民利益遭受特别重大损失的,处无期徒刑或者死刑,并处没收财产。

"对多次贪污未经处理的,按照累计贪污数额处罚。

"犯第一款罪,在提起公诉前如实供述自己罪行、真诚悔罪、积极退赃,避免、减少损害结果的发生,有第一项规定情形的,可以从轻、减轻或者免除处罚;有第二项、第三项规定情形的,可以从轻处罚。

"犯第一款罪,有第三项规定情形被判处死刑缓期执行的,人民法院根据犯罪情节等情况可以同时决定在其死刑缓期执行二年期满依法减为无期徒刑后,终身监禁,不得减刑、假释。"

四十五、将刑法第三百九十条修改为:"对犯行贿罪的,处五年以下有期徒刑或者拘役,并处罚金;因行贿谋取不正当利益,情节严重的,或者使国家利益遭受重大损失的,处五年以上十年以下有期徒刑,并处罚金;情节特别严重的,或者使国家利益遭受特别重大损失的,处十年以上有期徒刑或者无期徒刑,并处罚金或者没收财产。

"行贿人在被追诉前主动交待行贿行为的,可以从轻或者减轻处罚。其中,犯罪较轻的,对侦破重大案件起关键作用的,或者有重大立功表现的,可以减轻或者免除处罚。"

四十六、在刑法第三百九十条后增加一条,作为第三百九十条之一:"为谋取不正当利益,向国家工作人员的近亲属或者其他与该国家工作人员关系密切的人,或者向离职的国家工作人员或者其近亲属以及其他与其关系密切的人行贿的,处三年以下有期徒刑或者拘役,并处罚金;情节严重的,或者使国家利益遭受重大损失的,处三年以上七年以下有期徒刑,并处罚金;情节特别严重的,或者使国家利益遭受特别重大损失的,处七年以上十年以下有期徒刑,并处罚金。

"单位犯前款罪的,对单位判处罚金,并对其直接负责的主管人员和其他直接责任人员,处三年以下有期徒刑或者拘役,并处罚金。"

四十七、将刑法第三百九十一条第一款修改为:"为谋取不正当利益,给予国家机关、国有公司、企业、事业单位、人民团体以财物的,或者在经济往来中,违反国家规定,给予各种名义的回扣、手续费的,处三年以下有期徒刑或者拘役,并处罚金。"

四十八、将刑法第三百九十二条第一款修改为:"向国家工作人员介绍贿赂,情节严重的,处三年以下有期徒刑或者拘役,并处罚金。"

四十九、将刑法第三百九十三条修改为:"单位为谋取不正当利益而行贿,或者违反国家规定,给予国家工作人员以回扣、手续费,情节严重的,对单位判处罚金,并对其直接负责的主管人员和其他直接责任人员,处五年以下有期徒刑或者拘役,并处罚金。因行贿取得的违法所得归个人所有的,依照本法第三百八十九条、第三百九十条的规定定罪处罚。"

五十、将刑法第四百二十六条修改为:"以暴力、威胁方法,阻碍指挥人员或者值班、值勤人员执行职务的,处五年以下有期徒刑或者拘役;情节严重的,处五年以上十年以下有期徒刑;情节特别严重的,处十年以上有期徒刑或者无期徒刑。战时从重处罚。"

五十一、将刑法第四百三十三条修改为:"战时造谣惑众,动摇军心的,处三年以下有期徒刑;情节严重的,处三年以上十年以下有期徒刑;情节特别严重的,处十年以上有期徒刑或者无期徒刑。"

五十二、本修正案自 2015 年 11 月 1 日起施行。

2. 关于《中华人民共和国刑法修正案(九)(草案)》的说明

　　——2014年10月27日在第十二届全国人民代表大会常务委员会第十一次会议上

全国人大常委会法制工作委员会主任　李适时

委员长、各位副委员长、秘书长、各位委员:

　　我受委员长会议的委托,作关于《中华人民共和国刑法修正案(九)(草案)》的说明。

　　刑法是我国的基本法律,全国人大常委会历来十分重视刑法的修改和完善工作。1997年全面修订刑法以来,全国人大常委会根据惩罚犯罪、保护人民和维护正常社会秩序的需要,先后通过一个决定和八个刑法修正案,对刑法作出修改、完善。本届以来,法制工作委员会按照经党中央批准的立法规划安排和全国人大常委会的要求,根据中央精神和宽严相济的刑事政策,针对近年来实践中出现的新情况、新问题,会同中央纪委、中央政法委、最高人民法院、最高人民检察院、公安部以及国务院有关部门和军队有关方面反复研究沟通,广泛听取各方面意见,对主要问题取得共识,形成了《中华人民共和国刑法修正案(九)(草案)》。

　　一、关于修改刑法的必要性和指导思想

　　一段时间以来,全国人大代表、政法机关和有关部门都提出了一些修改刑法的意见,其中,十二届全国人大第一次会议以来,全国人大代表共提出修改刑法的议案81件。这次需要通过修改刑法解决的主要问题:一是,一些地方近年来多次发生严重暴力恐怖案件,网络犯罪也呈现新的特点,有必要从总体国家安全观出发,统筹考虑刑法与本次常委会会议审议的反恐怖主义法、反间谍法等维护国家安全方面法律草案的衔接配套,修改、补充刑法的有关规定。二是,随着反腐败斗争的深入,需要进一步完善刑法的相关规定,为惩腐肃贪提供法律支持。三是,落实党中央关于逐步减少适用死刑罪名的要求,并做好劳动教养制度废除后法律上的衔接。因此,根据新的情况,针对上述问题对刑法有关规定作出调整、完善,是必要的。

这次修改刑法的指导思想:一是,坚持正确的政治方向,贯彻落实党的十八届三中全会、中央司法体制改革任务有关要求,发挥好刑法在惩罚犯罪、保护人民方面的功能。二是,坚持问题导向,从我国国情出发,针对实践中出现的新情况、新问题,及时对刑法作出调整,以适应维护国家安全和社会稳定的需要。三是,坚持宽严相济的刑事政策,维护社会公平正义,对社会危害严重的犯罪惩处力度不减,保持高压态势;同时,对一些社会危害较轻,或者有从轻情节的犯罪,留下从宽处置的余地和空间。四是,坚持创新刑事立法理念,进一步发挥刑法在维护社会主义核心价值观、规范社会生活方面的引领和推动作用。

二、关于修改刑法的主要问题

(一)逐步减少适用死刑罪名

党的十八届三中全会提出,"逐步减少适用死刑罪名"。中央关于深化司法体制和社会体制改革的任务也要求,完善死刑法律规定,逐步减少适用死刑的罪名。据此,总结我国一贯坚持的既保留死刑,又严格控制和慎重适用死刑的做法,经与中央政法委一道同各有关方面反复研究,拟从以下两个方面体现减少适用死刑罪名:

一是,进一步减少适用死刑的罪名。经与各有关方面研究,拟对走私武器、弹药罪、走私核材料罪、走私假币罪、伪造货币罪、集资诈骗罪、组织卖淫罪、强迫卖淫罪、阻碍执行军事职务罪、战时造谣惑众罪等9个罪的刑罚规定作出调整,取消死刑(我国现有适用死刑的罪名55个,取消这9个后尚有46个)。(修正案草案第八条、第十条、第十一条、第三十八条、第四十五条、第四十六条)

2011年出台的刑法修正案(八)取消13个经济性非暴力犯罪的死刑以来,我国社会治安形势总体稳定可控,一些严重犯罪稳中有降。实践表明,取消13个罪名的死刑,没有对社会治安形势形成负面影响,社会各方面对减少死刑罪名反应正面。这次准备取消死刑的9个罪名,在实践中较少适用死刑,取消后最高还可以判处无期徒刑。对相关犯罪在取消死刑后通过加强执法,该严厉惩处的依法严厉惩处,可以做到整体惩处力度不减,以确保社会治安整体形势稳定。此外,上述犯罪取消死刑后,如出现情节特别恶劣,符合数罪并罚或者其他有关犯罪规定的,还可依法判处更重的刑罚。

二是,进一步提高对死缓罪犯执行死刑的门槛。刑法第五十条规定,被判处死刑缓期执行的,在死刑缓期执行期间,如果故意犯罪,查证属实的,由最高人民法院核准,执行死刑。拟将上述规定修改为:对于死缓期间故意犯罪,情节恶劣的,报请最高人民法院核准后执行死刑;对于故意犯罪未执行死刑的,死刑缓期执行的期间重新计算,并报最高人民法院备案。(修正案草案第二条)

(二)维护公共安全,加大对恐怖主义、极端主义犯罪的惩治力度

针对近年来暴力恐怖犯罪出现的新情况、新特点,总结同这类犯罪作斗争的经验,拟在刑法现有规定的基础上,作出以下修改补充:

一是,对组织、领导、参加恐怖组织罪增加规定财产刑。(修正案草案第五条)

二是,增加规定以制作资料、散发资料、发布信息、当面讲授等方式或者通过音频视频、信息网络等宣扬恐怖主义、极端主义,或者煽动实施暴力恐怖活动的犯罪;增加规定利用极端主义煽动、胁迫群众破坏国家法律确立的婚姻、司法、教育、社会管理等制度实施的犯罪;增加规定持有宣扬恐怖主义、极端主义的物品、图书、音频视频资料的犯罪;增加规定拒不提供恐怖、极端主义犯罪证据的犯罪。(修正案草案第六条)

三是,增加规定以暴力、胁迫等方式强制他人在公共场所穿着、佩戴宣扬恐怖主义、极端主义服饰、标志的犯罪。(修正案草案第十五条)

(三)维护信息网络安全,完善惩处网络犯罪的法律规定

针对网络违法犯罪行为的新情况,拟进一步完善刑法有关网络犯罪的规定:

一是,为进一步加强对公民个人信息的保护,修改出售、非法提供因履行职责或者提供服务而获得的公民个人信息犯罪的规定,扩大犯罪主体的范围,同时,增加规定出售或者非法提供公民个人信息的犯罪。(修正案草案第十六条)

二是,针对一些网络服务提供者不履行网络安全管理义务,造成严重后果的情况,增加规定:网络服务提供者不履行网络安全管理义务,经监管部门通知采取改正措施而拒绝执行,致使违法信息大量传播的,致使用户信息泄漏,造成严重后果的,或者致使刑事犯罪证据灭失,严重妨害司法机关追究犯罪的,追究刑事责任。(修正案草案第二十五条)

三是,对为实施诈骗、销售违禁品、管制物品等违法犯罪活动而设立网站、通讯群组、发布信息的行为,进一步明确规定如何追究刑事责任;针对在网络空间传授犯罪方法、帮助他人犯罪的行为多发的情况,增加规定:明知他人利用信息网络实施犯罪,为其犯罪提供互联网接入、服务器托管、网络存储、通讯传输等技术支持,或者提供广告推广、支付结算等帮助,情节严重的,追究刑事责任。(修正案草案第二十六条)

四是,针对开设"伪基站"等严重扰乱无线电秩序,侵犯公民权益的情况,修改扰乱无线电通讯管理秩序罪,降低构成犯罪门槛,增强可操作性。(修正案草案第二十七条)

五是,针对在信息网络或者其他媒体上恶意编造、传播虚假信息,严重扰乱社会秩序的情况,增加规定编造、传播虚假信息的犯罪。(修正案草案第二十九条)

此外,还对单位实施侵入、破坏计算机信息系统犯罪规定了刑事责任。(修正案草案第二十三条、第二十四条)

(四)进一步强化人权保障,加强对公民人身权利的保护

针对猥亵儿童、虐待儿童、老年人的案件时有发生,社会影响恶劣的情况,拟对刑法相关规定进一步作出完善:

一是,修改强制猥亵、侮辱妇女罪、猥亵儿童罪,扩大适用范围,同时加大对情节恶劣情形的惩处力度。(修正案草案第十二条)

二是,修改收买被拐卖的妇女、儿童罪,对于收买妇女、儿童的行为一律作出犯罪评价。对收买被拐卖的妇女、儿童,按照被买妇女的意愿,不阻碍其返回原居住地的,对被买儿童没有虐待行为,不阻碍对其进行解救的,将"可以不追究刑事责任"的规定,修改为"可以从轻、减轻或者免除处罚"。(修正案草案第十三条)

三是,增加规定对未成年人、老年人、患病的人、残疾人等负有监护、看护职责的人虐待被监护、看护的人,情节恶劣的,追究刑事责任。(修正案草案第十八条)

(五)进一步完善反腐败的制度规定,加大对腐败犯罪的惩处力度

按照党的十八届三中全会对加强反腐败工作,完善惩治腐败法律规定的要求,加大惩处腐败犯罪力度,拟对刑法作出以下修改:

一是,修改贪污受贿犯罪的定罪量刑标准。现行刑法对贪污受贿犯罪的定罪量刑标准规定了具体数额。这样规定是1988年全国人大常委会根据当时惩治贪污贿赂犯罪的实际需要和司法机关的要求作出的。从实践的情况看,规定数额虽然明确具体,但此类犯罪情节差别很大,情况复杂,单纯考虑数额,难以全面反映具体个罪的社会危害性。同时,数额规定过死,有时难以根据案件的不同情况做到罪刑相适应,量刑不统一。根据各方面意见,拟删去对贪污受贿犯罪规定的具体数额,原则规定数额较大或者情节较重、数额巨大或者情节严重、数额特别巨大或者情节特别严重三种情况,相应规定三档刑罚,并对数额特别巨大,并使国家和人民利益遭受特别重大损失的,保留适用死刑。具体定罪量刑标准可由司法机关根据案件的具体情况掌握,或者由最高人民法院、最高人民检察院通过制定司法解释予以确定。同时,考虑到反腐斗争的实际需要,对犯贪污受贿罪,如实供述自己罪行、真诚悔罪、积极退赃,避免、减少损害结果发生的,规定可以从宽处理。(修正案草案第三十九条)

二是,加大对行贿犯罪的处罚力度。主要是:第一,完善行贿犯罪财产刑规定,使犯罪分子在受到人身处罚的同时,在经济上也得不到好处(修正案草案第九条、第四十一条、第四十二条、第四十三条、第四十四条)。第二,进一步严格对行贿罪从宽处罚的条件。拟将"行贿人在被追诉前主动交待行贿行为的,可以减轻处罚或者免除处罚"的规定,修改为"行贿人在被追诉前主动交待行贿行为的,可以从轻或者减轻处罚。其中,犯罪较轻的,检举揭发行为对侦破重大案件起关键作用,或者有其他重大立功表现的,可以免除处罚。"(修正案草案第四十一条)

三是,严密惩治行贿犯罪的法网,增加规定为利用国家工作人员的影响

力谋取不正当利益,向其近亲属等关系密切人员行贿的犯罪。(修正案草案第四十条)

此外,还根据有关方面的意见,完善了预防性措施的规定,对因利用职业便利实施犯罪,或者实施违背职业要求的特定义务的犯罪被判处刑罚的,人民法院可以根据犯罪情况和预防再犯罪的需要,禁止其自刑罚执行完毕之日或者假释之日起五年内从事相关职业。(修正案草案第一条)

(六)维护社会诚信,惩治失信、背信行为

针对当前社会诚信缺失,欺诈等背信行为多发,社会危害严重的实际情况,为发挥刑法对公民行为价值取向的引领作用,拟对刑法作出如下补充:

一是,修改伪造、变造居民身份证的犯罪规定,将证件的范围扩大到护照、社会保障卡、驾驶证等证件;同时将买卖居民身份证、护照等证件的行为以及使用伪造、变造的居民身份证、护照等证件的行为规定为犯罪。(修正案草案第二十条、第二十一条)

二是,增加规定组织考试作弊等犯罪。将在国家规定的考试中,组织考生作弊的,为他人提供作弊器材的,向他人非法出售或者提供试题、答案的,以及代替他人或者让他人代替自己参加考试等破坏考试秩序的行为规定为犯罪。(修正案草案第三十二条)

三是,增加规定虚假诉讼犯罪。将为谋取不正当利益,以捏造的事实提起民事诉讼,严重妨害司法秩序的行为规定为犯罪。(修正案草案第三十三条)

(七)加强社会治理,维护社会秩序

针对当前社会治安方面出现的一些新情况,拟对刑法作以下修改:

一是,进一步完善惩治扰乱社会秩序犯罪的规定,主要是:第一,修改危险驾驶罪,增加危险驾驶应当追究刑事责任的情形(修正案草案第七条)。第二,修改抢夺罪,将多次抢夺的行为规定为犯罪(修正案草案第十九条)。第三,将生产、销售窃听、窃照专用器材的行为规定为犯罪(修正案草案第二十二条)。第四,将多次扰乱国家机关工作秩序,经处罚后仍不改正,造成严重后果的行为和多次组织、资助他人非法聚集,扰乱社会秩序,情节严重的行为规定为犯罪(修正案草案第二十八条)。第五,修改完善组织、利用会道门、邪教组织破坏法律实施罪,加大对情节特别严重行为的惩治力度,同时对情节较轻的规定相应的刑罚(修正案草案第三十条)。

二是,为保障人民法院依法独立公正行使审判权,完善刑法有关规定。主要是:第一,将司法工作人员、辩护人、诉讼代理人或者其他诉讼参与人,泄露依法不公开审理的案件中不应当公开的信息,造成信息公开传播或者其他严重后果的行为规定为犯罪(修正案草案第三十四条)。第二,修改扰乱法庭秩序罪,在原规定的聚众哄闹、冲击法庭,殴打司法工作人员等行为的基础上,将殴打诉讼参与人以及侮辱、诽谤、威胁司法工作人员或者诉讼参与人,不听法庭制止等严重扰乱法庭秩序的行为增加规定为犯罪(修正案草案第三十五条)。第三,进一步完善拒不执行判决、裁定罪的规定,增加一档刑罚,并增加单位犯罪的规定(修正案草案第三十六条)。

三是,针对当前毒品犯罪形势严峻的实际情况和惩治犯罪的需要,拟对生产、运输易制毒化学品的行为作出专门规定。(修正案草案第三十七条)

在调研和征求意见过程中,司法机关和有关方面还提出了其他一些修改刑法的建议。考虑到这些问题各方面认识还不一致,需要进一步研究论证,未列入本草案。

3. 全国人民代表大会法律委员会关于《中华人民共和国刑法修正案(九)(草案)》修改情况的汇报

全国人民代表大会常务委员会:

常委会第十一次会议对刑法修正案(九)草案进行了初次审议。会后,法制工作委员会将草案印发各省(区、市)和中央有关部门、部分高等院校、法学研究机构等单位征求意见。中国人大网站全文公布草案征求社会公众意见。法律委员会、法制工作委员会召开座谈会,听取全国人大代表、有关部门和专家学者的意见,同时,还到四川、新疆、山东、安徽等地进行调研。法律委员会于6月2日召开会议,根据常委会组成人员的审议意见和各方面意见,对草案进行了逐条审议。中央政法委、全国人大内务司法委员会、国务院法制办公室的有关负责同志列席了会议。6月17日,法律委员会召开会议,再次进行了审议。现将草案主要问题修改情况汇报如下:

一、一些常委委员和中央政法委、新疆等部门、地方提出,当前恐怖活动犯罪出现了一些新情况,刑法应有针对性地作出规定。法律委员会经同中央政法委等有关部门研究,建议对草案作如下补充:一是,将资助恐怖活动培训的行为增加规定为犯罪,并明确对为恐怖活动组织、实施恐怖活动或者恐怖活动培训招募、运送人员的,追究刑事责任;二是,将为实施恐怖活动而准备凶器或者危险物品,组织或者积极参加恐怖活动培训,与境外恐怖活动组织、人员联系,以及为实施恐怖活动进行策划或者其他准备等行为明确规定为犯罪;三是,完善偷越国(边)境的有关规定,对为参加恐怖活动组织、接受恐怖活动培训或者实施恐怖活动,偷越国(边)境的,提高了法定刑。(草案二次审议稿第六条、第七条、第三十九条)

二、草案第七条对刑法第一百三十三条之一规定的危险驾驶罪作了修改。有的常委委员、部门和地方提出,实践中有的接送学生的校车管理不规范,严重超员、超速从而发生恶性事故,严重危及学生的人身安全,社会影响恶劣,应当增加规定为犯罪;公路客运、旅游客运等从事旅客运输业务的机动车超员、超速的,极易造成重大人员伤亡,应明确规定为犯罪;对客运车辆、危险化学品运输车辆危险驾驶犯罪负有直接责任的机动车所有人、管理人也应增加规定追究刑事责任。法律委员会经同有关部门研究,建议将草案第七条第一款第三项、第四项修改为:"(三)从事校车业务或者旅客运输,严重超过额定乘员载客,或者严重超过规定时速行驶的;(四)违反危险化学品安全管理规定运输危险化学品,危及公共安全的"。同时,增加一款规定,作为第二款:"机动车所有人、管理人对前款第三项、第四项行为负有直接责任的,依照前款的规定处罚"。(草案二次审议稿第八条)

三、刑法第二百三十九条规定,犯绑架罪,"致使被绑架人死亡或者杀害被绑架人的,处死刑"。有的部门、地方和专家提出,刑法上述规定对这种情形规定绝对死刑的刑罚,司法机关在量刑时没有余地,不能适应各类案件的复杂情况,有的案件难以体现罪责刑相适应的原则。同时,除致人死亡或者杀害被绑架人的以外,对于故意伤害被绑架人、致人重伤的,也应当根据其犯罪情节,规定相应的刑罚。法律委员会经同公、检、法等有关部门研究,建议将犯绑架罪,"致使被绑架人死亡或者杀害被绑架人的,处死刑"的规定修改为:"故意伤害、杀害被绑架人,致人重伤、死亡的,处无期徒刑或者死刑"。(草案二次审议稿第十四条)

四、草案第十三条规定,收买被拐卖的妇女、儿童,按照被买妇女的意愿,不阻碍其返回原居住地的,对被买儿童没有虐待行为,不阻碍对其进行解救的,可以从轻、减轻或者免除处罚。有的常委会组成人员、部门和地方提出,收买被拐卖的妇女和收买被拐卖的儿童情况有所不同,在刑事政策的掌握和处罚上应当有所区别,对后一种情况减轻或者免除处罚应当慎重。法律委员会经同有关部门研究,建议将收买被拐卖的儿童,对被买儿童没有虐待行为,不阻碍对其进行解救的,"可以从轻、减轻或者免除处罚"修改为"可以从轻处罚"。(草案二次审议稿第十五条)

五、草案第二十条、第二十一条对伪造、变造以及使用伪造、变造的居民身份证、护照、社会保障卡、驾驶证的犯罪作了规定。有的常委会组成人员、部门和地方提出,这两条中身份证件的范围在表述上应当一致,并包括所有可以用于证明身份的证件。法律委员会经研究,建议将以上两条中的证件统一规定为"居民身份证、护照、社会保障卡、驾驶证等依法可以用于证明身份的证件"。(草案二次审议稿第二十一条、第二十二条)

六、草案第二十八条对刑法第二百九十条作了修改。有的常委会组成人员和人大代表提出,实践中个别人以医患矛盾为由,故意扰乱医疗单位秩序,严重侵害医护人员的身心健康,损害社会公共利益,社会危害严重,应当明确规定追究刑事责任。法律委员会经研究,建议将刑法第二百九十条第一款修改为:聚众扰乱社会秩序,情节严重,致使工作、生产、营业和教学、科研、医疗无法进行,造成严重损失的,对首要分子和其他积极参加的,追究刑事责任。(草案二次审议稿第三十条)

七、草案第三十条对刑法第三百条作了修改。有的部门提出,邪教犯罪社会危害性大,建议提高该罪的刑罚,并建议明确利用邪教蒙骗他人致人重伤的刑事责任。法律委员会经研究,建议对草案有关会道门、邪教组织犯罪的规定进一步予以修改、完善:一是,将法定最高刑由十五年有期徒刑提高到无期徒刑,增加没收财产和剥夺政治权利的刑罚,对利用邪教等奸淫妇女、诈骗财物的,予以数罪并罚;二是,增加规定对组织、利用邪教等蒙骗他人致人重伤的,依法追究刑事责任。(草案二次审议稿第三十二条)

还有一个问题需要汇报。草案取消了9个犯罪的死刑。有的常委会组成人员、部门提出,对取消走私武器、弹药罪、走私核材料罪以及阻碍执行军事职务罪和战时造谣惑众罪两个军职罪的死刑需要慎重;有的常委委员、部门、地方和专家建议还可以再取消一些犯罪的死刑,如运输毒品罪等。法律委员会经研究认为,"逐步减少适用死刑罪名"是党的十八届三中全会提出的改革任务,取消9个罪名的死刑,是与中央各政法机关反复研究、论证,并广泛听取了人大代表、专家和各有关方面意见的基础上提出的,同时,为防止可能产生的负面影响,事先作了慎重评估。在常委会初次审议后,经同中央政法委、解放军总政治部等反复研究,认为草案的规定是适宜的。今后可进一步总结实践经验,根据经济社会发展的情况和惩治犯罪的需要,适时对刑罚作出调整。据此,建议维持草案的规定。

此外,在草案审议和征求意见过程中,有的常委委员和部门还建议在草案中增加规定一些新的犯罪或者对现行刑法规定的一些犯罪作出修改,对这些意见法制工作委员会正在会同有关部门逐一研究论证,考虑到有些问题各方面认识还不一致,暂未列入本草案。

4. 全国人民代表大会法律委员会关于《中华人民共和国刑法修正案(九)(草案三次审议稿)》修改意见的报告

全国人民代表大会常务委员会:

本次常委会会议于8月25日上午对刑法修正案(九)(草案三次审议稿)进行了分组审议,普遍认为,草案较好地吸收了常委会组成人员和各方面意见,回应了社会关切,适应当前预防和惩治犯罪的需要,具有较强的可执行性,已经比较成熟,建议进一步修改后,提请本次会议通过。同时,有些常委会组成人员还提出了一些修改意见。法律委员会于8月26日下午召开会议，逐条研究了常委会组成人员的审议意见，对草案进行了审议。中央政法委员会、全国人大内务司法委员会、国务院法制办公室的有关负责同志列席了会议。法律委员会认为，草案是可行的，同时，提出以下修改意见：

一、草案三次审议稿第七条在刑法第一百二十条之六规定了非法持有宣扬恐怖主义、极端主义的图书、音频视频资料或者其他物品的犯罪。有的常委会组成人员、人大代表提出，对于非法持有宣扬恐怖主义、极端主义的物品的，应当进一步明确犯罪界限。法律委员会经研究，建议修改为："明知是宣扬恐怖主义、极端主义的图书、音频视频资料或者其他物品而非法持有"，情节严重的，追究刑事责任。（草案建议表决稿第七条）

二、草案三次审议稿第十五条规定，收买被拐卖的妇女、儿童，对被买儿童没有虐待行为，不阻碍对其进行解救的，可以从轻处罚；按照被买妇女的意愿，不阻碍其返回原居住地的，可以从轻、减轻或者免除处罚。有的常委会组成人员、人大代表提出，对收买被拐卖妇女的，应当一律定罪处罚，建议删去可以免除处罚的规定。法律委员会经研究，建议采纳这一意见，并作相应修改。（草案建议表决稿第十五条）

三、草案三次审议稿第二十三条第一款规定了在依照国家规定应当提供身份证明的活动中，使用伪造、变造的居民身份证、护照、社会保障卡、驾驶证等依法可以用于证明身份的证件的犯罪。有的常委会组成人员提出，对于实践中盗用他人证件，破坏社会管理秩序的行为，也应追究刑事责任。法律委员会经研究，建议将本款修改为："在依照国家规定应当提供身份证明的活动中，使用伪造、变造的或者盗用他人的居民身份证、护照、社会保障卡、驾驶证等依法可以用于证明身份的证件"，情节严重的，追究刑事责任。（草案建议表决稿第二十三条）

四、草案三次审议稿第二十八条规定，网络服务提供者不履行法律、行政法规规定的信息网络安全管理义务，经监管部门责令采取改正措施而仍不改正，有致使违法信息大量传播等情形之一的，追究刑事责任。有的常委委员和有关方面提出，本条规定的"仍不改正"在实践中不好掌握，建议修改

为"拒不改正"。法律委员会经研究,建议采纳这一意见,并作相应修改。(草案建议表决稿第二十八条)

还有一个问题需要汇报。有的常委会组成人员建议提高刑法第一百三十六条危险物品肇事罪的刑罚。法律委员会对此问题进行了认真研究,危险物品肇事罪是刑法危害公共安全罪一章规定的责任事故类犯罪之一,这类犯罪还涉及很多同类条款,其量刑幅度基本都是相同的,提高这一犯罪的刑罚需同时考虑其他条款,在具体刑罚的设置上也需要根据司法实践情况,在充分听取相关部门意见的基础上作出评估。对这一问题,需要进一步深入调查研究,可在今后修改刑法时统筹考虑。

此外,根据常委会组成人员的审议意见,还对草案三次审议稿作了若干文字修改。

草案建议表决稿已按上述意见作了修改,法律委员会建议本次常委会会议通过。

草案建议表决稿和以上报告是否妥当,请审议。

全国人民代表大会法律委员会

2015 年 8 月 28 日

5. 最高人民法院　最高人民检察院关于执行《中华人民共和国刑法》确定罪名的补充规定(六)

(2015 年 10 月 19 日最高人民法院审判委员会第 1664 次会议、2015 年 10 月 21 日最高人民检察院第十二届检察委员会第 42 次会议通过)

法释〔2015〕20 号

根据《中华人民共和国刑法修正案(九)》(以下简称《刑法修正案(九)》)和《全国人民代表大会常务委员会关于修改部分法律的决定》的有关规定,现对最高人民法院《关于执行〈中华人民共和国刑法〉确定罪名的规定》、最高人民检察院《关于适用刑法分则规定的犯罪的罪名的意见》作如下补充、修改：

刑法条文	罪　名
第一百二十条之一 （《刑法修正案（九）》第六条）	帮助恐怖活动罪 （取消资助恐怖活动罪罪名）
第一百二十条之二 （《刑法修正案（九）》第七条）	准备实施恐怖活动罪
第一百二十条之三 （《刑法修正案（九）》第七条）	宣扬恐怖主义、极端主义、 煽动实施恐怖活动罪
第一百二十条之四 （《刑法修正案（九）》第七条）	利用极端主义破坏法律实施罪
第一百二十条之五 （《刑法修正案（九）》第七条）	强制穿戴宣扬恐怖主义、 极端主义服饰、标志罪
第一百二十条之六 （《刑法修正案（九）》第七条）	非法持有宣扬恐怖主义、极端主义物品罪
第二百三十七条第一款、第二款 （《刑法修正案（九）》第十三条第一款、第二款）	强制猥亵、侮辱罪 （取消强制猥亵、侮辱妇女罪罪名）
第二百五十三条之一 （《刑法修正案（九）》第十七条）	侵犯公民个人信息罪 （取消出售、非法提供公民个人信息罪 和非法获取公民个人信息罪罪名）
第二百六十条之一 （《刑法修正案（九）》第十九条）	虐待被监护、看护人罪
第二百八十条第三款 （《刑法修正案（九）》第二十二条第三款）	伪造、变造、买卖身份证件罪 （取消伪造、变造居民身份证罪罪名）
第二百八十条之一 （《刑法修正案（九）》第二十三条）	使用虚假身份证件、盗用身份证件罪
第二百八十三条 （《刑法修正案（九）》第二十四条）	非法生产、销售专用间谍器材、窃听、 窃照专用器材罪 （取消非法生产、销售间谍专用器材罪罪名）
第二百八十四条之一第一款、第二款 （《刑法修正案（九）》第二十五条第一款、 第二款）	组织考试作弊罪
第二百八十四条之一第三款 （《刑法修正案（九）》第二十五条第三款）	非法出售、提供试题、答案罪

刑法条文	罪　名
第二百八十四条之一第四款 (《刑法修正案(九)》第二十五条第四款)	代替考试罪
第二百八十六条之一 (《刑法修正案(九)》第二十八条)	拒不履行信息网络安全管理义务罪
第二百八十七条之一 (《刑法修正案(九)》第二十九条)	非法利用信息网络罪
第二百八十七条之二 (《刑法修正案(九)》第二十九条)	帮助信息网络犯罪活动罪
第二百九十条第三款 (《刑法修正案(九)》第三十一条第二款)	扰乱国家机关工作秩序罪
第二百九十条第四款 (《刑法修正案(九)》第三十一条第三款)	组织、资助非法聚集罪
第二百九十条之一第二款 (《刑法修正案(九)》第三十二条)	编造、故意传播虚假信息罪
第三百条第二款 (《刑法修正案(九)》第三十三条第二款)	组织、利用会道门、邪教组织、利用迷信致人重伤、死亡罪 (取消组织、利用会道门、邪教组织、利用迷信致人死亡罪罪名)
第三百零二条 (《刑法修正案(九)》第三十四条)	盗窃、侮辱、故意毁坏尸体、尸骨、骨灰罪 (取消盗窃、侮辱尸体罪罪名)
第三百零七条之一 (《刑法修正案(九)》第三十五条)	虚假诉讼罪
第三百零八条之一第一款 (《刑法修正案(九)》第三十六条第一款)	泄露不应公开的案件信息罪
第三百零八条之一第三款 (《刑法修正案(九)》第三十六条第三款)	披露、报道不应公开的案件信息罪
第三百一十一条 (《刑法修正案(九)》第三十八条)	拒绝提供间谍犯罪、恐怖主义犯罪、极端主义犯罪证据罪 (取消拒绝提供间谍犯罪证据罪罪名)
第三百五十条 (《刑法修正案(九)》第四十一条)	非法生产、买卖、运输制毒物品、走私制毒物品罪 (取消走私制毒物品罪和非法买卖制毒物品罪罪名)

续 表

刑法条文	罪 名
第三百六十条第二款 （《刑法修正案（九）》第四十三条）	取消嫖宿幼女罪罪名
第三百八十一条 （《全国人民代表大会常务委员会关于修改 部分法律的决定》第二条）	战时拒绝军事征收、征用罪 （取消战时拒绝军事征用罪罪名）
第三百九十条之一 （《刑法修正案（九）》第四十六条）	对有影响力的人行贿罪
第四百一十条 （《全国人民代表大会常务委员会关于修改 部分法律的决定》第二条）	非法批准征收、征用、占用土地罪 （取消非法批准征用、占用土地罪罪名）

本规定自 2015 年 11 月 1 日起施行。

6. 最高人民法院关于 《中华人民共和国刑法修正案（九）》 时间效力问题的解释

（2015 年 10 月 19 日最高人民法院审判委员会第 1664 次会议通过）

为正确适用《中华人民共和国刑法修正案（九）》，根据《中华人民共和国刑法》第十二条规定，现就人民法院 2015 年 11 月 1 日以后审理的刑事案件，具体适用修正前后刑法的有关问题规定如下：

第一条 对于 2015 年 10 月 31 日以前因利用职业便利实施犯罪，或者实施违背职业要求的特定义务的犯罪的，不适用修正后刑法第三十七条之一第一款的规定。其他法律、行政法规另有规定的，从其规定。

第二条 对于被判处死刑缓期执行的犯罪分子，在死刑缓期执行期间，且在 2015 年 10 月 31 日以前故意犯罪的，适用修正后刑法第五十条第一款的规定。

第三条 对于 2015 年 10 月 31 日以前一人犯数罪，数罪中有判处有期徒刑和拘役，有期徒刑和管制，或者拘役和管制，予以数罪并罚的，适用修正后刑法第六十九条第二款的规定。

第四条 对于 2015 年 10 月 31 日以前通过信息网络实施的刑法第二百四十六条第一款规定的侮辱、诽谤行为，被害人向人民法院告诉，但提供证据确有困难的，适用修正后刑法第二百四十六条第三款的规定。

第五条 对于 2015 年 10 月 31 日以前实施的刑法第二百六十条第一款规定的虐待行为，被害人没有能力告诉，或者因受到强制、威吓无法告诉的，适用修正后刑法第二百六十条第三款的规定。

第六条 对于 2015 年 10 月 31 日以前组织考试作弊，为他人组织考试作弊提供作弊器材或者其他帮助，以及非法向他人出售或者提供考试试题、答案，根据修正前刑法应当以非法获取国家秘密罪、非法生产、销售间谍专用器材罪或者故意泄露国家秘密罪等追究刑事责任的，适用修正前刑法的有关规定。但是，根据修正后刑法第二百八十四条之一的规定处刑较轻的，适用修正后刑法的有关规定。

第七条 对于 2015 年 10 月 31 日以前以捏造的事实提起民事诉讼，妨害司法秩序或者严重侵害他人合法权益，根据修正前刑法应当以伪造公司、企业、事业单位、人民团体印章罪或者妨害作证罪等追究刑事责任的，适用修正前刑法的有关规定。但是，根据修正后刑法第三百零七条之一的规定处刑较轻的，适用修正后刑法的有关规定。

实施第一款行为，非法占有他人财产或者逃避合法债务，根据修正前刑法应当以诈骗罪、职务侵占罪或者贪污罪等追究刑事责任的，适用修正前刑法的有关规定。

第八条 对于 2015 年 10 月 31 日以前实施贪污、受贿行为，罪行极其严重，根据修正前刑法判处死刑缓期执行不能体现罪刑相适应原则，而根据修正后刑法判处死刑缓期执行同时决定在其死刑缓期执行二年期满依法减为无期徒刑后，终身监禁，不得减刑、假释可以罚当其罪的，适用修正后刑法第三百八十三条第四款的规定。根据修正前刑法判处死刑缓期执行足以罚当其罪的，不适用修正后刑法第三百八十三条第四款的规定。

第九条 本解释自 2015 年 11 月 1 日起施行。

7. 最高人民法院　最高人民检察院关于办理贪污贿赂刑事案件适用法律若干问题的解释

（2016 年 3 月 28 日由最高人民法院审判委员会第 1680 次会议、2016 年 3 月 25 日由最高人民检察院第十二届检察委员会第 50 次会议通过，自 2016 年 4 月 18 日起施行）

为依法惩治贪污贿赂犯罪活动，根据刑法有关规定，现就办理贪污贿赂刑事案件适用法律的若干问题解释如下：

第一条　贪污或者受贿数额在三万元以上不满二十万元的，应当认定为刑法第三百八十三条第一款规定的"数额较大"，依法判处三年以下有期徒刑或者拘役，并处罚金。

贪污数额在一万元以上不满三万元，具有下列情形之一的，应当认定为刑法第三百八十三条第一款规定的"其他较重情节"，依法判处三年以下有期徒刑或者拘役，并处罚金：

（一）贪污救灾、抢险、防汛、优抚、扶贫、移民、救济、防疫、社会捐助等特定款物的；

（二）曾因贪污、受贿、挪用公款受过党纪、行政处分的；

（三）曾因故意犯罪受过刑事追究的；

（四）赃款赃物用于非法活动的；

（五）拒不交待赃款赃物去向或者拒不配合追缴工作，致使无法追缴的；

（六）造成恶劣影响或者其他严重后果的。

受贿数额在一万元以上不满三万元，具有前款第二项至第六项规定的情形之一，或者具有下列情形之一的，应当认定为刑法第三百八十三条第一款规定的"其他较重情节"，依法判处三年以下有期徒刑或者拘役，并处罚金：

（一）多次索贿的；

（二）为他人谋取不正当利益，致使公共财产、国家和人民利益遭受损失的；

（三）为他人谋取职务提拔、调整的。

第二条　贪污或者受贿数额在二十万元以上不满三百万元的，应当认定为刑法第三百八十三条第一款规定的"数额巨大"，依法判处三年以上十年以下有期徒刑，并处罚金或者没收财产。

贪污数额在十万元以上不满二十万元，具有本解释第一条第二款规定的情形之一的，应当认定为刑法第三百八十三条第一款规定的"其他严重情节"，依法判处三年以上十年以下有期徒刑，并处罚金或者没收财产。

受贿数额在十万元以上不满二十万元，具有本解释第一条第三款规定的情形之一的，应当认定为刑法第三百八十三条第一款规定的"其他严重情节"，依法判处三年以上十年以下有期徒刑，并处罚金或者没收财产。

第三条　贪污或者受贿数额在三百万元以上的，应当认定为刑法第三百八十三条第一款规定的"数额特别巨大"，依法判处十年以上有期徒刑、无期徒刑或者死刑，并处罚金或者没收财产。

贪污数额在一百五十万元以上不满三百万元，具有本解释第一条第二款规定的情形之一的，应当认定为刑法第三百八十三条第一款规定的"其他特别严重情节"，依法判处十年以上有期徒刑、无期徒刑或者死刑，并处罚金或者没收财产。

受贿数额在一百五十万元以上不满三百万元，具有本解释第一条第三款规定的情形之一的，应当认定为刑法第三百八十三条第一款规定的"其他特别严重情节"，依法判处十年以上有期徒刑、无期徒刑或者死刑，并处罚金或者没收财产。

第四条　贪污、受贿数额特别巨大，犯罪情节特别严重、社会影响特别恶劣、给国家和人民利益造成特别重大损失的，可以判处死刑。

符合前款规定的情形，但具有自首，立功，如实供述自己罪行、真诚悔罪、积极退赃，或者避免、减少损害结果的发生等情节，不是必须立即执行的，可以判处死刑缓期二年执行。

符合第一款规定情形的，根据犯罪情节等情况可以判处死刑缓期二年执行，同时裁判决定在其死刑缓期执行二年期满依法减为无期徒刑后，终身监禁,不得减刑、假释。

第五条　挪用公款归个人使用,进行非法活动,数额在三万元以上的,应当依照刑法第三百八十四条的规定以挪用公款罪追究刑事责任;数额在三百万元以上的,应当认定为刑法第三百八十四条第一款规定的"数额巨大"。具有下列情形之一的,应当认定为刑法第三百八十四条第一款规定的"情节严重":

(一)挪用公款数额在一百万元以上的;

(二)挪用救灾、抢险、防汛、优抚、扶贫、移民、救济特定款物,数额在五十万元以上不满一百万元的;

(三)挪用公款不退还,数额在五十万元以上不满一百万元的;

(四)其他严重的情节。

第六条　挪用公款归个人使用,进行营利活动或者超过三个月未还,数额在五万元以上的,应当认定为刑法第三百八十四条第一款规定的"数额较大";数额在五百万元以上的,应当认定为刑法第三百八十四条第一款规定的"数额巨大"。具有下列情形之一的,应当认定为刑法第三百八十四条第一款规定的"情节严重":

(一)挪用公款数额在二百万元以上的;

(二)挪用救灾、抢险、防汛、优抚、扶贫、移民、救济特定款物,数额在一百万元以上不满二百万元的;

(三)挪用公款不退还,数额在一百万元以上不满二百万元的;

(四)其他严重的情节。

第七条　为谋取不正当利益,向国家工作人员行贿,数额在三万元以上的,应当依照刑法第三百九十条的规定以行贿罪追究刑事责任。

行贿数额在一万元以上不满三万元,具有下列情形之一的,应当依照刑法第三百九十条的规定以行贿罪追究刑事责任:

(一)向三人以上行贿的;

(二)将违法所得用于行贿的;

(三)通过行贿谋取职务提拔、调整的;

(四)向负有食品、药品、安全生产、环境保护等监督管理职责的国家工

作人员行贿,实施非法活动的;

（五）向司法工作人员行贿,影响司法公正的;

（六）造成经济损失数额在五十万元以上不满一百万元的。

第八条　犯行贿罪,具有下列情形之一的,应当认定为刑法第三百九十条第一款规定的"情节严重":

（一）行贿数额在一百万元以上不满五百万元的;

（二）行贿数额在五十万元以上不满一百万元,并具有本解释第七条第二款第一项至第五项规定的情形之一的;

（三）其他严重的情节。

为谋取不正当利益,向国家工作人员行贿,造成经济损失数额在一百万元以上不满五百万元的,应当认定为刑法第三百九十条第一款规定的"使国家利益遭受重大损失"。

第九条　犯行贿罪,具有下列情形之一的,应当认定为刑法第三百九十条第一款规定的"情节特别严重":

（一）行贿数额在五百万元以上的;

（二）行贿数额在二百五十万元以上不满五百万元,并具有本解释第七条第二款第一项至第五项规定的情形之一的;

（三）其他特别严重的情节。

为谋取不正当利益,向国家工作人员行贿,造成经济损失数额在五百万元以上的,应当认定为刑法第三百九十条第一款规定的"使国家利益遭受特别重大损失"。

第十条　刑法第三百八十八条之一规定的利用影响力受贿罪的定罪量刑适用标准,参照本解释关于受贿罪的规定执行。

刑法第三百九十条之一规定的对有影响力的人行贿罪的定罪量刑适用标准,参照本解释关于行贿罪的规定执行。

单位对有影响力的人行贿数额在二十万元以上的,应当依照刑法第三百九十条之一的规定以对有影响力的人行贿罪追究刑事责任。

第十一条　刑法第一百六十三条规定的非国家工作人员受贿罪、第二百七十一条规定的职务侵占罪中的"数额较大""数额巨大"的数额起点,按照本解释关于受贿罪、贪污罪相对应的数额标准规定的二倍、五倍执行。

刑法第二百七十二条规定的挪用资金罪中的"数额较大""数额巨大"以及"进行非法活动"情形的数额起点,按照本解释关于挪用公款罪"数额较大""情节严重"以及"进行非法活动"的数额标准规定的二倍执行。

刑法第一百六十四条第一款规定的对非国家工作人员行贿罪中的"数额较大""数额巨大"的数额起点,按照本解释第七条、第八条第一款关于行贿罪的数额标准规定的二倍执行。

第十二条　贿赂犯罪中的"财物",包括货币、物品和财产性利益。财产性利益包括可以折算为货币的物质利益如房屋装修、债务免除等,以及需要支付货币的其他利益如会员服务、旅游等。后者的犯罪数额,以实际支付或者应当支付的数额计算。

第十三条　具有下列情形之一的,应当认定为"为他人谋取利益",构成犯罪的,应当依照刑法关于受贿犯罪的规定定罪处罚:

（一）实际或者承诺为他人谋取利益的;

（二）明知他人有具体请托事项的;

（三）履职时未被请托,但事后基于该履职事由收受他人财物的。

国家工作人员索取、收受具有上下级关系的下属或者具有行政管理关系的被管理人员的财物价值三万元以上,可能影响职权行使的,视为承诺为他人谋取利益。

第十四条　根据行贿犯罪的事实、情节,可能被判处三年有期徒刑以下刑罚的,可以认定为刑法第三百九十条第二款规定的"犯罪较轻"。

根据犯罪的事实、情节,已经或者可能被判处十年有期徒刑以上刑罚的,或者案件在本省、自治区、直辖市或者全国范围内有较大影响的,可以认定为刑法第三百九十条第二款规定的"重大案件"。

具有下列情形之一的,可以认定为刑法第三百九十条第二款规定的"对侦破重大案件起关键作用":

（一）主动交待办案机关未掌握的重大案件线索的;

（二）主动交待的犯罪线索不属于重大案件的线索,但该线索对于重大案件侦破有重要作用的;

（三）主动交待行贿事实，对于重大案件的证据收集有重要作用的；

（四）主动交待行贿事实，对于重大案件的追逃、追赃有重要作用的。

第十五条　对多次受贿未经处理的，累计计算受贿数额。

国家工作人员利用职务上的便利为请托人谋取利益前后多次收受请托人财物，受请托之前收受的财物数额在一万元以上的，应当一并计入受贿数额。

第十六条　国家工作人员出于贪污、受贿的故意，非法占有公共财物、收受他人财物之后，将赃款赃物用于单位公务支出或者社会捐赠的，不影响贪污罪、受贿罪的认定，但量刑时可以酌情考虑。

特定关系人索取、收受他人财物，国家工作人员知道后未退还或者上交的，应当认定国家工作人员具有受贿故意。

第十七条　国家工作人员利用职务上的便利，收受他人财物，为他人谋取利益，同时构成受贿罪和刑法分则第三章第三节、第九章规定的渎职犯罪的，除刑法另有规定外，以受贿罪和渎职犯罪数罪并罚。

第十八条　贪污贿赂犯罪分子违法所得的一切财物，应当依照刑法第六十四条的规定予以追缴或者责令退赔，对被害人的合法财产应当及时返还。对尚未追缴到案或者尚未足额退赔的违法所得，应当继续追缴或者责令退赔。

第十九条　对贪污罪、受贿罪判处三年以下有期徒刑或者拘役的，应当并处十万元以上五十万元以下的罚金；判处三年以上十年以下有期徒刑的，应当并处二十万元以上犯罪数额二倍以下的罚金或者没收财产；判处十年以上有期徒刑或者无期徒刑的，应当并处五十万元以上犯罪数额二倍以下的罚金或者没收财产。

对刑法规定并处罚金的其他贪污贿赂犯罪，应当在十万元以上犯罪数额二倍以下判处罚金。

第二十条　本解释自 2016 年 4 月 18 日起施行。最高人民法院、最高人民检察院此前发布的司法解释与本解释不一致的，以本解释为准。

凤凰文库·智库系列

已出图书

《经营智库:成熟组织的实务指南》 [美]雷蒙德·J.斯特鲁伊克 著 李刚 等译 陆扬 校

《日本经济:演进与超越》 [日]谷内满 著 杨林生 王婷 译

《新加坡发展的经验与教训》 [新加坡]严崇涛 著

《国企改革十大难题》 江苏省国资委课题组 编著

《灾难2.0:新媒体与现代应急管理》 [美]丹尼斯·S.米勒提 著

《双重国籍问题与海外侨胞权益保护》 李安山 等 著

《儿童保护:美国经验及其启示》 杨敏 著

《智库是怎样炼成的?——国外智库国际化案例研究》 柯银斌 吕晓莉 主编

《刑法最新立法争议问题研究》 赵秉志 袁彬 著

待出图书

《韩国经济:60年腾飞之路》 [韩]司空一 高永善 主编

《德意志联邦共和国:一个成功的例子》 [德]乌拉福利德·魏塞尔 著

《共同现代化》 柯银斌 著

《西藏社会稳定与中国国家安全》 宋德星 著

《县域治理实践智慧》 尹卫东 著

《军事胁迫之道》 [荷兰]罗布·德·维克 著

《为影响力而战:俄罗斯在中亚》 [俄]阿列克赛·马拉申科 著

《大贯通:从一带一路到世界大陆桥》 [美]黑尔佳·策普-拉鲁什 威廉·琼斯 主编

《亚投行:世界经济新格局》 [美]黑尔佳·策普-拉鲁什 威廉·琼斯 主编

《中东的宗教与政治》 [美]罗伯特·D.李 著

《中国智库研究》 杜骏飞 主编

《全球智库指南》 杜骏飞 主编

《中国智库管理指南》 李刚 主编